CRUZAR FRONTEIRAS
UMA URGÊNCIA PARA A ÉTICA TEOLÓGICA

MÁRIO MARCELO COELHO
ALEXANDRE ANDRADE MARTINS
MOÉSIO PEREIRA DE SOUZA
MARTA LUZIE DE OLIVEIRA FRECHEIRAS
ANDRÉ LUIZ BOCCATO DE ALMEIDA
(Organizadores)

CRUZAR FRONTEIRAS UMA URGÊNCIA PARA A ÉTICA TEOLÓGICA

SBTM | Sociedade Brasileira de Teologia Moral

EDITORA SANTUÁRIO

Coordenação editorial: Ana Lúcia de Castro Leite
Revisão: Tatianne Francisqueti
Diagramação e Capa: Maicon Rodrigo dos Santos

Dados Internacionais de Catalogação na Publicação (CIP) de acordo com ISBD

C957 Cruzar Fronteiras. Uma urgência para a ética teológica / organizado por . - Aparecida : Editora Santuário, 2022.
400 p. ; 14cm x 21cm.

ISBN: 978-65-5527-249-9

1. Religião. 2. Cristianismo. 3. Cruzar Fronteiras. 4. Teologia. I. Coelho, Mário Marcelo. II. Martins, Alexandre Andrade. III. Souza, Moésio Pereira de. IV. Frecheiras, Marta Luzie de Oliveira. V. Almeida, André Luiz Boccato de. VI. Título.

CDD 240
2022-2753 CDU 24

Elaborado por Vagner Rodolfo da Silva - CRB-8/9410

Índice para catálogo sistemático:
1. Religião : Cristianismo 240
2. Religião : Cristianismo 24

1ª impressão

Rua Pe. Claro Monteiro, 342 – 12570-000 – Aparecida-SP
Tel.: 12 3104-2000 – Televendas: 0800 0 16 00 04
www.editorasantuario.com.br
vendas@editorasantuario.com.br

SUMÁRIO

Apresentação

Mário Marcelo Coelho[1]

A cada três anos, é realizada a Assembleia eletiva da SOCIEDADE BRASILEIRA DE TEOLOGIA MORAL (SBTM), para eleger uma nova equipe de liderança, refletir sobre a trajetória da Sociedade de Teologia Moral no Brasil e traçar as prioridades para o futuro. Na Assembleia de novembro de 2021, foram eleitos para o triênio 2022-2024 os seguintes teólogos, também membros do CTEWC (Catholic Theological Ethics in the World Church - Ética Teológica Católica na Igreja Mundial), para a nova Diretoria: Dr. Mário Marcelo Coelho (Presidente), Dr. Alexandre Andrade Martins (Vice-Presidente), Dr. Moésio Pereira de Souza (Secretário), Dra. Marta Luzie de Oliveira Frecheiras (Segunda Secretária) e Dr. André Luiz Boccato de Almeida (Tesoureiro).

A SBTM tem como objetivos principais: proporcionar um clima de reflexão e encontro entre os teólogos moralistas do Brasil; oferecer subsídios para o estudo da teologia moral; estimular a produção de trabalhos científicos na área de teologia moral; proporcionar o diálogo entre os estudiosos da teologia moral e outros pesquisadores de vários campos. Como afirma Dom Ricardo Hoepers, teó-

[1] Presidente da Sociedade Brasileira de Teologia Moral - SBTM (2022-2024).

logo membro da SBTM, "o enfoque da SBTM apresenta um lado dinâmico e criativo da teologia moral no Brasil".[2]

Principais desafios e projetos

Durante a Assembleia anual e eletiva da SBTM (2021), refletimos sobre os desafios para a Teologia Moral, sobretudo no contexto "pós-pandemia", se podemos dizer "pós". Sentimos a necessidade de construir pontes e a disposição para cruzá-las, tendo em vista o diálogo com as diversas culturas, etnias, religiões, ciências, com a sociedade e com o outro, superando barreiras e preconceitos. Concluímos que a ética teológica deve assumir o desafio de cruzar pontes para além das fronteiras que nos separam de outras disciplinas, ciências, perspectivas, métodos, ideias, instituições, países, culturas e assim por diante. Como resultado dessa reflexão, na tentativa de trazer para o debate as questões anteriores, a Sociedade Brasileira de Teologia Moral decidiu como tema geral do 45º CONGRESSO BRASILEIRO DE TEOLOGIA MORAL (2022): "Cruzar fronteiras: uma urgência para a ética teológica".

É hora de cruzar pontes. Cruzar pontes exige coragem para entrar em um espaço liminar e esperar que você seja bem-vindo do outro lado. Exige também disposição para acolher quem chega do outro lado.

Precisamos cruzar algumas pontes. Eu cruzo pontes para aprender com outras pessoas sobre suas experiências. Eu cruzo pontes para acessar recursos. Eu cruzo pontes para superar o

[2] HOEPERS, Ricardo. Teologia Moral no Brasil: um perfil histórico. Aparecida: Santuário, 2015.

individualismo. Eu cruzo pontes para sair, não sair por sair, mas para ir ao encontro, sobretudo dos que estão à beira do caminho.

É preciso discernir quais pontes cruzar para que a dignidade e a beleza das pessoas marginalizadas sejam sinceramente elevadas e honradas. Eu não cruzo pontes para debater a doutrina, que deixa pouco espaço para [a visão] os corpos dos brutalizados. O autocuidado exige que eu atravesse apenas onde nenhum pedágio injusto é cobrado, onde eu e os outros não somos desumanizados no processo.[3]

Até agora, foram realizados 45 congressos, e uma boa parte deles resultou na publicação de um livro anual que reúne artigos dos teólogos e teólogas da SBTM e de várias partes do mundo, de acadêmicos e estudiosos de outras áreas com as quais a SBTM sempre dialogou de forma aberta, honesta e comprometida com a pesquisa e com o bem comum.

A SBTM sempre promoveu o intercâmbio entre seus membros e a ética teológica desenvolvida dentro e fora do Brasil. Isso levou a maioria deles a conhecer a CTEWC e a colaborar na construção dessa rede internacional de eticistas católicos. A CTEWC foi fundada e idealizada pelo teólogo jesuíta James Keenan. A proposta foi a de criar uma rede internacional de eticistas católicos, com a missão de conectar teólogos e teólogas católicos que trabalham a questão ética ao redor do mundo.

Acreditamos que a nossa contribuição está em formar teólogos, eticistas aprofundados nos estudos acadêmicos, capazes de fazer uma leitura crítica dos sinais dos tempos e dialogar

[3] ROCHE, Mary M. Doyle. Bridges Built and Burned in Ethical Discourse. The First (boletim mensal da Catholic Theological Ethics in the World Church - CTWEC). Publicado em 01 novembro de 2021.

com a sociedade, tornando-se luz. A Teologia Moral não pode tornar-se mero estudo privado da fé, da religião e da moral; não podemos transformá-la na "subjetivação da religião ou da fé", no relativismo religioso, em uma adesão subjetiva somente ao que me agrada ou convém, ou mesmo "dar ao povo o que o povo quer", mas devemos, dentro do conjunto globalizado, em diálogo com as ciências, dar uma resposta, à luz da razão e da fé, aos desafios sociais, políticos, econômicos, educacionais, ecológicos e existenciais dos nossos tempos.

Quais são as vias de diálogo e da compreensão?

A SBTM quer ser uma sociedade de pensamento livre, razoável, solidário e respeitoso, capaz de ter a coragem de gritar contra toda forma de injustiça, exploração social e degradação da humanidade. Além disso, procura ser um espaço de divulgação dos nossos trabalhos, pesquisas, produções; espaço de comunhão e partilha; espaço para corajosamente cruzarmos pontes. Nosso interesse maior deve ser o pensamento teológico moral a partir dos descartados. Uma comunidade fraterna fundamentada em Jesus, assistida pelo Espírito Santo e chamada a testemunhar às pessoas o projeto do Pai.

Quais pontes precisariam ser construídas, reparadas ou cruzadas? Em quais espaços desejamos entrar, a fim de dar voz aos apelos daqueles que, devido à situação na qual se encontram, estão emudecidos? Quais pontes precisam ser destruídas, quais portas precisam ser fechadas e de quais espaços precisamos nos retirar para sermos coerentes com a nossa vocação de teólogos moralistas? São muitas as perguntas. Esse é o nosso espaço, isto é, deixar-se questionar pelos sinais dos tempos, tentar responder às perguntas que realmente são feitas. Quais temas realmente interessam aos fiéis cristãos e à vida da Igreja?

Cruzar fronteiras é também superar todas as formas de preconceito, a xenofobia, o racismo, a LGBTQIA+fobia, a aporofobia etc. É passar do desrespeito ao reconhecimento do outro, nisso consiste a urgência para a ética teológica.

A reflexão teológica moral deve ajudar a encontrar os caminhos possíveis de resposta a Deus e de crescimento no meio dos limites. Na vida do cristão, é sempre necessário encontrar o caminho que concilia a radicalidade evangélica e a fragilidade humana, ou seja, o caminho que aproxima o coração do homem ao coração de Deus.

Estamos num tempo em que também buscamos inspirações nas palavras e no testemunho do Papa Francisco. Conforme Carlotti, "Francisco não apenas procede da experiência pastoral para repensar a identidade da ética cristã e da sua específica reflexão teológica, mas a tem como constante e privilegiada referência, enucleando um 'hermenêutico' que, com rigor, relaciona práxis e teoria, realidade concreta e identidade abstrata, confiando, assim, à teologia moral uma nova e delicada tarefa a ser pensada, procurando evitar, não apenas por declarada boa intencionalidade e vontade, os desvios extremistas dos pragmatismos e dos intelectualismos".[4]

A complexidade das situações morais que vive a sociedade exige dos teólogos a necessidade de continuar a aprofundar, com liberdade e fidelidade, algumas questões doutrinais, morais, espirituais e pastorais. Para o Papa Francisco, "a reflexão dos pastores

[4] CARLOTTI, P. La morale di Papa Francesco. Bologna: EDB, 2017, p. 15.

e teólogos, se for fiel à Igreja, honesta, realista e criativa, ajudar-nos-á a alcançar uma maior clareza".[5] Por isso, "a teologia moral precisa buscar as perspectivas relevantes da história da Salvação para construir uma ética que seja verdadeiramente cristã".[6]

O Papa afirma que "a consciência das pessoas deve ser melhor incorporada na práxis da Igreja em algumas situações",[7] portanto, na concepção de diálogo, e não de arbítrio ou de heteronomia. O desejo é de uma reflexão teológica que busque a sintonia com a doutrina da Igreja e incentive o amadurecimento duma consciência esclarecida, formada, respeitada e acompanhada pelo discernimento responsável e sério.

O Papa Francisco apresenta a necessidade de um avanço hermenêutico. Para ele, a Igreja tem necessidade de crescer na sua interpretação da Palavra revelada e na sua compreensão da verdade. Nisto consiste "a tarefa dos exegetas e teólogos: ajudar a 'amadurecer o juízo da Igreja'"; para isso, dentro da Igreja, há inúmeras questões à volta das quais se indagam e refletem com grande liberdade. No entanto, as diversas linhas de pensamento filosófico, teológico e pastoral, se se deixam harmonizar pelo Espírito no respeito e no amor, podem fazer crescer a Igreja, enquanto ajudam a explicitar melhor o tesouro riquíssimo da Palavra.[8]

---

[5] FRANCISCO, PP. Amoris Laetitia: Sobre o amor na família. São Paulo: Edições Loyola, 2016, n. 2.

[6] MILLEN, Maria Inês de Castro. O desafio da Teologia Moral na superação de uma ética individualista. In: TQ. Teologia em Questão. v. 35, p. 77-91, 2019, p. 81.

[7] FRANCISCO, PP. Amoris Laetitia: Sobre o amor na família. São Paulo: Edições Loyola, 2016, n. 303.

[8] COMPÊNDIO DO CONCÍLIO VATICANO II. Constituição Pastoral Gaudium et Spes. São Paulo: Paulus, 2001, n. 40.

Afirma Francisco: "A teologia moral não pode refletir unicamente sobre a formulação de princípios e normas, mas deve assumir de maneira proativa a realidade, que ultrapassa qualquer ideia. Esta é uma prioridade, pois, como nos recorda o próprio Santo Afonso, só o conhecimento dos princípios teóricos não é suficiente para acompanhar e corroborar as consciências no discernimento do bem a fazer. É necessário que o conhecimento se torne prático, mediante a escuta e o acolhimento dos últimos, dos frágeis e de quantos a sociedade considera descartados".[9]

O desejo do Concílio Vaticano II de resgatar a identidade teológica da moral cristã está expresso no decreto Optatam Totius.[10] Ao referir-se especificamente à moral, o Concílio manifestou o desejo de que "tenha-se especial cuidado em aperfeiçoar a teologia moral, cuja exposição científica, nutrida com maior intensidade pela Sagrada Escritura, deverá mostrar a excelência da vocação dos fiéis em Cristo e sua obrigação de produzir frutos na caridade para a vida do mundo", isto é, de projetar à teologia moral o estudo conjunto da relação dos fiéis com Cristo e com o mundo. Caminhar com a humanidade e participar das suas alegrias e esperanças, dores e sofrimentos será fator determinante para o repensamento da moral católica.[11]

[9] FRANCISCO, PP. Mensagem do Papa Francisco por ocasião do 150° aniversário da proclamação de Santo Afonso Maria de Ligório. In: <www.vatican.va/content/francesco/pt/messages/pont-messages/2021/documents/papa-francesco_20210323_messaggio-santalfonso.html>. Acesso em: 17 ago. 2022.

[10] COMPÊNDIO DO CONCÍLIO VATICANO II. Decreto Optatam Totius. São Paulo: Paulus, 2001, n. 16.

[11] FABRI DOS ANJOS, Márcio. A teologia moral subjacente ao Concílio e seu impulso para a América Latina. In: GONÇALVES, Paulo Sérgio Lopes; BOMBONATTO, Vera Ivanise (Orgs.). Concílio Vaticano II. Análise e prospectivas. São Paulo: Paulinas, 2004, p. 389-404; McCORMICK, Richard A. The Critical Calling. Reflections on Moral Dilemmas Since Vatican II. Washington, DC: Georgetown University Press, 2006, p. 3-24.

Quais temas interessam aos fiéis cristãos e ao ensino moral da Igreja?

Quais temas estão sendo abordados pelo Caminho Sinodal? Quais temas interessam aos fiéis cristãos e à vida moral da Igreja? É preciso ter a coragem para abordar certas questões que abrem um horizonte de esperança para aqueles que não mais encontram espaço na Igreja. A Igreja católica não pode abandonar, de modo algum, sua defesa da dignidade do ser humano e seu compromisso com os mais pobres e vulneráveis, mas deve refinar sua perspectiva em outras frentes, abrindo-se ao diálogo com o mundo moderno. Conforme destacou Hans Küng em sua carta aberta ao Papa Francisco, é preciso combater o "impiedoso dogmatismo que mata o espírito e se apega à letra, que impede a renovação completa da vida e do ensino da Igreja e obstrui qualquer avanço sério no campo do ecumenismo".[12]

A reflexão teológica que sente a necessidade de construir pontes, com a disposição para cruzá-las, deve enfatizar o ecumenismo, o trabalho voltado às pessoas pobres e descartadas, à mulher, às pessoas enfermas, aos imigrantes, aos indígenas, às pessoas LGBTQIA+ etc. Conforme Francisco, "os fatos são mais importantes do que as ideias". Aos poucos, encontramos o caminho que a Teologia Moral no Brasil deve seguir para acolher, incluir e integrar a todas as pessoas, em particular as descartadas da sociedade e, mais ainda, da própria Igreja.

[12] Rafael Narbona, escritor e crítico literário, em artigo publicado por Vida Nueva Digital, 18-07-2021. Disponível em: <https://www.ihu.unisinos.br/categorias/611230-o-caminho-sinodal>. Acesso em: 17 ago. 2022.

Nesta obra, trazemos a colaboração de pessoas que se comprometeram a aprofundar o tema em debate. Alguns apresentaram seus temas no Congresso SBTM/2022, enquanto outros apresentam nesta obra a sua reflexão. Os autores assumiram a bela tarefa de compreensão-interpretação-diálogo, isto é, de construir pontes e apontar meios para cruzá-las com coragem em tempo de polarização, discriminação e divisão.

O foco da reflexão é a dimensão ético-moral, no entanto, cada um dos autores escreve a partir da sua formação e atuação. As contribuições dos autores nos motivam a construir pontes, a criar disposição e coragem para cruzá-las, mas, sobretudo, a suscitar em nós a utopia de pensar uma moral que "revela a grandeza da vocação dos fiéis em Cristo e a sua obrigação de dar frutos na caridade para a vida do mundo".[13] A vida moral do cristão tem de se fundamentar na responsabilidade de a pessoa discernir as exigências que derivam de um processo de humanização com frutos na caridade.

Dom Ricardo Hoepers estudou a trajetória da teologia moral no Brasil baseando-se nos seus Congressos. Neste volume, Dom Ricardo traz a continuidade de sua pesquisa iniciada em 1977. Em sua obra, já publicada no Brasil e citada anteriormente, Dom Ricardo nos presenteou com o perfil histórico da Teologia Moral no Brasil no período de 1977 a 2014, ou seja, 37 anos de história. Nesta obra, o autor dá continuidade à sua pesquisa, de 2015 a 2022, destacando os 45 anos da Sociedade Brasileira de Teologia Moral (SBTM) e sua importância para o pensamento teológico no Brasil e no mundo.

[13] FRANCISCO, PP. Amoris Laetitia: Sobre o amor na família. São Paulo: Edições Loyola, 2016, n. 16.

1

Pontes éticas a serem cruzadas, reparadas ou construídas

Dom Vicente Ferreira[1]

Introdução

Consideramos que o declínio das metanarrativas, com as reinvindicações da hermenêutica niilista, é um dos elementos mais importantes da pós-modernidade. Com base nesse horizonte cultural, é possível colher a caritas cristã como fundamento impulsionador de uma ética da fraternidade universal. Pelo crivo do amor encarnado, realizado em Cristo, todas as formas de colonialismo devem ser combatidas, libertando as vozes caladas ao longo das civilizações. O domínio da verdade absoluta, ao dar lugar ao diálogo interdisciplinar, na dança polissêmica da verdade como interpretação, mostra que a linguagem, nos-

[1] Dom Vicente Ferreira, bispo auxiliar da Arquidiocese de Belo Horizonte, responsável pela Região Episcopal Nossa Senhora do Rosário, Vale do Paraopeba, cuja sede está em Brumadinho (MG). Nascido em Alegre (ES), tem graduação em Filosofia e Teologia, doutorado em Ciência da Religião, na Universidade Federal de Juiz de Fora, e estágio pós-doutoral em Teologia na Faculdade Jesuíta de Filosofia e Teologia, em Belo Horizonte. É membro da Comissão de Ecologia Integral e Mineração da Conferência Nacional dos Bispos do Brasil (CNBB), sendo defensor dos direitos humanos e da natureza. Dom Vicente é escritor, poeta e psicanalista, com várias produções literárias. E-mail: vicenteferreirabh1@gmail.com.

sa morada comum, é sempre encarnada. Esses elementos foram amplamente trabalhados em nossa pesquisa sobre o Cristianismo não Religioso no pensamento de Gianni Vattimo.[2]

A partir da *kênosis/caritas* (Fl 2), mostramos como, na superação dos sistemas vitimários religiosos, o Filho de Deus quebrou as barreiras de inimizade entre os seres humanos, inaugurando o Reinado de Deus. Ele rompeu com qualquer mentalidade autoritária da época, revelando a gratuidade de seu do amor encarnado em nossa história concreta. Ao chamar seus discípulos de amigos, e não de servos (Jo 15,15), Jesus instaurou a nova humanidade, alicerçada na paz e na justiça, a ser construída no "hoje" da história até ser cumprida no "amanhã" da parusia. Assim, nosso pensamento enfraquecido cristão torna-se profundamente ético por se compreender como pensamento dos enfraquecidos.

Esses sonhos de emancipação das vítimas, a partir da realização do amor cristão na história, ao mesmo tempo que conheceu suas conquistas, revelou a pós-modernidade como era da vulnerabilidade global, tema trabalhado em "Vulnerabilidade *pós-moderna* e cristianismo".[3] Mostramos a fragilidade no avesso do que poderia significar apenas uma fatalidade finita. Refletimos que a vulnerabilidade contemporânea é corpórea e, assim, partindo do pensamento enfraquecido, chegamos ao corpo vulnerável.

---

[2] FERREIRA, V. de P., O cristianismo não religioso no pensamento de Gianni Vattimo, 2015.

[3] FERREIRA, V. de P., Vulnerabilidade pós-moderna e cristianismo, 2017.

No bojo de muitas experiências, como a pandemia da Covid-19 e os crimes socioambientais de Brumadinho e Mariana (MG), outros elementos trouxeram novas indagações sobre nossa época. Nesse ponto crucial da história global, damos mais um salto, e ele tem muito a ver com o campo ético-teológico. A vulnerabilidade não é apenas elemento humano constitutivo, mas é também realidade fabricada por um estilo de vida no planeta. O capitalismo neoliberal dominou o mundo e globalizou problemas que afetam toda a humanidade. Portanto, muitos cenários de dores são frutos de escolhas equivocadas, que lançam uma inquietação central: qual futuro queremos e de onde virão as soluções? As respostas a essas perguntas dependerão de onde partirão nossas perspectivas. Se partirem do 1% da população que controla as riquezas do planeta, já conhecemos os catastróficos resultados. Se partirem dos 99% que lutam por sobrevivência, podemos sonhar com a continuidade das realizações propostas pelo que denominamos pós-modernidade contemporânea.

Portanto, este artigo tem uma perspectiva que considera o pensamento enfraquecido como pensar a ética a partir dos corpos feridos da terra e dos pobres. Um pensar condutor da práxis da libertação, inspirado no legado evangélico do amor, que se propõe romper com o pensamento hegemônico, naquilo que ele tem de violento. Assim, escreveremos sobre a ética a partir das vítimas, apontando para as rupturas. Em seguida, faremos uma pequena volta ao princípio da lei natural, para mostrar a centralidade do amor cristão como transbordamento fundamental para toda e qualquer questão ética universal, com pistas de reparações. Por fim, apontaremos algumas pontes a serem construídas nessa nova cultura que se encontra em seu crepúsculo, a civilização da amizade e da fraternidade, no planeta Terra.

1. Rupturas: pensar a ética a partir das vítimas sistêmicas

"Estamos todos na mesma tormenta, mas nem todos no mesmo barco." O problema central da metafísica foi o objetivismo essencialista que cristalizou ordens históricas nas quais a liberdade e a originalidade do sujeito foram canceladas. Em nome de uma verdade branca, norte-global, heterossexual, extrativista, legitimou-se a violência contra muitos corpos e contra a criação. No auge desse domínio, em nosso entendimento, encontra-se o atual modelo neoliberal do capitalismo. Ainda que haja resistências decolonialistas, respaldadas pela herança cristã da fraternidade, notamos que "reacendem-se conflitos anacrônicos que se consideravam superados, ressurgem nacionalismos fechados, exacerbados, ressentidos e agressivos".[4]

As tragédias, os crimes, as guerras e a pandemia da Covid-19 mostraram feridas que vinham sendo abertas há muito tempo. No corpo, no tecido social e na terra, gritos por socorro aumentaram. E o termo "vulnerabilidade sistêmica" se instalou como marca mais profunda da pós-modernidade contemporânea. Duas tendências básicas emergiram, mostrando que, apesar de estarmos todos imersos na mesma tormenta, não estamos todos na mesma embarcação. De um lado, as posições de extrema direita colocaram-se como legítimas e únicas detentoras de Deus, do nacionalismo, da família. O que, resumidamente, Jessé de Souza, no caso brasileiro, chama de "a elite do atraso".[5] De outro, os defensores dos direitos humanos e da natureza resistem na defesa das minorias.

[4] FT, n. 11.

[5] SOUZA, J., A elite do atraso, 2019.

Por isso, perguntamo-nos: na perspectiva cristã, que pontes devem ser cruzadas, reparadas ou construídas diante dessa polarização? Enquanto milhões de pessoas já não possuem água para beber, quem nos dará os critérios sobre tais pontes éticas, nessa encruzilhada global? Quem ocupa os centros de poder ou quem está nas periferias? Defendemos que o corpo ferido dos pobres e da terra é nossa matéria concreta, visível, palpável, a partir da qual responderemos a essas e a outras questões fundamentais. O corpo jogado na rua, refugiado, com o qual não sabemos o que fazer; o corpo do rio morto, pelo qual passamos sem notá-lo, são as vozes que nos chamam para um discernimento ético em nossa pós-modernidade contemporânea.[6]

1.1. A trágica situação de um sistema vitimário de corpos

Uma consciência ética, diante da negação da vida humana e da biodiversidade pelo sistema capitalista que domina o mundo, é nosso fio condutor. Isso se dá na compreensão da clara perversão sistêmica, já que o que o próprio neoliberalismo declarou como direito de todos é violado ao jogar milhares de pessoas em trágica pobreza. "A alteridade das vítimas descobre como ilegítimo e perverso o sistema material dos valores, a cultura responsável pela dor injustamente sofrida pelos oprimidos."[7] Um quadro teórico filosófico

[6] Considerando que estamos numa travessia cultural global, e ainda não temos um nome para esse novo cenário civilizatório, optamos por essa categoria pós-modernidade contemporânea. Uma era que continua com as utopias do (pós-)moderno e que, ao mesmo tempo, vê-se na urgência de combater as narrativas impostas pela hegemonia do 1% que domina o planeta.

[7] DUSSEL, H., Ética da libertação, p. 315.

abstrato, preso ao ideal do mundo das ideias, não deu conta de compreender a realidade a partir das vítimas. Pensar uma ética dos descartados se faz urgente para, exatamente, embasar a crítica de um sistema que, para sustentar-se, necessita produzir vítimas e justificá-las. Em muitos casos, o pensamento idealista nada mais foi do que o serviço da razão à sustentação de um regime insustentável para muitos que nele padecem.

A modalidade de capitalismo neocolonialista ainda permite uma indignação contra esse desespero? Ao que tudo indica, a revolução não se manifesta por conta de haver uma captura, ainda mais forte, por parte do novo modelo neocolonialista. Ele mata o próprio desejo de revolução ao conquistar todos os seus instrumentais. Nossa ética libertadora deve, continuamente, indagar sobre quem está ficando fora do jogo neocolonial. Um ícone desse processo de práxis libertadora é Paulo Freire, com a pedagogia do oprimido.[8] "O ato pedagógico só se dá dentro do processo da práxis de libertação, que não é só um ato revolucionário, mas todo ato transformativo humanizante em prol dos oprimidos e para que deixem de ser oprimidos."[9]

Ao adquirir um senso crítico da realidade, a vítima, por ela mesma, denuncia sua dominação. Essa utopia desmascara o poder excludente. A ética da libertação parte da situação do corpo da vítima, para absorver seu discurso, sua narrativa, como fonte de novos paradigmas. Mas não basta reconhecer e propor um discurso de libertação. "A ética de libertação é

---

[8] FREIRE, P., Pedagogia do oprimido, 2021.

[9] DUSSEL, H., Ética da libertação, p. 443.

uma ética possível acerca de toda ação de cada dia. No entanto, o próprio desta ética, ou seu referente privilegiado, é a vítima ou comunidade de vítimas que operará como os sujeitos em última instância."[10]

Esse paradigma está radicalmente no oposto da filosofia racional cartesiana, segundo nosso pensamento enfraquecido. O importante não é uma consciência reflexa sobre si mesma, do absoluto das ideias, da alma imortal. Esse seria um modelo ideal, distante de uma subjetividade corporal, vulnerável, excluída. Nosso paradigma está "na vítima, dominada pelo sistema ou excluída, a subjetividade humana concreta, empírica, viva, se revela, aparece como interpelação em última instância: é o sujeito que já não pode viver e grita de dor. É a interpelação daquele que exclama 'tenho fome! Deem-me de comer, por favor!'. É a vulnerabilidade da corporeidade sofredora – que o ego-alma não pode captar em sua subjetividade imaterial ou imortal – feito ferida aberta última não cicratrizável".[11]

Esse sujeito da práxis da libertação rompe com o conceito idealizado de ser humano. Ele não se apresenta enquanto ser prioritariamente racional, mas como sujeito vivo, posto no meio da rua, como corpo ferido. O lugar fundamental de nosso discurso ético, então, nasce do susto de um não saber o que fazer com os corpos descartados. A ética da libertação surge no momento em que a legitimidade da ordem dominante torna-se ilegítima. Porém essa clareira que liberta ainda tem que dar um passo importante:

---

[10] DUSSEL, H., Ética da libertação, p. 519.

[11] DUSSEL, H., Ética da libertação, p. 529.

> O construir efetivamente a utopia possível, as estruturas ou instituições do sistema onde a vítima possa viver, e "viver bem" (que é a nova vida boa); é tornar livre o escravo; é culminar no "processo" da libertação como ação que chega à liberdade efetiva do anteriormente oprimido. É um libertar para o *novum*, o êxito alcançado, a utopia realizada.[12]

Nesse sentido, a libertação é um elemento perigoso; o confronto entre o frágil corpo da vítima com o poderoso corpo do opressor; a luta de Davi contra Golias (1Sm 17). O que se busca pela ética da libertação? Descobrir a corporeidade das vítimas, oculta pelos corpos dominantes, criando condições de possibilidade para sua libertação. O bem perfeito é somente o horizonte; inalcançável, na práxis. O bem realizado é só um bem histórico. Quando alcançado, já está povoado por interesses limitados. Esse ponto é fundamental do ser ético, a vigilância diante do vínculo das narrativas absolutas com os sistemas dominantes. Em nosso caso cristão, o bem supremo, o servo de todos, denuncia o domínio e anuncia a possibilidade de libertação de quem é oprimido, tornando-se um corpo ferido de amor.

Assim, a dimensão disruptiva da ética se dá na defesa da corporeidade das vítimas sistêmicas e do corpo ferido da terra. Por isso:

> Só a corresponsabilidade solidária, com validade intersubjetiva, partindo do critério de verdade vida-morte, talvez possa nos ajudar a sair com dignidade no tortuoso caminho sempre fronteiriço, como quem caminha qual equilíbrio sobre a corda bamba, entre os abismos da cínica insensibilidade ética irresponsável

[12] DUSSEL, H., Ética da libertação, p. 566.

> para com as vítimas ou a paranoia fundamentalista necrofílica que leva a humanidade a um suicídio coletivo.[13]

Nossa ética da libertação rompe com o sistema vigente enquanto sacrificador de corpos dos LGBTQIA+, dos indígenas, dos quilombolas, dos moradores de rua, dos refugiados etc.

1.2. Ecologia Integral: as feridas da mãe terra sangram também em nós

O percentual de 1% da humanidade impõe uma planificação planetária que é a morte da biodiversidade. Tudo isso se dá com muita violência, que cancela "o nexo entre riqueza e os poderes dos colonizadores de um lado e a pobreza e a marginalização dos colonizados do outro".[14] Tal domínio está nos levando ao limiar de um precipício. Atravessamos uma encruzilhada que nos coloca entre duas opções. Ou assumimos o grito dos corpos feridos e sobreviventes como ponto de partida para a construção de uma nova civilização, ou a barbárie será cada vez mais presente, em nome de um suposto desenvolvimento científico global.

A Carta Encíclica do Papa Francisco *Laudato Si'* aborda, com extrema profundidade, esse panorama dramático. Destacamos alguns de seus pontos mais importantes. A humanidade atravessa uma crise socioambiental; as feridas dos pobres e da terra têm raízes humanas; nosso horizonte é o Evangelho da criação; Jesus Cristo: n'Ele e para Ele todas as coisas foram feitas; Ecologia Integral e conversão ecológica; os bens comuns como direito de todos; ações concretas em âmbito internacional, nacional e local;

[13] DUSSEL, H., Ética da libertação, p. 574.

[14] SHIVA, V.; SHIVA, K., Il pianeta di tutti, p. 145.

educação para uma espiritualidade ecológica; a beleza de Deus e nossa oração cristã com a criação. Em síntese, Ecologia Integral é a proposta de ruptura com um modelo mundial que coloca o lucro acima da vida.

O planeta não é matéria disponível apenas para nossa exploração. "A natureza é alguma coisa a mais do que uma construção humana, é mais que um objeto da manipulação humana em vistas de benefícios para breves fins: é a força criativa do universo. Viver significa habitar o ecossistema."[15] Somos natureza, em sua biodiversidade. E tudo está, misteriosamente, interligado entre toda a matéria criada. A forma de domínio capitalista neoliberal sobre a terra não se restringe a ela. Expande-se, também, na busca frenética de uniformizar as culturas, as crenças, os saberes, os corpos. Seu objetivo é capturar os corpos, tornando-os apenas objetos de consumo. Perde-se, com isso, a beleza de todas as riquezas que tornam a vida um mar de surpresas.

Assim, a maior ruptura a ser feita é com o domínio desse 1%. Porque ele é autoritário e violento. É a ditadura do lucro em função de poucos, que destrói a liberdade de desenvolvimento dos seres viventes no misterioso universo das inter-relações. Como tudo está interconectado, não há liberdade humana sem pensar na libertação de toda a obra criada. É urgente trabalhar com o conceito de pluralismo democrático. Incluindo todas as formas de pensar a sociedade, sobretudo aquilo que é considerado fragmento ou corpo para o consumo. No caso da terra, é ético lutar pelos direitos da criação; no caso do ser humano, é ético buscar soluções para que não haja descarte de corpos. É urgente cruzar esse viciado sistema que coloca o lucro acima da vida, impondo um estilo de

[15] SHIVA, V.; SHIVA, K., Il pianeta di tutti, p. 148.

extrativismo que, aceleradamente, está violando a natureza e sua biodiversidade.

2. Reparações: por uma cultura da amizade e da fraternidade universal

"Para problemas globais, são necessárias soluções globais." O século XX, com todas as expectativas de emancipação, fez-nos sonhar com uma sociedade global solidária. No entanto, chegamos ao século XXI com a triste realidade de que "alguns grupos monopolizam cada vez mais os frutos da globalização, enquanto bilhões são deixados para trás".[16] Provavelmente, nos próximos 100 anos, os bilionários possuirão, se não houver uma virada cultural, não somente a maior parte das riquezas, mas também a beleza, a saúde e todos os benefícios para o bem-estar. Porque terão dominado também a tecnologia da informação e a biotecnologia. Esse modelo de globalização está empurrando o ser humano para uma espécie de divisão dramática. Uma classe de superpoderosos e outra de pessoas totalmente inúteis.

Segundo as ponderações de Harari, o controle das armas nucleares, a disrupção tecnológica e o colapso ecológico são os três maiores problemas de nossa encruzilhada civilizatória. Esses três desafios lançam uma pergunta ética fundamental: quem controlará essas plataformas e para quais finalidades? Para responder a esses desafios, não é possível permanecer nos fechamentos nacionalistas. O fracasso em um desses pontos será catastrófico. Considerando que a condição humana é sempre encarnada em uma cultura, linguagem, crença, deve-se buscar uma justa relação entre global e local. A luta de todos

[16] HARARI, Y. N., 21 lições para o século 21, p. 104.

por desafios de todos ajudará na construção de caminhos para reparações locais.

Não se trata de inventar um ser humano global, mas de tomar decisões globais para problemas globais:

> Se queremos sobreviver e florescer, o gênero humano não tem outra opção a não ser complementar essas lealdades locais com obrigações reais para com a comunidade global. Uma pessoa pode e deve ser simultaneamente leal a sua família, sua vizinhança, sua profissão e sua nação – por que não acrescentar à lista a humanidade e o planeta?[17]

Se crescem as dívidas com os pobres e com a terra, é urgente que aconteçam também processos de reparação integral. Uma vida ética exige que seja uma vida justa.

2.1. A necessidade de reparar a lei natural em horizontes éticos comuns

A questão ética torna-se, na sociedade globalizada, marcada pela vulnerabilidade corpórea das vítimas sistêmicas, fundamental para uma responsabilidade planetária. Há muitas pessoas que se doam no testemunho de valores morais que são fundamentais, como a proteção do meio ambiente ou da dignidade da pessoa humana. No entanto, "esses esforços só podem ter sucesso se as boas intenções se apoiarem sobre um sólido acordo de base quanto ao bem e aos valores que representam as aspirações mais profundas do ser humano".[18]

[17] HARARI, Y. N., 21 lições para o século 21, p. 162.

[18] COMISSÃO TEOLÓGICA INTERNACIONAL, Em busca de uma ética universal, p. 5.

A Declaração Universal dos Direitos Humanos é um dos exemplos mais importantes da busca humana por uma ética universal. "Todos os seres humanos nascem livres e iguais em dignidade e direitos. São dotados de razão e consciência e devem agir em relação uns aos outros com espírito de fraternidade."[19] A lei natural é mais que princípios naturais, apenas postos de antemão, aos quais o ser humano somente deve obedecer. Seu sentido mais aberto encontra-se quando acordamos que há um fundo racional em todos, capaz de reconhecer os valores comuns e, a partir deles, configurar meios para colocá-los em prática. Portanto, a ética deve sempre dialogar sobre esse patrimônio coletivo e iluminar o ser humano para uma práxis moral libertadora, no concreto das realidades.

Há princípios fundamentais a serem acolhidos por todos, caso não queiramos colocar nossa espécie em risco neste planeta. De fato, "essa lei é normativa em virtude de uma exigência interna do espírito. Ela brota do coração mesmo, de nosso ser, como um impulso à realização e à superação de si. Não se trata, portanto, de se submeter à lei de outro, mas de acolher a lei de seu próprio ser".[20] No entanto, esse princípio não se confere no abstrato, mas no caminho concreto de nossa existência. É diante do corpo ferido do outro e de toda a criação que princípios do "bem" e do "mal" são avaliados. Caso contrário, permanecem no mundo das ideias.

Assim, lei natural, em nosso entendimento, é fundamental no processo de reparação das dívidas que a história possui com os pobres e com o planeta, desde que ela seja iluminada

[19] UNITED NATIONS, Universal Declaration of Human Rights, 2015, artigo 1.

[20] COMISSÃO TEOLÓGICA INTERNACIONAL, Em busca de uma ética universal, p. 51.

pelo transbordamento do amor cristão, que interpela a todos pela sua escuta atenta. À luz do "verbo que se faz carne" (Jo 1,14), a equidade de todo indivíduo, sem o doloroso estigma do preconceito, da escravidão, da exclusão, é o fundo comum sobre o qual toda ética deve apoiar-se para julgar o que se deve superar, conservar ou reparar. "Aquilo que não queres que te façam, não faças aos outros." Acrescentamos que a nova consciência da Ecologia Integral lança um olhar diferente sobre a dignidade de toda a criação. Há uma dívida imensa de nossa humanidade com o planeta Terra.

Dizer que o ser humano é criado por Deus e participa de seus desígnios de amor em nada diminui sua liberdade de fazer escolhas. Nelas, ele mesmo experimentará aquilo que é contradição e pecado, que é violência. O que faz parte da massa rígida da matéria colocada a seu dispor para a realização de sua liberdade. O que mostra que "o homem não é o outro da natureza. Ao contrário, ele mantém com o cosmo um vínculo de familiaridade, fundado na comum participação do Logos divino".[21] O ser humano não está na natureza como um estranho a ela. Ele é natureza, e isso é um dos princípios básicos da lei natural. E, sendo corpo espiritual, goza de uma liberdade e de um senhorio, ainda que sempre limitado, em seu agir. Propomos que os corpos das vítimas sejam colocados no centro das avaliações éticas como elemento fundamental para um "juízo final" (Mt 25).

Todo princípio considerado absoluto necessita da razão prática para governar sua dinamicidade ou sua concretude. No real da vida, afirma São Tomás que, "quanto mais se desce ao

[21] COMISSÃO TEOLÓGICA INTERNACIONAL, Em busca de uma ética universal, p. 73.

particular, mais a indeterminação aumenta".[22] Desse modo, a pessoa prudente não se apega apenas ao princípio universal, mas permanece atenta ao que é particular. A revelação cristã oferece-nos o fundamento hermenêutico que orienta toda e qualquer escolha moral. Trata-se do princípio da *caritas,* realizado na pessoa história de Jesus. Tomemos a parábola do bom samaritano (Lc 10,29-37). Quem é o próximo? Jesus foge de um princípio metafísico abstrato para mostrar que o fundamento é o amor encarnado. E isso não liga o "natural" ao costumeiro de uma cultura. Quando inaugura o mandamento novo, o Filho de Deus não está revelando uma outra ordem que supera a que mais parece natural? O mais normal, olho por olho, dente por dente, é superado pelo amor sem limite. "Eu, porém, vos digo a vós que me escutais: amai os vossos inimigos, fazei o bem aos que vos odeiam, bendizei os que vos amaldiçoam, orai por aqueles que vos difamam" (Lc 6,27).

Jesus é a nova lei e, a partir do amor incondicional, abrimos a perspectiva de uma ética sempre a caminho, livre no seu agir, porque está disposta a acolher o inusitado corpo padecente. O natural não coincide totalmente com aquilo que está posto no quadro comum dos valores. Com a ética da libertação, aprendemos que muitas estruturas defensoras dos princípios "supostamente naturais" serviram para manter pessoas e grupos na escravidão. Civilizações inteiras consideraram natural a questão do domínio da espécie humana sobre as outras e sobre a terra, sem se sentirem como parte dela. Que o homem é também natureza não é um princípio natural esquecido por séculos? Por isso, "a Ecologia Integral interpela

[22] COMISSÃO TEOLÓGICA INTERNACIONAL, Em busca de uma ética universal, p. 59.

cada um e cada comunidade em vista de uma nova responsabilidade. Ela é inseparável de uma orientação política global respeitosa das exigências da lei natural”.[23]

2.2. O amor cristão como reparação do domínio violento e inauguração do Reinado de Deus

Jesus, na densidade escatológica de seu profetismo, deu voz às periferias. O título Filho do homem mostra a esperança no humano, na expectativa pela chegada do Reinado de Deus. Jesus morreu, vítima do poder religioso e político, e tudo isso teve que ser lido, pelos seus seguidores, a partir da cruz e da ressurreição. A páscoa tornou-se a experiência do poder do não poder (Mc 9,35-37), da vítima que perdoa. “Existe unanimidade entre os exegetas em afirmar que Jesus mostrou uma consciência de autoridade escatológica: viu na sua atividade o início de um mundo novo.”[24] O novo reino, inaugurado por Jesus, transborda a ordem considerada natural. Traz à luz as sombras das realidades mais desumanas, transformando-as em matéria sagrada, a partir da qual o Espírito modela o mundo novo.

Se alguém quiser ser o primeiro, que seja aquele que serve. Jesus usa a palavra “escravo” (Mc 10,44). Ao usar essa situação histórica, ele reverte a ordem natural da sociedade e convida a comunidade cristã a essa alternativa radical:

> Desse modo, seus primeiros destinatários foram os *nepioi*, os pequenos do Reino dos Céus, chamados assim pelo evangelista Lucas. Eles evocam aos *anawin* de Israel, o pequeno

[23] COMISSÃO TEOLÓGICA INTERNACIONAL, Em busca de uma ética universal, p. 82.

[24] MENDOZA-ÁLVARES, C., A ressurreição como antecipação messiânica, p. 231.

> resto. A exegese moderna dos relatos da pregação e curas de Jesus como taumaturgo enfatizou a preferência de Jesus pelos enfermos, os pobres e os desvalidos, como sinal de uma preferência de Deus pelo seu povo sofredor desde que era escravo no Egito.[25]

O amor pascal é a irrupção do tempo último, do tempo escatológico, nas vicissitudes da história. Sua vivência transborda qualquer proposta de sociedade perfeita. Ele é a única forma de antecipar, no meio do horror, a feição do ressuscitado. Somente a partir das vítimas sobreviventes, o broto pascal nasce. Esse princípio, que se torna o eixo ético primordial, ultrapassa o sentido limitado de lei natural e permite-nos sair do círculo vicioso da violência. Ele é a entrada de um dom maior, nos limites da natureza, que nos capacita no aperfeiçoamento da própria criação e desperta a utopia da reparação das distorções do próprio sentido de lei natural. Exige a dedicação contínua, em cada fragmento da história. É uma práxis ético-política cotidiana. A mística judaica simbolizou esse horizonte de um mundo novo com a experiência de uma mesa compartilhada num ritual de comensalidade, no qual há sempre um lugar vazio, para acolher o messias, caso ele chegue.

3. Pontes a serem construídas: ética do cotidiano ou um cotidiano ético

"A realidade é superior à ideia."[26] Deus é amor, e esse amor tem uma narrativa histórica:

[25] MENDOZA-ÁLVARES, C., A ressurreição como antecipação messiânica, p. 237.
[26] EG, n. 231.

> O ser de Deus se expressou nessa identificação com esse homem Jesus. Mas o ser de Deus se diz como amor no evento Jesus, isto é, na humanidade de Deus. Assim, se aspiramos a contemplar a economia da humanidade de Deus, devemos contemplar a vida desse homem chamado Jesus de Nazaré.[27]

O Evangelho é feito de evangelhos, da pequenez das histórias concretas de Jesus. É no desenrolar de uma vida particular que se desvela a grandeza de sua boa notícia. Sua existência, abertura ao mundo e aos outros, é sacramental, norteadora de toda existência. Por isso, é preciso contemplar cada gesto e palavra de Jesus como sacramento de nossas escolhas éticas diárias. E, hoje, só é possível pensar em pontes éticas se acolhemos os sinais dos tempos, na pós-modernidade contemporânea. Cremos que essa questão de cuidar da casa comum enquanto *habitat* de irmãos e irmãs é um desses eixos transversais, sem o qual não chegaremos aos horizontes éticos com que sonhamos.

3.1. Irmãos e irmãs, habitantes de uma casa comum

O mandamento do amor é dom extraordinário realizado nas obras e palavras de Jesus. E ele é atualizado, hoje, nas perspectivas do magistério do Papa Francisco. Cremos que a Ecologia Integral, ao propor uma conversão ecológica, toca em algo central da experiência cristã. Se o capitalismo extrativista domina a terra, a *Laudato Si'* nos propõe uma outra ordem das coisas. Trata-se da construção de um novo tecido socioambiental, como também indicam outros pensadores que apostam que "a perspectiva verdadeira para a mudança social contra-hegemônica na era

[27] HURTADO, M., Deus, não sem nós, p. 87.

da globalização é um movimento globalizante desde baixo que se atreva a desafiar o poder da elite global".[28]

As narrativas para a construção de novas pontes estão nas periferias. O grito dos povos originários, dos quilombolas, das comunidades LGBTQIA+, dos biomas feridos da terra devem ser escutados a partir de suas narrativas particulares. Os centros de poder vigentes, inclusive eclesiais, não compreenderão o que significa essa crise enquanto não escutarem e acolherem essas vozes. É por isso que nosso fazer ético cristão deve estar em relação com os movimentos sociais e com as variadas redes que se constituem em linguagens alternativas. A realidade dos corpos negros, transexuais, indígenas, refugidos transborda o clamor por uma ética da concretude, a começar pela compreensão do ser enquanto encarnado, situado e nunca totalmente dado. O que fazer com esse corpo que grita, que sente fome, que está deprimido, que é violado pelo feminicídio, que forma um rio de águas poluídas?

Diante disso, a práxis cristã deve continuar repensando sua identidade tanto no campo teorético quanto no campo pastoral, porque "a história está caminhando em direção a uma sociedade sempre mais global, graças às potencialidades da comunicação planetária que desenha, ou pretende fazê-lo, um mundo mais unido, compacto, até os limites de uma crescente homogenização".[29] Tais cenários são ainda mais complexos se considerado o pluralismo. Ele tem dimensões filosóficas, particularmente com a hermenêutica, que desencoraja quadros cognitivos unívocos e absolutos, enfraquecendo, sempre mais, o conceito de verdade universal exclusivista.

---

[28] ROBINSON, W., Una teoría sobre el capitalismo global, p. 193.

[29] DOTOLO, C., Cristianesimo e interculturalità, p. 17.

O pluralismo religioso revela-se ainda mais agudo com a variação de símbolos, ritos, crenças, instituindo uma tensão sempre constante entre identidade e alteridade. O risco maior é, no entanto, cair nas extremidades de querer uma verdade absoluta ou no arbitrário pluralismo. O que está em questão não é somente a necessidade de novos paradigmas teoréticos ou de um diálogo com a diferença, mas incluir a busca de uma verdade sempre mais ampla, presente nas feridas sistêmicas socioambientais. A vocação primordial do cristianismo aponta não para o nivelamento, mas para a comunhão das diversidades. O antídoto para vencer o caos de Babel não é o enquadramento das culturas, submetidas a uma única forma de ver o mundo, porque o Espírito faz cada um comunicar-se em sua própria realidade, sendo compreendido pelos outros.

3.2. Novas narrativas para nossa sobrevivência na terra

Em 24 de março de 2015, Papa Francisco deu uma entrevista à revista *Studia Moralia*, da Academia Alfonsiana, dos missionários redentoristas. Era preparação do 150º aniversário de proclamação de Santo Afonso como doutor da Igreja. Texto fundamental para pensarmos o lugar da ética/moral na construção de uma nova cultura, no contexto da pandemia da Covid-19 e de toda a crise civilizatória global pela qual passamos. Cremos que esse texto resume bem as propostas de pontes éticas. O foco central é a formação da consciência de uma nova humanidade. Trata-se de uma grande provocação para a superação da globalização da indiferença a partir das periferias. Se delas colhemos as dores, também delas aprendemos as resistências através da arte, da cultura, da fé. Por isso, o caminho é uma saída real para as periferias. "A teologia moral deveria ajudar a aumentar a consciência daqueles pecados que o mundo já incorporou à sua normalidade, e não os percebe mais como tais."[30]

Não haverá pontes para esse tempo novo que almejamos se não houver uma conversão sistêmica. "Quando indagamos por um estilo de vida ecológico no marco de uma ética da terra, nos deparamos com a necessidade de um estilo de vida alternativo, porque os estilos de vida anterior nas sociedades industriais capitalistas é uma causa essencial das catástrofes ecológicas que ameaçam o mundo."[31] Por isso, apostamos na economia solidária proposta pelos movimentos sociais, nos coletivos dos atingidos pelos crimes de Mariana, de Brumadinho, porque privilegiam a participação de cada cidadão e porque propõem a defesa dos direitos da natureza. Os três encontros do Papa Francisco com os Movimentos Sociais, em Roma (2014), em Santa Cruz de la Sierra, Bolívia (2015), e em Roma (2016), revelam a clara convicção de que as alternativas virão dessas lutas.

Está em curso também a construção de uma forte experiência que se chama economia de Francisco e Clara. É a busca por uma economia da vida em confronto com o capitalismo de morte. Seus princípios baseiam-se na defesa da terra e dos pobres; na sustentabilidade das produções; na luta contra a cultura do descarte; na exigência de trabalho, teto e terra para todos; na supressão de paraísos fiscais; na opção

---

[30] AMARANTE, A., La vita morale è um'educazione all'umano e non una retorica degli schemi, p. 221.

[31] MOLTMANN, J., Ética da esperança, p. 180.

por financiamentos éticos e no combate do financiamento especulativo predatório etc. Outro movimento importante é o pacto global pela educação. O núcleo central dessa proposta é a formação da pessoa humana para o serviço da cultura do encontro, globalizando a esperança.

No que toca as questões mais intraeclesiais, encontramos no Sínodo para a Amazônia uma larga opção ética em defesa dos povos originários e da vasta biodiversidade desse patrimônio mundial. A criação da rede Pan-Amazônica exemplifica uma de suas conquistas. Nessa mesma direção, muitos movimentos nascem a partir da *Laudato Si'*, como é o caso da Rede Igreja e Mineração, da Comissão Episcopal para Ecologia Integral e Mineração, da CNBB. Essas redes mostram como a Igreja pode oferecer seu testemunho, assumindo que de nada valerão os discursos, se o que se prega não for visível em sua presença profética também corpórea.

3.3. Uma saída para a Igreja: a Igreja em saída

No magistério do Papa Francisco, colhemos um longo esforço de trazer nova dinâmica para a Igreja. Desde a *Evangelii Gaudium* até o atual caminho do Sínodo sobre a sinodalidade, percebemos a busca de atualização da Igreja na pós-modernidade contemporânea. "Sonho com uma opção missionária capaz de transformar tudo, para que os costumes, os estilos, os horários, a linguagem e toda a estrutura eclesial se tornem um canal proporcionado mais à evangelização do mundo atual do que à autropreservação."[32] Propomos alguns

[32] EG, n. 28.

pontos emergentes para um pensar ético sobre a missão da Igreja no mundo contemporâneo, como pontes de diálogo com a sociedade polissêmica na qual habitamos.

O protagonismo de todo batizado como ruptura do clericalismo; o fortalecimento de uma Igreja com rosto latino-americano e caribenho decolonial, indígena, negra e feminina; a comunicação popular libertadora como confronto à manipulação das narrativas espiritualistas de muitos meios de comunicação, verdadeiros promotores de *influencers* digitais sagrados; o investimento nas comunidades eclesiais de base como superação do cristianismo de massa; a Teologia da Libertação Renovada como promoção de uma Igreja capaz de ser defensora dos direitos humanos e da terra; a emergência da ministerialidade das mulheres como urgente superação do machismo eclesial; a inclusão das reinvindicações familiares dos LGBTQIA+ como forma de superação da homofobia eclesial e por uma escuta sincera e humilde das polissêmicas manifestações da sexualidade; a inclusão do debate sobre a ordenação de homens casados e das mulheres, assim como uma séria revisão dos posicionamentos eclesiais sobre a homossexualidade.[33]

Conclusão

Como ponto de partida, mostramos que a pós-modernidade contemporânea tem como uma de suas características o fim das metanarrativas. Nosso pensamento enfraquecido, ao partir da percepção de que as ideias absolutas, em muitas situações, vincularam-se aos centros de domínio e

[33] MARX, H., O celibato dos padres não é um dogma, 20 de jun. 2020.

poder, quer ser um pensamento dos enfraquecidos. Sua força está, justamente, no entendimento de que a vulnerabilidade corpórea das vítimas socioambientais sistêmicas é o mundo real sobre o qual deve empenhar-se nossa reflexão ética cristã. Nessa travessia cultural, o corpo ferido que grita, de fome ou de dor, remete-nos à urgência de uma ética do cotidiano, dos corpos feridos por violências sistêmicas.

O amor não é somente uma luz ideal, mas também experiência concreta. Foi nesse sentido que Jesus Cristo rompeu com um sistema vitimário de leis e as superou com o novo mandamento. O amor ao inimigo é a antecipação concreta da páscoa realizada pela vítima que perdoa. Desse modo, as rupturas mais radicais que nossas reflexões éticas devem fazer é com um sistema capitalista que fabrica, todos os dias, uma larga escala de corpos vulneráveis pela exclusão. Superar esse sistema somente é possível a partir dos corpos das periferias, reparando a dívida que a cultura vigente tem com diversas categorias de pessoas e com a terra.

Essa nossa perspectiva de uma ética do cuidado cotidiano ou da libertação constrói suas pontes sociais e eclesiais, quando desvela os vínculos das verdades oficiais com o poder que domina e chama para o centro do debate as vozes caladas pela violência. Elas são as portadoras da mensagem com a qual construiremos as pontes para uma nova civilização que já está em curso. A Igreja Católica pode e deve dar o exemplo como interlocutora mundial de um humanismo solidário, promovendo uma conversão pastoral, em saída para as periferias. Em diálogo com as outras religiões, a cultura do encontro acontecerá de forma mais acelerada:

> Como crentes, somos desafiados a retornar às nossas fontes para nos concentrarmos no essencial: a adoração de Deus e o amor ao próximo, para que alguns aspectos da nossa doutrina, fora do seu contexto, não acabem por alimentar formas de desprezo, ódio, xenofobia, negação do outro.[34]

Ao enfrentar essa inédita realidade intercultural, notando que a globalização não consente mais o isolamento sociocultural, o cristianismo, a partir do mandamento do amor, tem fundamental missão ética. No cenário da multiculturalidade, no qual valores, critérios éticos, crenças, tradições religiosas entram em um tecido multirrelacional, instaurando a pluralidade como fisionomia mutante, a vivência do amor dialogal evita, sobretudo, o risco do fundamentalismo exclusivista. O *ethos* cristão auxilia na "saída de um certo modo de entender a religião fechada nos confins da própria identidade sacral, e não sempre atenta ao desenvolvimento integral, à justiça social e à libertação humana".[35]

Por fim, é essencial, para nossa ética do pensamento enfraquecido enquanto pensamento das feridas corpóreas sistêmicas, a promoção de um mundo diverso, mais humano, porque a visão que tem de Deus é a revelada pela singularidade de Cristo que diz que Deus é amor. E só é possível "acreditar em Cristo e ter o direito de exclamar 'meu senhor e meu Deus' apenas se tocar em suas feridas, das quais nosso mundo ainda está cheio. Caso contrário, digo 'senhor, senhor' simplesmente em vão e sem nenhum efeito".[36]

---

[34] FT, n. 282.

[35] DOTOLO, C., Cristianesimo e interculturalità, p. 10.

[36] HALÍK, T., Toque as feridas.

Referências bibliográficas

AMARANTE, Alfonso. La vita morale è um'educazione all'umano e non una retorica degli schemi. Intervista al Santo Padre Francesco per la **Rivista Studia Moralia dell'Accademia Alfonsiana**. Luglio-dicembre, n. 58/2. Roma: Editiones Academie Alfonsianae, 2020.

COMISSÃO TEOLÓGICA INTERNACIONAL. **Em busca de uma ética universal**. Novo olhar sobre a lei natural. Paulinas: São Paulo, 2009.

DOTOLO, Carmelo. **Cristianesimo e interculturalità. Dialogo, ospitalità e ethos**. Assisi: Citadella Editrice, 2011.

DUSSEL, Henrique. **Ética da libertação**. Na idade da globalização e da exclusão. 4ª edição. Petrópolis: Vozes, 2018.

FERREIRA, Vicente de Paula. **O cristianismo não religioso no pensamento de Gianni Vattimo**. Aparecida: Santuário, 2015.

FERREIRA, Vicente de Paula. **Vulnerabilidade pós-moderna e cristianismo**. Aparecida: Santuário, 2017.

FRANCISCO, PP. **Carta Encíclica Fratelli Tutti**: Sobre a Fraternidade e a Amizade Social. São Paulo: Paulus, 2020.

FRANCISCO, PP. **Carta Encíclica Laudato Si'**: Sobre o cuidado da Casa Comum. São Paulo: Loyola, 2015.

FRANCISCO, PP. **Exortação Apostólica Evangelii Gaudium**: Sobre o anúncio do evangelho no mundo atual. São Paulo: Paulinas, 2013.

FREIRE, Paulo. **Pedagogia do oprimido**. Rio de Janeiro: Paz e Terra, 2021.

GUIMARÃES, Dom Joaquim Mol; SOUZA, Robson Sávio Reis; ALVES, Claudemir Francisco; PENZIM, Adriana Maria Brandão (Orgs.). **O novo humanismo**. Paradigmas civilizatórios para o século XXI a partir do papa Francisco. São Paulo: Paulus, 2022.

GUTIÉRREZ, G.; MÜLLER, G. L. **Dalla parte dei poveri. Teologia della liberazione, teologia della chiesa**. Padova: Mensaggero di Sant'Antonio, 2013.

HALÍK, T., **Toque as feridas**. Disponível em: <www.ihu.unisinos.br/categorias/598198-toque-as-feridas-artigo-de-tomas-halik>. Acesso em: 14 de jun. 2022.

HARARI, Yuval Noah. **21 lições para o século 21**. São Paulo: Companhia das Letras, 2018.

HURTADO, Manuel. Deus, não sem nós. **A humanidade de Deus para pensar Deus e os pobres**. Reflexões em Eberhard Jüngel. São Paulo: Loyola, 2013.

MARX, H. **O celibato dos padres não é um dogma**. Disponível em: <https://www.ihu.unisinos.br/619622-o-celibato-dos-padres-nao-e-um-dogma-entrevista-com-reinhard-marx-cardeal-arcebispo-de-munique>. Acesso em: 20 de jun. 2022.

MENDOZA-ÁLVARES, Carlos. **A ressurreição como antecipação messiânica**. Luto, memória e esperança a partir dos sobreviventes. Petrópolis: Vozes, 2020.

MOLTMANN, Jurgen. **Ética da esperança**. Petrópolis: Vozes, 2012.

ROBINSON, William. **Una teoría sobre el capitalismo global**. Producción, clase y estado en un mundo transnacional. Bogotá: Ediciones desde abajo, 2007.

SÁNCHEZ, Pedro; MONTOYA, Asunta; CAVALLI, Guillerme; ELIZALDE, Óscar (Orgs.). **Teologías, ecologías e extractivismos**. Bógota: DGP Editores S.A., 2022.

SHIVA, Vandana; SHIVA, Kartikey. **Il pianeta di tutti**. Come il capitalismo há colonizzato la terra. Milano: Feltrinelli, 2019.

SOUZA, Jessé. **A elite do atraso**: da escravidão a Bolsonaro. Rio de Janeiro: Estação Brasil, 2019.

UNITED NATIONS. **Universal Declaration of Human Rights**, 2015. Disponível em: <https://www.un.org/en/about-us/universal-declaration-of-human-rights>. Acesso em: 20 de jun. 2022.

2

Escutar como um princípio social católico

Uma ponte para o diálogo como iguais a partir do Sul

***Alexandre Andrade Martins*[1]**

Introdução

Como professores, frequentemente vivemos em um paradoxo. Por um lado, temos dificuldade em escutar, pois fomos treinados numa educação tradicional, na qual o professor fala e o aluno escuta para aprender. Dessa forma, mesmo que intencionalmente utilizemos métodos pedagógicos de caráter dialogal, frequentemente caímos na zona de conforto professoral, tornando a aula um monólogo discursivo. Por outro lado, vivemos da escuta, por meio de textos que lemos para a nossa pesquisa e práticas de engajamento popular. Lendo artigos e livros, escutamos vozes de dezenas de pessoas, especialmente acadêmicos da área de teologia e ética. Nesse ato solitário de ler, o escutar é atencioso, mas seletivo, porque es-

[1] Alexandre A. Martins tem Pós-Doutorado em Ética Biomédica (Albert Gnaegi Center for Health Care Ethics – Saint Louis University – Estados Unidos) e em Democracia e Direitos Humanos (*Ius Gentium Conimbrigae* – Universidade de Coimbra – Portugal). Doutor em Ética Teológica (Marquette University – Milwaukee, WI – EUA), Mestre em Ciências da Religião (PUC – SP) e especialista em Bioética e Pastoral da Saúde (Centro Universitário São Camilo). Atualmente é professor no Departamento de Teologia e na Escola de Enfermagem da Marquette University.

cutamos apenas aqueles que escolhemos, já selecionados de antemão pelo seu potencial de ensinar-nos algo. É um escutar, dentro de uma zona de conforto, sob o nosso controle e sem a espontaneidade de encontros interpessoais com pessoas que desafiam uma à outra apenas pelo fato de serem diferentes, o que ocorre no engajamento popular.

Quando pensamos na necessidade de construir pontes capazes de cruzar abismos e interconectar pessoas e realidades diferentes, escutar é fundamental para produzir um diálogo, fruto de um encontro que leva ao aprendizado mútuo dos envolvidos e, por consequência, ao crescimento das partes. Contudo, escutar exige humildade e aceitação da vulnerabilidade. A humildade compreende o outro, mesmo esse outro sendo jovens estudantes ansiosos para aprender na sua aula, que também têm algo para oferecer, e aprendemos com isso. Nós nos tornamos vulneráveis ao encontrar o outro fora da nossa zona de conforto, fora da nossa capacidade de controle, mas dentro da espontaneidade do encontro com o diferente e desconhecido, especialmente com aqueles que geralmente são tidos como pessoas ou grupos com pouco ou nada para oferecer de valor.

Considerando a humildade e a vulnerabilidade como bases de sustentação da ponte e restringindo este texto ao contexto da teologia moral acadêmica, vou apresentar o escutar como a própria ponte que possibilita que o encontro para o diálogo, que leva ao aprendizado e ao crescimento mútuo, entre novos e diferente sujeitos aconteça. Para isso, sustentamos a tese de que o Papa Francisco tem o escutar como um dos pilares da sua teologia, sugerida por muitos como uma teologia do encontro e do diálogo,[2]

[2] DAVILA, M.T., The political anthropology of Fratelli Tutti, p. 101.

a teologia que fundamenta sua visão de uma Igreja sinodal. Francisco apresenta a necessidade de escutar para criar um diálogo capaz de apreender com outro, especialmente o outro pobre, oprimido e marginalizado. Esse escutar tem ares sociais e poderia muito bem ser compreendido como um princípio da doutrina social da Igreja, juntando-se a outros princípios já estabelecidos, como da dignidade humana, da justiça social, do bem comum e da opção pelos pobres.

Posteriormente, o texto apresentará a proposta do escutar de Francisco no contexto do fazer teologia moral no Brasil, com o intuito da autocrítica e, ao mesmo tempo, um chamado epistemológico para que a teologia moral brasileira – particularmente a ética teológica – avance na sua perspectiva libertadora para uma teologia que, na sua base teórica, escute as epistemologias do Sul que ressoam nas vozes dos povos historicamente marginalizados e dos próprios colegas teólogos e teólogas da América Latina.

Percebemos que a teologia da libertação foi original e revolucionária ao fundamentar-se em bases teológicas tradicionais vindas do pensamento europeu e ao reler essas bases a partir da realidade latino-americana e dos pobres. Isso permitiu uma significativa inovação teológica, com produções inestimáveis. Mas precisa continuar avançando em vista de desenvolver novas bases teóricas para além de um restrito diálogo com pensadores europeus e da adaptação dessas ideias às realidades populares. Para isso, devem-se escutar os pensadores latino-americanos, de modo que também sejam referências teóricas para a produção teológica. Em outras palavras, essa escuta se faz necessária para que teólogos e teólogas brasileiros também sejam citados, comentados e analisados, de forma que apareçam na produção teológica como aparecem os europeus e estadunidenses. Para isso acontecer, faz-se necessário não apenas olhar para fora, mas escutar quem está ao nosso lado, superando a mentalidade de que o profeta não é aceito na sua própria terra. No contexto acadêmico, se o profeta é do Sul do mundo, nem mesmo fora da sua terra, no Norte, ele é ouvido, uma herança colonial que ainda aflige nosso mundo. Dessa forma, para criarmos uma ponte global, precisamos construir uma ponte local, com uma identidade plural que valorize o que se produz em casa. Não simplesmente entendermos os europeus e, com sua visão de mundo, compreendermos o resto do mundo, mas sim, a partir do que somos e construímos, nos colocarmos em diálogo com a tradição de matriz europeia, como iguais e plurais, para o novo florescer com aprendizado e crescimento mútuos.

1. Escutar: fundamento da sinodalidade e seu impacto histórico social para além da Igreja

O que é um princípio social? Ou o que faz um conceito, uma ideia ser considerada um princípio social? Essas duas perguntinhas não são fáceis de responder. Porém, de forma objetiva e sem desmerecer a complexidade da questão, sugiro que um princípio social se origina em um valor ético aceito por uma comunidade e sua tradição moral, isto é, seu *ethos*, como importante ponto de partida para guiar ações de cunho coletivo-social. Por exemplo, justiça é um valor ético (uma virtude, como chama a tradição aristotélica) que guia as relações entre as pessoas, de modo que as partes não se sintam desfavorecidas ou destratadas nessa relação. Justiça torna-se um princípio social quando essa relação justa, esperada entre as pessoas, torna-

-se um valor para conduzir relações sociais, possibilitando que todos tenham acesso aos bens necessários para florescer e garantindo que ninguém terá mais ou menos do que outros. Quando isso não acontece, vem a crítica e a ação para que a justiça seja restabelecida. Assim, muitos valores éticos são também princípios sociais que orientam ações individuais e coletivas. Claro que há variações na compreensão e na aplicação de princípios sociais. Os princípios não são regras ou normas rígidas, mas valores dinâmicos que interagem com culturas, contextos, tradições e necessidades históricas.

No contexto da tradição católica, os princípios sociais da Igreja[3] são valores oriundos da sua tradição teológica e eclesial, desenvolvidos a partir de desafios históricos que afligem populações e grupos sociais. Eles têm dois fundamentos principais: a base bíblico-evangélica e a realidade histórica na qual se experiencia a sociabilidade. Apesar de serem princípios com fundamento evangélico, são de caráter includente, pois respondem a desafios que afetam a vida de todos, inclusive do meio ambiente, com o objetivo de promover o bem-estar social. Princípios sociais católicos não são normas nem regras objetivas de soluções para problemas sociais. São valores, pontos de partida, que orientam ações, contribuindo para o diálogo e o discernimento entre as pessoas em busca de caminhos para enfrentar os desafios.[4]

Tradicionalmente, conhecem-se princípios sociais da doutrina social da Igreja Católica como um grupo de valores éticos

[3] WIDOW, G. L., ¿Qué son los principios de la doctrina social de la Iglesia? p.85-111.

[4] Para a apresentação do significado e da unidade dos princípios sociais da Igreja, veja: PONTIFÍCIO CONSELHO JUSTIÇA E PAZ, Compêndio da Doutrina Social da Igreja, n. 160-163.

apresentados por Papas em suas chamadas encíclicas sociais. Essa tradição se iniciou com o Papa Leão XIII (1891), que escreveu uma encíclica preocupada, sobretudo, com a exploração do trabalho e do trabalhador. Todos os seus sucessores escreveram textos sociais respondendo aos desafios dos seus tempos, como o Papa João XXIII, em 1963, preocupado com a paz mundial em um contexto de guerra fria e corrida armamentista; o Papa Paulo VI, em 1967, respondendo ao desafio do desenvolvimento socioeconômico que criava desigualdade social e empobrecia povos explorados; e o Papa Francisco, em 2015, com sua preocupação com a crise ecológica e as injustiças criadas pelo modelo de progresso que explora o meio ambiente e os mais vulneráveis. Todos esses e ainda outros textos pontifícios ofereceram valores éticos como princípios sociais, em um processo dinâmico de desenvolvimento e expansão. Exemplos desses princípios são: dignidade humana, justiça social, bem comum, subsidiariedade, solidariedade, opção preferencial pelos pobres e o cuidado com a terra.[5] Em alguns momentos, um princípio foi apresentado diretamente como tal. Assim fez o Papa Pio XI, com o princípio de subsidiariedade, em 1931.[6] Outras vezes, o princípio aparece em um texto como uma luz para guiar à resolução de uma questão social, e a recepção, a interpretação e o contínuo desenvolvimento dessa luz tornam-na um princípio social da Igreja, como é o caso da opção preferencial pelos pobres, apresentada pelo magistério pontifício pela primeira vez por João Paulo II (1987),[7] e

[5] O Compêndio da Doutrina Social da Igreja, no capítulo IV, apresenta os princípios do ensino social da Igreja. Porém, perceba que o cuidado com o bem comum não aparece lá, uma vez que esse Compêndio foi publicado em 2004, e a encíclica *Laudato Si'*, na qual se encontra tal princípio, é de 2015.

[6] PIO XI, PP., Quadragesimo anno, n. 79.

[7] JOÃO PAULO II, PP., Sollicitudo rei socialis, n. 42.

creio que é o caso do cuidado da casa comum do Papa Francisco. Os Papas não criam esses princípios simplesmente da mente deles. Eles se originam no *ethos* católico que incorpora a tradição do pensamento social da Igreja,[8] uma tradição atenta aos desafios históricos sociais.

O pensamento social da Igreja tem raízes na Igreja primitiva, como, por exemplo, os Padres capadócios e seus textos contra a desigualdade e a pobreza que oprimiam o povo em suas comunidades. Esse pensamento social é dinâmico e dialoga com a realidade, com a tradição teológica e com o magistério, assim como o próprio magistério dialoga com a tradição teológica e a realidade histórica na construção de documentos pontifícios de caráter social.

É considerando esse dinamismo do pensamento social católico – especialmente o diálogo entre teólogos e os textos do magistério, na sua receptação e interpretação –, que sugiro compreender o escutar, no pensamento e nos documentos do Papa Francisco, como um princípio social católico.

Primeiramente, escutar apresenta-se como um valor, que é de caráter ético porque o escutar exige uma relação de interlocução: um que escuta o que o outro fala. Escutar é uma habilidade humana que certamente tem um valor em si que transpassa fronteiras geográficas e culturais. Há culturas em que o interlocutor não se restringe a outra pessoa, mas se escutam também a floresta, os ani-

[8] Kenneth R. Himes sugere uma distinção entre doutrina social católica, ensino social católico e pensamento social católico. Segundo ele, a doutrina social católica se restringe aos documentos do magistério, nos elementos que se repetem, mostrando continuidade entre os papas, termo que João Paulo II usava frequentemente para mostrar a continuidade do magistério papal. O conceito de ensino social católico tem uma concepção mais ampla, incluindo encíclicas, mas com abertura para o debate e a interpretação. Já o pensamento social católico se refere ao debate ético-teológico suscitado pela tradição social da Igreja. HIMES, K. R., Introduction, p. 1-8.

mais e os espíritos. Na tradição judaico-cristã, escutar tem uma capacidade transcendental, na qual se escuta a voz de Deus, como aconteceu com Abraão e Moisés, com os profetas veterotestamentários, com Maria, na anunciação, e com o próprio Jesus, na sua relação com Deus-Pai. Escutar está no cerne da espiritualidade e da mística cristã. O escutar espiritual inspira e sustenta o escutar a voz do outro, que, assim como o espiritual, inclui uma oportunidade de aprendizado e crescimento.

Vivemos em um tempo em que se fala muito e escuta-se pouco ou quase nada. Os falatórios das redes sociais são o maior exemplo disso. Há muito ruído, ouve-se muito barulho, mas se escuta pouquíssimo. No barulho das redes sociais, não há um interlocutor, pois todos verberam constantemente, criando ruídos que impedem verdadeiros encontros. Nesse sentido, falar de escutar o outro, tendo no horizonte a abertura ao crescimento mútuo, é revolucionário e tem relevância social.

A cultura do encontro e o diálogo são pilares centrais no pensamento e na prática do Papa Francisco. Ele não oferece apenas uma reflexão teórica sobre a importância do encontro e do diálogo, mas a mostra como algo concreto, prático. Encontro e diálogo são posturas e ações que permitem o desenvolvimento do cuidado social do bem comum, dos povos e da terra, em busca de colaboração para chegar a caminhos concretos para a construção da justiça socioeconômica e ambiental. Há muitos textos sobre o ensino social do Papa Francisco acerca do caráter central que a cultura do encontro e o diálogo têm no seu pensamento social.[9] Contudo, há uma lacuna em perceber o papel do

[9] MESHER, M., Ethics of encounter, 2020; PASSOS, J. D., Fratelli tutti: uma encíclica renovadora sobre as coisas novas e urgentes, p. 782-801.

escutar como elemento irrenunciável da cultura do encontro e do diálogo do Papa Francisco. Para ele, escutar faz parte do ser cristão, uma virtude que nos coloca diante do transcendente e do imanente, suscetíveis à voz de Deus e à voz do outro.[10]

Se, por um lado, há uma lacuna nos estudos de ética teológica sobre a significância do escutar para o ensino social do Papa Francisco, por outro, os teólogos que se dedicam à teologia sistemática, especialmente à eclesiologia, perceberam, de forma muito clara, o significado do escutar na visão de Igreja de Francisco e no modo como ele a conduz. Segundo esses teólogos, isso está claro na retomada e na centralidade dada à instituição Sínodo dos Bispos por Francisco e em seu esforço para tornar a sinodalidade uma marca da governança da Igreja Católica. Massimo Faggioli diz: "A sinodalidade é fundacional na visão de Francisco de uma Igreja para os pobres, uma teologia de irmandade eclesial".[11] Faggioli sugere que Francisco apresenta a sinodalidade como uma conversão do papado à *primazia da escuta*. Diz ele: "Está claro que a sinodalidade de Francisco criou uma primazia da escuta das vozes das periferias da Igreja; ainda para ser visto é o impacto desse tipo de sinodalidade na governança da Igreja a longo prazo em nível central. Está claro também que sinodalidade não é apenas sobre o Sínodo dos Bispos ou sínodos diocesanos ou mesmo sínodos nacionais, mas tem ampla relevância como nova modalidade de viver a Igreja".[12]

[10] Isso é claro nos textos de Francisco, quando reflete sobre a necessidade de escutar a voz de Deus e estar atento à escuta da Palavra, isto é, das Sagradas Escrituras (EG, n. 150, 151). Contudo, o escutar não fica restrito ao exercício espiritual. O escutar do transcendente leva à realidade imanente, onde se escuta o outro, com o coração e a mente abertos, para aprender dessa escuta, assim como estavam abertos para aprender do Espírito de Deus (EG, n. 139, 188, LS, n. 221).

[11] FAGGIOLI, M., From collegiality to synodality, p. 353.

[12] FAGGIOLI, M., From collegiality to synodality, p. 368.

Uma Igreja que tem a sinodalidade como modelo de governança é uma Igreja que escuta. Francisco deixa isso claro no seu discurso pela celebração dos cinquenta anos da instituição do Sínodo dos Bispos por Paulo VI:

> Uma Igreja sinodal é uma Igreja da escuta, ciente de que escutar "é mais do que ouvir". É uma escuta recíproca, onde cada um tem algo a aprender. Povo fiel, Colégio Episcopal, Bispo de Roma: cada um à escuta dos outros; e todos à escuta do Espírito Santo, o "Espírito da verdade" (Jo 14,17), para conhecer aquilo que Ele "diz às Igrejas" (Ap 2,7).[13]

Sinodalidade não se restringe ao Sínodo dos Bispos; esta é uma instituição eclesial, e sinodalidade é um modelo de governança com base no escutar do povo fiel, que é o Povo de Deus da *Lumen gentium*, do qual o clero faz parte. Sendo assim, na Constituição Apostólica *Episcopalis communio*, sobre o regimento das Assembleias do Sínodo, Francisco deixa claro que:

> Também o Sínodo dos Bispos deve tornar-se cada vez mais um instrumento privilegiado de escuta do Povo de Deus: para os Padres sinodais, pedimos, do Espírito Santo, antes de mais nada, o dom da escuta: escuta de Deus, até ouvir com Ele o grito do povo; escuta do povo, até respirar nele a vontade de Deus que nos chama.[14]

[13] FRANCISCO, PP., Discurso em comemoração do cinquentenário da Instituição do Sínodo dos Bispos, 17 de out. 2015.

[14] FRANCISCO, PP., Constituição Apostólica Episcopalis Communio sobre o Sínodo dos Bispos, n. 6.

Para Francisco, o escutar é espiritual e histórico; a escuta do Transcendente que leva à escuta do povo.[15] De acordo com Faggioli, a instituição do Sínodo é a "convergência de um processo de escutar".[16] Os processos de consulta desenvolvidos para os Sínodos da Família, da Amazônia e a sinodalidade (ocorrendo enquanto esse texto é redigido) são práticas concretas dessa Igreja que escuta e dialoga.

Embora essa perspectiva de sinodalidade seja orientada para a vida e a organização da própria Igreja, ela não está separada dos problemas socioeconômicos e ecológicos que afligem o mundo. Vincent J. Miller argumenta que a sinodalidade desenvolvida por Francisco expande "o escutar e o discernimento além da *eclesia*, para toda a comunidade humana, facilitando a atenção ao clamor dos pobres, assim como das culturas marginalizadas e dos ecossistemas degradados".[17] O próprio Papa Francisco vê essa dimensão social:

> O nosso olhar estende-se também para a humanidade. Uma Igreja sinodal é como estandarte erguido entre as nações (Is 11,12), num mundo que, apesar de invocar participação,

[15] A categoria povo e o povo fiel católico têm uma relevância singular no pensamento e na liderança de Francisco, uma relevância que segue sua experiência na Argentina e que está presente no Documento de Aparecida. Sobre isso, veja: BORGHESI, M., The mind of Pope Francis, p. 144 e 230. Veja também: SCANNONE, J. C., A teologia do povo: raízes teológicas do Papa Francisco, 2019.

[16] FAGGIOLI, M., From collegiality to synodality, p. 358. Outros teólogos concordam com ele e veem processo como os elementos centrais da liderança e da visão de Igreja do Papa Francisco, algo que reflete o primeiro dos chamados quatro princípios de Francisco, de que "o tempo é maior do que o espaço". Veja: OSHEIM, A. C., Stepping toward a synodal Church, p. 373; MILLER, V. J., Synodality and the sacramental mission of the Church, p. 10. Os quatros princípios de Francisco são: tempo é superior ao espaço; unidade é superior ao conflito; realidades são superiores a ideias; o todo é superior à parte. Veja: BORGHESI, The mind of Pope Francis, p. 58-59.

[17] MILLER, Synodality and the Sacramental Mission of the Church, p. 9.

> solidariedade e transparência na administração dos assuntos públicos, frequentemente entrega o destino de populações inteiras nas mãos gananciosas de grupos restritos de poder. Como Igreja que "caminha junto" com os homens, compartilhando as dificuldades da história, cultivamos o sonho de que a redescoberta da dignidade inviolável dos povos e da função de serviço da autoridade poderá ajudar também a sociedade civil a edificar-se na justiça e na fraternidade, gerando um mundo mais belo e mais digno do homem para as gerações que hão de vir depois de nós.[18]

Ademais, quando a Comissão Teológica Internacional publicou um ensaio sobre a Teologia da Sinodalidade, texto esse que anteriormente foi lido e aprovado por Francisco, os teólogos dessa comissão também destacaram o aspecto social. Para essa comissão, a sinodalidade é parte do *ethos* da Igreja,[19] que se expande na *diakonia* social com base espiritual, de escuta e profética: "A formação para a espiritualidade de comunhão e para a prática da escuta, do diálogo e do discernimento comunitário; a relevância para o caminho ecumênico e para uma *diakonia* profética na construção de um *ethos* social fraterno, solidário e inclusivo".[20] Com isso, a vida interna da Igreja e sua governança apontam para a vida externa:

> A prática do diálogo e a busca de soluções compartilhadas e eficazes em que a pessoa se empenha para construir a paz e a justiça são uma absoluta prioridade em uma situação

[18] FRANCISCO, PP., Discurso em comemoração do cinquentenário da Instituição do Sínodo dos Bispos.

[19] COMISSÃO TEOLÓGICA INTERNACIONAL, A sinodalidade na vida e na missão da Igreja, n. 118.

[20] COMISSÃO TEOLÓGICA INTERNACIONAL, A sinodalidade na vida e na missão da Igreja, n. 103.

> de crise estrutural dos procedimentos da participação democrática e de desconfiança nos seus princípios e valores inspiradores, com o perigo de desvios autoritários e tecnocráticos. Nesse contexto, é empenho prioritário e critério de toda ação social do povo de Deus o imperativo de escutar o grito dos pobres e aquele da terra, recordando com urgência, na determinação das escolhas e dos projetos da sociedade, o lugar e o papel privilegiado dos pobres, a destinação universal dos bens, o primado da solidariedade e o cuidado da casa comum.[21]

Assim, reconhece-se que a sinodalidade da Igreja Católica tem uma dimensão *ad intra*, voltada às questões internas da Igreja, e *ad extra,* orientada às relações com os desafios de justiça que impactam a vida das pessoas, especialmente dos povos marginalizados e o meio ambiente. O Sínodo da Amazônia apresenta essas duas dimensões de forma muito clara, como apontam Agenor Brighenti e Stefano Raschietti:

> Como no Concílio, a primeira referência, "novos caminhos", era dirigida à Igreja *ad intra*; a segunda, "ecologia integral", à perspectiva *ad extra*. A Amazônia, como lugar e sujeito teológico, convidava a uma "conversão integral", em todas as suas dimensões, que tinham exatamente como horizonte e paradigma uma "ecologia integral".[22]

[21] COMISSÃO TEOLÓGICA INTERNACIONAL, A sinodalidade na vida e na missão da Igreja, n. 118.

[22] BRIGHENTI, A.; RASCHIETTI, S., O sínodo para a Amazônia em perspectiva decolonial, p. 74. Vale recordar que a ecologia integral do Papa Francisco é uma perspectiva que escuta o "clamor da terra e dos pobres" (LS, n. 49), segundo a qual "toda a abordagem ecológica deve integrar uma perspectiva social que tenha em conta os direitos fundamentais dos mais desfavorecidos" (LS, n. 93).

Com isso, percebemos que o processo de escuta e a primazia do escutar, que fundamentam a perspectiva de sinodalidade do Papa Francisco, também incluem uma relevância social. O escutar é uma virtude com impacto social na promoção da vida, especialmente da vida dos pobres, dos marginalizados e dos ecossistemas. A relevância social do escutar está no aprender com o outro, especialmente com aqueles e aquelas que vivem experiências históricas de opressão e exclusão. Escutar essas vozes é um passo inicial para avançarmos no discernimento sobre o que se pode fazer para a construção da justiça social e ambiental. Assim, pode-se dizer que o escutar apresentado por Francisco permite uma compreensão de princípio social da Igreja. As exortações apostólicas *Evangelii Gaudium* e *Querida Amazônia* (tecnicamente dois documentos que não são encíclicas sociais, mas certamente a recepção delas as verá como textos que contribuem para o ensino social católico) apresentam de forma bem clara a relevância social do escutar e se complementam com os ensinos contidos na *Laudato Si'* e na *Fratelli Tutti*, encíclicas sociais.

2. Escutar como princípio social para dialogar e crescer

No pensamento do Papa Francisco, reflexão e prática caminham juntas. Dessa forma, seu pensamento é uma expressão da sua prática, e sua prática é o reflexo do seu pensamento.[23] O escutar não é simplesmente um conceito teológico para Francisco, mas uma prática que alimenta seu pensamento e, ao mesmo tempo,

[23] BORGHESI, The mind of Pope Francis, p. 224-225.

uma reflexão que fortalece a mesma prática com o vigor da humildade e da coragem de aceitar a vulnerabilidade diante do outro que se expressa. Essa relação circular entre reflexão e prática torna dinâmico tudo que encontramos nos escritos de Francisco. Considerando o pequeno espaço de um capítulo de livro, não farei uma exegese do conceito prático-teórico do escutar nos textos do Papa. Restringir-me-ei a apresentar elementos que permitam compreender a relevância do escutar para Francisco em vista de sustentar o meu argumento de que é preciso compreender o escutar com um princípio social da Igreja.

Primeiramente, o escutar tem uma fundamentação espiritual de origem bíblica. Francisco exorta à escuta da Palavra[24] e do Espírito.[25] Também se escuta o Criador por meio da contemplação da criação, ao escutar a natureza.[26] O escutar transcendental leva a atenção ao clamor dos pobres[27] e ao grito da natureza.[28] Dessa forma, segundo Francisco: "A Igreja, guiada pelo Evangelho da Misericórdia e pelo amor ao homem, escuta o clamor pela justiça e deseja responder com toda as suas forças".[29] O escutar transcendente desemboca no escutar imanente, no qual há vozes que clamam por justiça.

O uso dos termos "escutar" e "ouvir" por Francisco é muito livre. Em alguns momentos, ele utiliza "ouvir" de forma mais ampla, como uma metáfora para estar atento aos sofrimentos dos pobres, dos marginalizados, e à destruição da terra. Exemplo disso é o n. 49 da *Laudato Si'*: "ouvir tan-

[24] EG, n.150, 151, 174; LS, n. 221.

[25] EG, n. 174; FT, n. 280.

[26] LS, n. 85.

[27] EG, n. 187

[28] LS, n. 117.

[29] EG, n. 188.

to o clamor da terra como o clamor dos pobres". Ele segue a forma que comumente se diz do Deus do êxodo, que "ouviu o clamor do povo no Egito" (Ex 3,7). Já o termo "escutar", tanto na forma verbal como substantivada, Francisco o utiliza no sentido de algo mais concreto, como ato de escutar uma pessoa ou um grupo que fala diretamente para você, apresentando esse ato como fundamento para o encontro interpessoal e o diálogo.

> Precisamos nos exercitar na arte de escutar, que é mais do que ouvir. Escutar, na comunicação com o outro, é a capacidade do coração que torna possível a proximidade, sem a qual não existe um verdadeiro encontro espiritual. Escutar ajuda-nos a individuar o gesto e a palavra oportunos que nos desinstalam da cômoda condição de espectadores. Só a partir desta escuta respeitosa e compassiva é que se pode encontrar os caminhos para um crescimento genuíno, despertar o desejo do ideal cristão, o anseio de corresponder plenamente ao amor de Deus e o anelo de desenvolver o melhor de quanto Deus semeou na nossa própria vida.[30]

Escutar[31] é uma arte sem a qual não acontece um genuíno encontro, no qual ocorre um diálogo capaz de produzir frutos. Os sentidos de escutar o outro e ouvir, como uma metáfora para sentir as dores do mundo, se complementam no pensamento de Francisco. Se, por um lado, Francisco destaca o "saber escutar o ponto de vista

[30] EG, n. 171.

[31] Na Exortação Apostólica *Amoris Laetitia*, Francisco também fala do escutar no contexto do cuidado pastoral com a comunidade católica e na relação familiar. Ele apresenta o escutar como um elemento fundamental na relação com o outro, na compreensão dos seus dramas e no processo de discernimento. Veja os números 137, 191, 224, 232, 256, 276 e 312.

do outro, facilitando um espaço a todos",[32] por outro, ressalta: "trata-se de ouvir o clamor dos pobres inteiros, dos povos mais pobres da terra".[33]

A busca por caminhos para a construção da justiça é um empreendimento coletivo que, para Francisco, passa pelo autêntico encontro e pelo diálogo entre pessoas e povos. Ademais, essa busca não pode iniciar-se antes de incluir, no diálogo, as vozes dos pobres, dos oprimidos e dos grupos historicamente marginalizados. Para isso de fato ocorrer, o escutar é um princípio básico que guia o caminho, materializando-se em uma virtude testemunhada pelas pessoas, a começar pela própria Igreja e suas lideranças. A Exortação *Querida Amazônia* é o texto de Francisco que melhor mostra esse processo de escuta dentro da Igreja e na relação com o mundo,[34] particularmente em vista da justiça com o meio ambiente, considerando a região amazônica e as comunidades marginalizadas, como os povos originais latino-americanos.

> A Amazônia deveria ser também um local de diálogo social, especialmente entre os diferentes povos nativos, para encontrar formas de comunhão e luta conjunta. Os demais, somos chamados a participar como "convidados", procurando com o máximo respeito encontrar vias de encontro que enriqueçam a Amazônia. Mas, se queremos dialogar, devemos começar pelos últimos. Estes não são apenas um interlocutor que é preciso convencer, nem mais um que está sentado a uma mesa de iguais. Mas são os principais interlocutores, dos quais primeiro devemos aprender, a quem temos de escutar por um dever de justiça e a quem devemos pedir autoriza-

[32] FT, n. 190.

[33] EG, n. 190.

[34] BRIGHENTI; RASCHIETTI, O sínodo para a Amazônia em perspectiva decolonial, p. 74.

> ção para poder apresentar as nossas propostas. A sua palavra, as suas esperanças, os seus receios deveriam ser a voz mais forte em qualquer mesa de diálogo sobre a Amazônia.[35]

Esse parágrafo da *Querida Amazônia* mostra como o escutar é parte do e*thos* da Igreja, uma realidade plural na qual todos devem ser escutados e que se relaciona com os desafios do mundo onde todos, sejam eles membros ou não da comunidade católica, se encontram e dialogam a partir da habilidade de escutar um ao outro. Nesse contexto, a Amazônia é o palco, a realidade concreta onde pessoas se encontram para dialogar com a humildade e a paciência da escuta. Contudo, como diz Vincent J. Miller, isso não é um modelo que se restringe à sinodalidade nas questões internas da Igreja, mas sim um modelo "global de escuta e discernimento" na busca de um *ethos* social fundamentado na fraternidade, na solidariedade e na inclusão.[36] Nesse modelo, o palco onde o diálogo social acontece é a realidade local na qual as pessoas vivem e experienciam os desafios de um mundo injusto, o que segue um dos princípios de Francisco de que as realidades são superiores às ideias. A Amazônia é uma dessas realidades, onde as dores do universal se fazem presente com rosto e voz na realidade local dos povos da Amazônia, algo coerente com o pensamento de Francisco e sua perspectiva de que o universal existe não em abstrato, mas no particular da realidade local.[37] O que une tudo isso, para que o encontro e o diálogo ocorram, em vista de buscar caminhos para construir a justiça, é o escutar, humilde e sustentado pelo Espírito de Deus. O n. 48 da *Fratelli Tutti* mostra isso de forma muito clara:

[35] QA, n. 26.

[36] MILLER, Synodality and the Sacramental Mission of the Church, p. 19-20.

[37] BORGHESI, The mind of Pope Francis, p. 223.

> Sentar-se a escutar o outro, caraterístico dum encontro humano, é um paradigma de atitude receptiva, de quem supera o narcisismo e acolhe o outro, presta-lhe atenção, dá-lhe lugar no próprio círculo. Mas "o mundo de hoje, na sua maioria, é um mundo surdo (...). Às vezes a velocidade do mundo moderno, o frenesi impede-nos de escutar bem o que outro diz. Quando está no meio do seu diálogo, já o interrompemos e queremos replicar quando ele ainda não acabou de falar. Não devemos perder a capacidade de escuta". São Francisco de Assis "escutou a voz de Deus, escutou a voz dos pobres, escutou a voz do enfermo, escutou a voz da natureza. E transformou tudo isso num estilo de vida. Desejo que a semente de São Francisco cresça em tantos corações".

Como apresentamos no início deste texto, um princípio social não é uma norma rígida que se reproduz, mas um guia de caráter ético para o discernimento e o desenvolvimento de ações concretas que contribuem para a construção de relações sociais justas e saudáveis. Princípios sociais são dinâmicos, interagem com o contexto, com pessoas e culturas diferentes, ao mesmo tempo que auxilia na busca de respostas a desafios que afligem comunidades e povos. Um princípio social católico soma a isso a base bíblico-evangélica e sua presença na tradição cristã. A apresentação de Francisco do escutar corresponde aos elementos centrais do que chamamos princípios sociais católicos, que, como bem vimos, são princípios dinâmicos que congregam a pluralidade da Igreja e do mundo, atentos às vozes dos pobres e dos grupos sociais historicamente marginalizados. O escutar é um princípio-ponte, que sustenta o encontro e o diálogo em vista de responder ao clamor dos pobres e da terra.

3. Escutar e teologia moral no Brasil

A teologia moral no Brasil e a produção ético-teológica de brasileiros vivem um paradoxo. Por um lado, há uma produção riquíssima de textos; prova disso são as publicações coletivas da Sociedade Brasileira de Teologia Moral (SBTM)[38] e a ampla publicação de artigos e livros por teólogos e teólogas moralistas. Essa produção tem sido dinâmica e inovativa, seguindo o impulso dado pelo Concílio Vaticano II, pelas Conferências do Episcopado Latino-Americano (CELAM) e pelo novo modo libertador de fazer teologia. Por outro lado, falta à teologia moral brasileira um diálogo interno que permita o contínuo desenvolvimento, no qual os teólogos e teólogas moralistas deste país (algo também notado na América Latina como um todo) vejam nas produções acadêmicas dos seus colegas referências originais para o pensar teológico de caráter ético. Em outras palavras, na teologia moral brasileira, damos muita atenção à produção acadêmica de fora do país – Europa e EUA – e não escutamos as vozes dos nossos colegas brasileiros. Se estou certo nesse diagnóstico, o escutar, proposto por Francisco, além de um princípio social do ensino católico, pode ser visto como um elemento metodológico para se fazer teologia acadêmica em duas frentes: (1) escutar as vozes dos pobres e marginalizados na realidade deles, onde experienciam os desafios sociais e éticos e vivem a fé. A partir desse encontro, a teologia, como pensamento sistemático da fé, é desenvolvida; (2) O escutar da produção teológica local,

[38] SOCIEDADE BRASILEIRA DE TEOLOGIA MORAL, Publicações, Disponível em: https://www.sbtmpesquisadores.org.br/publica%C3%A7%C3%B5es. Acesso em: 17 jun. 2022.

a partir de artigos, livros, palestras etc. produzidos por brasileiros como algo original, e não apenas como comentadores de textos de autores europeus e estadunidenses.

A teologia realizada no Brasil e na América Latina avançou muito na primeira frente, isso graças à teologia da libertação. Essa corrente teológica nasceu do encontro de teólogos, líderes pastorais e eclesiásticos com os pobres e suas comunidades empobrecidas por estruturas de opressão. As ciências sociais tornaram-se a principal mediação para o fazer teológico e a opção pelos pobres, que, fundamentada em uma hermenêutica bíblica profética e cristológica, tornou-se um dos pilares do fazer teológico libertador. Considerando apenas a teologia profissional ou acadêmica, pioneiros da teologia da libertação, como Leonardo Boff e seu irmão Clodovis, Gustavo Gutiérrez e Juan Luis Segundo, tiveram sua formação acadêmica na Europa, bebendo dos textos de autores europeus do seu tempo. Quando voltaram para suas terras, foram trabalhar com os pobres e, nesse encontro, revisaram a teologia que aprenderam. Contudo, as principais referências teóricas eram do pensamento europeu. Outros teólogos da libertação, como Ignacio Ellacuría, Jon Sobrino, José Comblin e Carlos Mesters, eram missionários europeus, formados na Europa e enviados à América Latina, mas que passaram pela mesma transformação ao encontrar a realidade dos pobres.[39] A epistemologia europeia moderna está presente nos textos da teologia da libertação, mas revista e questionada pela realidade e pela experiência dos pobres na América Latina. Isso foi uma inovação para a teologia em geral e impactou todas as suas disciplinas, inclusive a teo-

---

[39] Jon Sobrino, por exemplo, descreve essa transformação como um despertar de um sono teológico. SOBRINO, J., O princípio misericórdia, p. 11-28.

logia moral.[40] Com o passar dos anos, a teologia da libertação começou a ser criticada por limitar-se à questão da opressão socioeconômica responsável pelo empobrecimento, deixando de lado outras formas de opressão, como a sexual, crítica muito bem elaborada pela teóloga argentina Marcella Althaus-Reid.[41] Outra crítica é sobre privilegiar a mediação das ciências sociais para "analisar a realidade histórica, em demérito de outras mediações, como a cultura e o gênero, para pensar o processo de exclusão crescente".[42] Essas críticas apontam, especialmente, para o uso da epistemologia a partir de referências teóricas eurocêntricas, para as quais a perspectiva decolonial da teologia chama a atenção.

O resultado dessas críticas é o avanço da teologia da libertação para a busca de referenciais teóricos não dependentes da modernidade europeia. Os textos de teologia decoloniais são um avanço para a própria teologia da libertação.[43] Assim, os textos dos teólogos libertadores latino-americanos se tornam referências teóricas para novos desdobramentos teológicos. Apesar de os textos de autores como os citados acima terem como um dos seus fundamentos o referencial teórico de matriz eurocêntrica, o outro referencial é a realidade e a experiência dos pobres latino-

[40] Veja, por exemplo, REJON, F. M., Teologia moral a partir dos pobres, 1987.

[41] ALTHAUS-REID, M., La teología indecente, 2005. Maria Clara Bingemer afirma que "o conceito 'pobre', na TdL, corresponde a 'injustiça', 'oprimido', 'vítima' de uma organização de mundo que não é justa e, portanto, não corresponde à justiça querida e desejada por Deus. [...] Toda problemática humana que possa ser convertida em injustiça – mesmo que não tenha que ver com a pobreza em sentido literal ou econômico – é objeto da Opção pelo Pobres". BINGEMER, M. C., A desventura e a opção pelos pobres, p. 789.

[42] MENDOZA-ALVAREZ, C., Misíon y fronteras: una pespectiva de teologia descolonial, p. 135.

[43] BAPTISTA, P.A. N., Pensamento decolonial, p. 491-517; ALBUQUERQUE, F. das C. de. Decolonialidade e libertação da teologia na América Latina, p. 555-574.

-americanos. Isso criou uma originalidade, resultado daquilo que Boaventura de Sousa Santos chama de "hermenêutica diatópica", um encontro recíproco de culturas conscientes da sua incompletude que se engajam em diálogo.[44] Conceitos teológicos estabelecidos são utilizados de modo novo e contra-hegemônico por comunidades latino-americanas.[45] Assim, forma-se uma epistemologia libertadora do Sul que passa a ser referência para novas reflexões teológicas. A teologia sistemática latino-americana tem sido a disciplina que mais se empenha nesse desdobramento epistemológico autônomo da teologia da libertação, com a crítica decolonial.[46] Isso fica claro quando lemos novos textos latino-americanos de teologia usando como referências teólogos e teólogas da região.[47] Contudo, esse mesmo processo interno de escuta e diálogo entre os colegas teólogos latino-americanos ainda não acontece na teologia moral.

---

[44] SANTOS, B. S., Epistemologies of the South, p. 92.

[45] SANTOS, B. S., Epistemologies of the South, p. 34.

[46] Veja, por exemplo, os textos de vários autores publicados pela SOTER (Sociedade Brasileira de Teologia e Ciências da Religião): KUZMA, C.; ANDRADE, P. F. C. de (Orgs.), Decolonialidade e práticas emancipatórias, 2019.

[47] Há até teses de doutorado em teologia sobre o pensamento de teólogos latino-americanos, algo que era impensável na década de 1970, quando os primeiros livros de teologia da libertação foram publicados. Hoje, muitos desses livros são objetos de tese. Veja, por exemplo: BAPTISTA, P. A. N., Libertação e diálogo: a articulação entre teologia da libertação e teologia do pluralismo religioso em Leonardo Boff, Tese, 2007; LEMOS, R. de C. R., A busca pelo sentido da vida, Tese, 2016; BARROSO, N. A., A pertinência da pessoa de Jesus de Nazaré para o homem de hoje, Tese, 2016. O mesmo não se pode dizer quando a tese é em teologia moral. Talvez uma exceção seja o estudo do pensamento do Papa Francisco, que é um argentino, e várias teses de doutorado em teologia moral já foram escritas sobre aspectos do seu pensamento. Veja, por exemplo: SLEUTJES, L. A., O pecado ecológico como desafio à Teologia Moral, Tese, 2021; DE CONTO, D., O amor no magistério do papa Bento XVI e do Papa Francisco, Tese, 2015. A Sociedade Brasileira de Teologia Moral também dedicou alguns dos seus volumes coletivos ao pensamento do Papa Francisco; veja, por exemplo: ZACHARIAS, R.; MILLEN, M. I. de C. (Orgs.), A moral do Papa Francisco, 2020.

Foi nosso trabalho internacional com a *Catholic Theological Ethics in the World Church* (CTEWC)[48] que nos fez pensar sobre a falta de escuta e diálogo entre teólogos brasileiros da moral, percebendo que o principal referencial teórico da teologia moral brasileira ainda está restrito aos referenciais eurocêntricos. O problema, aqui, não é ler e estudar autores europeus e estadunidenses, mas não fazer o mesmo em relação à vasta produção ético-teológica dos colegas brasileiros e demais latino-americanos.

Em 2018, o comentário de uma colega argentina, durante um congresso internacional da CTEWC, em Sarajevo, Bósnia-Herzegovina, me despertou para essa questão. Depois de um painel com dois teólogos dos EUA,[49] essa colega argentina disse: "Você percebeu? Eles citam os seus próprios colegas estadunidenses como referenciais teóricos para seus textos. Nós não fazemos isso na América Latina". Isso ficou na minha mente. Por que não citamos os colegas da mesma terra? Seria a lógica de que o profeta não é aceito na sua própria terra? Por que nós do Sul citamos e, mais do que isso, estudamos os textos dos colegas do Norte, mas eles não fazem o mesmo com os textos do Sul? (A maioria dos teólogos do Norte desconhece a produção teológica da América Latina, para além dos textos já clássicos dos teólogos da libertação mencionados acima, porque foram traduzidos nas línguas ocidentais hegemônicas, no contexto eclesial: inglês,

---

[48] CTEWC é uma rede internacional católica que reúne teólogos e teólogas de todo o mundo que trabalham com a ética. Essa rede promove eventos, congresso, publicações e outras atividades envolvendo eticistas católicos ao redor do mundo. Veja: https://catholicethics.com/.

[49] As palestras deles estão publicadas em HEYER, K. E.; KEENAN, J. F.; VICINI, A. (Orgs.), Building Bridges in Sarajevo, p. 91-106.

francês, alemão e italiano). Creio que a resposta para essa questão passa pela herança colonial e pela concepção de colonialidade desenvolvida pelo peruano Anibal Quijano.[50]

A colonialidade, que impacta a mente de todos nas antigas colônias europeias, também está presente no *modus operandi* dos teólogos do Norte global, mas na situação oposta, isto é, a partir da visão de superioridade. O que vem do Sul global sempre será inferior ao que é produzido no Norte. Não há interesse. Tem-se uma grande ignorância em relação à teologia produzida no Sul global, principalmente ao que é publicado em línguas consideradas secundárias, como o português e o espanhol. Até o Papa Francisco sofre com esse preconceito e essa arrogância epistemológica. O pensador italiano Massimo Borghesi, na biografia intelectual que escreveu do Papa Francisco, inicia seu texto apresentando as críticas de muitos teólogos e outros pensadores europeus sobre o Papa Francisco: que é muito simples; que seu pensamento não é teológico, mas simplesmente pastoral; que não tem a profundidade intelectual do seu predecessor, Papa Bento XVI, e por aí vão as críticas.[51] No livro, Borghesi responde a essas críticas mostrando os fundamentos intelectuais do Papa Francisco, argumentando que ele faz uma síntese entre referenciais teóricos e seu encontro com pessoas sofridas em realidades concretas marcadas pela pobreza e pela opressão.

Infelizmente, o desprezo de muitos intelectuais europeus pelo Papa Francisco, que também acontece dentro da própria Igreja Católica, não se restringe a ele. Na verdade, querendo ou não, para desprezar o pensamento do Papa

[50] QUIJANO, A., Colonialidad y modernidad-racionalidad, p. 11-20.

[51] BORGHESI, The mind of Pope Francis, p. xiv-xix.

Francisco, é preciso pelo menos saber que ele existe e publica textos. O desprezo pela produção teológica fora da Europa é ainda maior, pois é o desdém da indiferença, como se não existisse. Contudo, olhando para o Sul e do Sul para fora, a colonialidade se mostra exatamente o contrário em relação ao que é produzido no Norte global, com um engajamento impressionante com os pensadores e textos vindos de lá. Assim, a produção dos teólogos moralistas brasileiros fica restrita à função de comentadores, exegetas de textos europeus, e, quando são citados, o são para ajudar nessa exegese. A crítica decolonial da teologia, que já está presente na teologia sistemática e no estudo do pensamento de teólogos latino-americanos, que oferece elementos das epistemologias do Sul, ainda não acontece na teologia moral.

Ainda não encontrei um estudo ou mesmo um debate que procure mostrar o modo de ensinar e fazer teologia moral no Brasil, o que já está em curso na filosofia. Murilo Seabra fez um experimento com professores de filosofia no Brasil, solicitando que eles avaliassem dois textos, praticamente iguais e escritos pela mesma pessoa, mas um era assinado por um autor fictício francês, e o outro, por um brasileiro. O resultado foi que o texto do "francês" foi mais bem avaliado. Segundo Seabra, isso mostra a colonialidade dos professores de filosofia, que julgam que um brasileiro não é capaz de desenvolver algo com o mesmo nível do um europeu.[52] Outro filósofo brasileiro, João de Fernandes Teixeira, sugere que brasileiros não gostam de ler e estudar brasileiros e que a filosofia brasileira parece estar presa à finalidade de ser apenas um exercício de

[52] SEABRA, M., Oftalmopolítica, 2021.

comentar textos vindos do Norte global.[53] Isso remete ao que Frantz Fanon já falava: "O sentimento de inferioridade dos negros é especialmente evidente nos negros com formação [superior] que estão constantemente tentando superar isso".[54] Uma verdade no Brasil e na América Latina, que sofrem com a mesma herança colonial da África e das ilhas caribenhas de Fanon.

Notem que a teologia no Brasil avançou nesse aspecto com a teologia da libertação e seus novos desdobramentos. Contudo, há muita resistência, tanto que a mesmas críticas que Borghesi mostrou existirem na Europa ao Papa Francisco são encontradas por aqui. O avanço epistemológico observado na teologia desenvolvida no Brasil não afeta suas disciplinas da mesma forma. Assim, a crítica de Seabra, Teixeira e Fanon poderia muito bem ser aplicada à teologia moral.

Para sair desse reducionismo epistemológico e superar a colonialidade cognitiva, o latino-americano Papa Francisco nos oferece um caminho: o escutar. Se já escutamos o que vem do Norte global, agora precisamos escutar aqueles e aquelas que estão ao nosso lado no Sul global. No contexto da teologia moral acadêmica, devemos escutar nossos colegas. Isso ocorre não apenas participando de congressos, como os da SBTM, onde ouvimos palestras de colegas e depois voltamos para nossos estudos, nos quais continuamos apenas estudando o material vindo do Norte, mas engajando-nos criticamente no pensamento teológico moral dos nossos colegas, de modo que eles possam também contribuir para a formação dos nossos referenciais teóricos quando produzimos teologia moral.

---

[53] TEIXEIRA, J. de F., Filosofia Jabuticaba, p. 11.

[54] FANON, F., Black Skin, White Masks, p. 9.

Conclusão

Como diz o ditado popular, este texto “mata dois pássaros com apenas uma cajadada” (apenas metaforicamente, nada de matar, muito menos pássaros, que encantam os céus). Na verdade, quero dizer que foram dois os objetivos: o primeiro foi mostrar como o escutar se apresenta no pensamento de Papa Francisco e, com isso, defender a tese do escutar como um princípio social da Igreja. O segundo foi inspirar-se nessa teologia social do escutar, com a qual Francisco tem um especial interesse em demonstrar a necessidade de escutar a voz dos pobres e das populações historicamente marginalizadas, para encorajar os teólogos e teólogas moralistas brasileiros a escutarem a voz existente na produção teológica dos seus colegas. Se a primeira parte do texto foi um exercício de compreensão de um aspecto do Papa e pensador latino-americano, a segunda foi uma crítica à colonialidade que ainda insiste em influenciar o modo de fazer teologia moral no Brasil, para, a partir daí, olharmos para a teologia moral realizada por brasileiros e latino-americanos. Escutar os textos que apresentam as vozes de colegas que estão ao nosso lado, mas muitas vezes são marginalizados quando estudamos e escrevemos teologia moral, parece algo simples, mas não é. É revolucionário. É a formação de novos referenciais teóricos a partir do Sul. É a construção de pontes entre nós, uma ponte que é o escutar, no qual o encontro e o diálogo acontecem. A ponte é plural, pois o princípio social da escuta e seu desdobramento epistêmico abrem os ouvidos para todos. Nessa ponte, construímos identidade e autonomia em meio ao transcendente e ao imanente.

Referências bibliográficas

ALBUQUERQUE, Francisco das Chagas de. Decolonialidade e libertação da teologia na América Latina: da libertação à decolonialidade. **Perspectiva Teológica**, Belo Horizonte, v. 51, n. 3, p. 555-574, set./dez. 2019. Disponível em: <https://doi.org/10.20911/21768757v51n3p555/2019>. Acesso em: 20 jun. 2022.

ALTHAUS-REID, Marcela. **La teología indecente:** perversiones teológicas en sexo, género y política. Barcelona: Ediciones Bellatierra, 2005.

BAPTISTA, Paulo A. N. Pensamento decolonial, teologias pós-coloniais e a teologia da libertação. **Perspectiva Teológica**, Belo Horizonte, v. 48, n. 3, p. 491-517, set./dez. 2016. Disponível em: <https://doi.org/10.20911/21768757v48n3p491/2016>. Acesso em: 20 jun. 2022.

BAPTISTA, Paulo A. N. **Libertação e diálogo:** a articulação entre teologia da libertação e teologia do pluralismo religioso em Leonardo Boff. Tese (Doutorado em Ciências da Religião). Programa de Pós-graduação em Ciências da Religião da Universidade Federal de Juiz de Fora. Juiz de Fora, 2007.

BARROSO, Nilton Alves. **A pertinência da pessoa de Jesus de Nazaré para o homem de hoje: análise crítica do método cristológico de Juan Luis Segundo**. Tese (Doutorado em Teologia). Faculdade Jesuíta de Filosofia e Teologia, 2016.

BINGEMER, M. C. A desventura e a opção pelos pobres: Simone Weil e a Teologia da Libertação latino-americana. **REB – Revista Eclesiástica Brasileira**, Petrópolis, v. 69, n. 276, p. 772-791, out. 2009. Disponível em: <https://doi.org/10.29386/reb.v69i276.1251>. Acesso em: 20 jun. 2022.

BORGHESI, Massimo. **The mind of Pope Francis**: Jorge Mario Bergoglio's Intellectual Journey. Collegeville: Liturgical Press Academic, 2017.

BRIGHENTI, Agenor; RASCHIETTI, Stefano. O sínodo para a Amazônia em perspectiva decolonial. **REB – Revista Eclesiástica Brasileira**, Petrópolis, v. 82, n. 321, p. 66-91, jan./abr. 2022. Disponível em: <https://doi.org/10.29386/reb.v82i321.3936>. Acesso em: 20 jun. 2022.

COMISSÃO TEOLÓGICA INTERNACIONAL. **A sinodalidade na vida e na missão da Igreja**. 2 de março de 2018, n. 118. Disponível em: <https://www.vatican.va/roman_curia/congregations/cfaith/cti_documents/rc_cti_20180302_sinodalita_po.html#>. Acesso em: 17 jun. 2022.

DAVILA, María T. The political anthropology of *Fratelli tutti:* the transcendent nature of people's political projects grounded in history. **Journal of Catholic Social Thought**. Philadelphia, v. 19, n. 1, p. 89-103, 2022. Disponível em: <https://doi.org/10.5840/jcathsoc20221917>. Acesso em: 20 jun. 2022.

DE CONTO, Divo. **O amor no magistério do papa Bento XVI e do papa Francisco:** fundamentais perspectivas teológico-éticas e os seus significados para uma proposta cristã da sexualidade no Brasil. Tese (Doutorado em Teologia Moral). Pontifícia Universidade Lateranense – Academia Alfonsiana, 2015.

FANON, Frantz. **Black Skin, White Masks**. New York: Grove Press, 2008.

FRANCISCO, PP. **Constituição Apostólica Episcopalis communio sobre o Sínodo dos Bispos**. 15 de setembro de 2018, n. 06. Disponível em: <https://www.vatican.va/content/francesco/pt/apost_constitutions/documents/papa-fran-

cesco_costituzione-ap_20180915_episcopalis-communio.html>. Acesso em: 17 jun. 2022.

FRANCISCO, PP. **Discurso em comemoração do cinquentenário da Instituição do Sínodo dos Bispos**. 17 de outubro de 2015. Disponível em: <https://www.vatican.va/content/francesco/pt/speeches/2015/october/documents/papa-francesco_20151017_50-anniversario-sinodo.html>. Acesso em: 17 jun. 2022.

FRANCISCO, PP. **Carta Encíclica Fratelli Tutti**: Sobre a Fraternidade e a Amizade Social. São Paulo: Paulus, 2020.

FRANCISCO, PP. **Carta Encíclica Laudato Si'**: Sobre o cuidado da Casa Comum. São Paulo: Loyola, 2015.

FRANCISCO, PP. **Exortação Apostólica Amoris Laetitia**: sobre o amor na família. São Paulo: Loyola, 2016.

FRANCISCO, PP. **Exortação Apostólica Evangelii Gaudium**: sobre o anúncio do evangelho no mundo atual. São Paulo: Paulinas, 2013.

FRANCISCO, PP. **Exortação Apostólica pós-sinodal Querida Amazônia**: ao povo de Deus e a todas as pessoas de boa vontade. São Paulo: Paulus, 2020.

FAGGIOLI, Massimo. From collegiality to synodality: promise and limits of Francis's 'listening primacy'. **Irish Theological Quarterly**, Dublin, v. 85, n. 4, p. 352-369, 2020. Disponível em: <https://doi.org/10.1177/0021140020916034>. Acesso em: 20 jun. 2022.

HEYER, Kristin E.; KEENAN, James F.; VICINI, Andrea (orgs.) **Building Bridges in Sarajevo:** The Plenary Papers from CTEWC 2018. Maryknoll: Orbis Books, 2019.

HIMES, Kenneth R. "Introduction". In: HIMES, K. R. *et al.* (Orgs.). **Modern catholic social teaching:** commentaries and interpretations. Washington, D.C.: Georgetown University Press, 2005, p. 1-8.

JOÃO PAULO II, PP, **Sollicitudo rei socialis**. 30 de dezembro de 1987, n. 42. Disponível em: <https://www.vatican.va/content/john-paul-ii/pt/encyclicals/documents/hf_jp-ii_enc_30121987_sollicitudo-rei-socialis.html>. Acesso em: 17 jun. 2022.

KUZMA, Cesar; ANDRADE, Paulo F. C. de (orgs.). **Decolonialidade e práticas emancipatórias**: novas perspectivas para a área de Ciência da Religião e Teologia. São Paulo: Paulinas, 2019.

LEMOS, Rita de Cássia R. **A busca pelo sentido da vida: as relações como chave de integração na esteira teológica de Leonardo Boff.** Tese (Doutorado em Teologia). Departamento de Teologia da Pontifícia Universidade Católica do Rio de Janeiro, 2016.

MENDOZA-ALVAREZ, Carlos. Misíon y fronteras: una pespectiva de teologia descolonial. **Fronteiras: revista de teologia da UNICAP**, Recife, v. 4, n. 1, 2021, p. 135. Disponível em: <https://doi.org/10.25247/2595-3788.2021.v4n1.p128-140>. Acesso em: 20 jun. 2022.

MESHER, Marcus. **Ethics of encounter:** Christian neighbor love as a practice of solidarity. Maryknoll: Orbis Books: 2020.

MILLER, Vincent J. Synodality and the sacramental mission of the Church: the struggle for the communio in a world divided by colonialism and neoliberal globalization. **Theological Studies**, Santa Clara, v. 83, n. 1, p. 8-24, fev. 2022. Disponível em: <https://doi.org/10.1177/00405639221076556>. Acesso em: 20 jun. 2022.

OSHEIM, Amanda C. Stepping toward a synodal Church. **Theological Studies**, Santa Clara, v. 80, n. 2, p. 370-392, maio 2019. Disponível em: <https://doi.org/10.1177/0040563919836225>. Acesso em: 20 jun. 2022.

PASSOS, João Décio. Fratelli tutti: uma encíclica renovadora sobre as coisas novas e urgentes. **HORIZONTE - Revista de Estudos de Teologia e Ciências da Religião**, Belo Horizonte, v. 19, n. 59, p. 782-801, maio/agosto 2021. Disponível em: <https://doi.org/10.5752/P.2175-5841.2021v19n59p782>. Acesso em: 20 jun. 2022.

PIO XI, PP. **Quadragesimo Anno**. 15 de maio de 1931, n. 79. Disponível em: <https://www.vatican.va/content/pius-xi/pt/encyclicals/documents/hf_p-xi_enc_19310515_quadragesimo-anno.html>. Acesso em: 17 jun. 2022

PONTIFÍCIO CONSELHO JUSTIÇA E PAZ. **Compêndio da Doutrina Social da Igreja**. Roma: Libreria Editrice Vaticana, 2004, n. 160-163. Disponível em: <https://www.vatican.va/roman_curia/pontifical_councils/justpeace/documents/rc_pc_justpeace_doc_20060526_compendio-dott-soc_po.html>. Acesso em: 20 jun. 2022.

QUIJANO, Anibal. Colonialidad y modernidad-racionalidad. **Perú Indígena**, Lima, v. 13, n. 29, p. 11-20. 1992.

REJON, Francisco Moreno. **Teologia moral a partir dos pobres**: a moral na reflexão teológica da América Latina. Aparecida: Santuário, 1987.

SCANNONE, Juan Carlos. **A teologia do povo:** raízes teológicas do Papa Francisco. São Paulo: Paulinas, 2019.

SEABRA, Murilo. **Oftalmopolítica:** um problema com a visão da filosofia. Rio de Janeiro: Ape'Ku Editora, 2021.

SLEUTJES, Luiz Alberto. **O pecado ecológico como desafio à Teologia Moral. Uma relação entre responsabilidade e Ecologia Integral**. Tese (Doutorado em Teologia Moral) – Pontifícia Universidade Lateranense – Academia Alfonsiana, 2021.

SOBRINO, Jon. **O princípio misericórdia:** descer da cruz povos crucificados. Petrópolis: Vozes, 1994.

SOCIEDADE BRASILEIRA DE TEOLOGIA MORAL. **Publicações**. Disponível em: <https://www.sbtmpesquisadores.org.br/publica%C3%A7%C3%B5es>. Acesso em: 17 jun. 2022.

SOUSA SANTOS, Boaventura. **Epistemologies of the South:** Justice Against Epistemicide. New York: Routledge, 2014.

TEIXEIRA, João de Fernandes. **Filosofia Jabuticaba**: Colonialidade e pensamento autoritário no Brasil. São Paulo: FiloCzar, 2021.

WIDOW, Gonzalo L. ¿Qué son los principios de la doctrina social de la Iglesia? **Theologica Xaveriana**, Bogotá, v. 67, n. 183, p. 85-111, jan./jun. 2017. Disponível em: <https://doi.org/10.11144/javeriana.tx67-183.qpdsi>. Acesso em: 17 jun. 2022.

3

Por uma ética da tolerância em tempos de intolerância

Uma reflexão ético-teológica a partir da fronteira do diálogo

André Luiz Boccato de Almeida[1]

"A discórdia é o maior mal do gênero humano.
Para isso, o único remédio é a tolerância."
Voltaire[2]

Introdução

No atual contexto, reaparecem novas formas de costumes ou comportamentos sedimentados em conservadorismos, fundamentalismos e radicalizações que marcam as subjetividades dos novos sujeitos. Esse é um fenômeno de complexa análise, pois exige várias interpretações, com inúmeras interlocuções distintas. Impacta diretamente na reflexão do teólogo moralista que lida com o *ethos* revelado e o *ethos* vivido das pessoas. Ao profissional que deve dar razões da fé cabe a tarefa de lançar luzes ao dilema presente no contexto pluralista e propor um caminho reflexivo. Se à teologia

---

[1] Doutor em Teologia Moral (Lateranense de Roma). Possui Pós-Doutorado em Teologia (PUC-PR). Mestre em Teologia (PUC-SP). Especialista em Educação Sexual (UNISAL). Bacharel em Teologia (EDT/Angelicum). Licenciado em Ciências Sociais e Psicanalista. Professor de Teologia na PUC-SP e no PIO XI. E-mails: a.l.boccato@gmail.com/albalmeida@pucsp.br.

[2] VOLTAIRE, Traité sur Tolérance à l'occasion de la mort de Jean Carlos, p. 55.

moral cabe a árdua e exigente tarefa de traduzir e propor, a nível comportamental dos cristãos, o bom odor de Cristo aos sujeitos das mais variadas épocas, é conveniente assumir esta fronteira presente no cotidiano: a da intolerância.

A intolerância é um modus vivendi presente na estrutura de todo grupo social que reprova todo tipo de comportamento ou valor ético que discorde do assumido pela maioria. Refletir teologicamente sobre a tolerância é um desafio a ser enfrentado. Pode-se dizer que a intolerância é uma fronteira a ser atravessada ou cruzada, enquanto reflexão prático-teórica. Se os valores éticos cristãos da fraternidade, do diálogo, do respeito e da tolerância impuseram-se por conduzirem a um humanismo verdadeiro que concilia e une pessoas e povos, convém denunciar a intolerância como uma atitude que se opõe ao valor primordial que a tradição cristã propõe. Há uma certa ausência de pesquisa bibliográfica acerca da tolerância e da intolerância no debate teológico-moral.

Pretende-se, por meio deste capítulo, tocar nessa questão, indicando referências bíblicas, patrísticas e teológicas sobre o tema da tolerância. Ao apontar essas referências, cruzaremos a fronteira e apresentaremos a contribuição do específico (ético cristão) ao debate mais alargado, condição de sobrevivência da humanidade global e plural. A sociedade atual espera do teólogo moralista uma postura de diálogo tolerante em relação a campos do saber que aceleram suas especializações.

1. Sintomas da intolerância no atual contexto

O tema da intolerância tem uma aproximação com o da violência e do fanatismo, até porque exprime aquilo que pode ser considerado a força instintiva própria do ser humano: a agressividade. Pode-se dizer que, por trás de uma pessoa intolerante, existe um ser violento, com forte carga potencial de agressão ou não. Inicialmente, consideramos que o tema da intolerância possui uma aproximação com o da violência e o da agressividade, até porque, no ser humano, são indissociáveis os planos biopsicossociológicos.[3]

Em linhas gerais, toda sociedade é violenta. A violência pode ser física ou simbólica. Pode ser aceita ou sofrida. Ela se manifesta na construção, na reprodução ou na transformação das relações sociais. Logo que aparece o Estado, ele se estabelece sobre a violência, e Max Weber afirmará que uma de suas características é precisamente o exercício da violência legítima. Alguns dirão que a razão profunda deve ser buscada no coração do homem.[4]

Essa realidade da violência, aqui considerada como intolerância, tem se tornado um fenômeno próprio de sociedades complexas nas quais o pluralismo de experiências, de opiniões e de comportamentos enraíza-se no tecido social. A violência do global como violência do igual aniquila a negatividade do outro, do singular, do incomparável, que prejudica a circulação de informação, comunicação e capital.[5] Justo lá, onde o igual esbarra no igual, ela alcança a velocidade máxima. O fenômeno da intolerância, no atual contexto, está fundido com o da violência, embrionária ao ser humano, mas se complexifica no tecido social, com suas formas de lidar com o diferente, com a alteridade e o não integrado culturalmente. É nesse emaranhado amplo que se torna necessário cruzar a fronteira do limite de convivência e relações sociais.

[3] VIDAL, M., Moral de Atitudes III, p. 703.

[4] HOUTART, F., O culto da violência em nome da religião, p. 7.

[5] HAN, B.-C., A expulsão do outro, p. 23.

Alguns sintomas atuais – tanto em seu caráter macro como micro – agilizaram um clima de certa intolerância que vem crescendo de modo lento ou gradual no abrangente contexto da afirmação de pluralidades e de emancipação de minorias, protagonizada por sujeitos que conquistam seus espaços enquanto atores sociais. A intolerância e suas expressões, em forma de violência, tanto física como simbólica, afirma-se a cada dia diante de algumas razões que aqui mencionaremos. Estas só podem ser compreendidas dentro do horizonte cultural de uma época de mudanças, provocadoras de novas formas de lidar com o espaço público e com a subjetividade humana.

Um dos sintomas do mundo atual é a "vertiginosa aceleração do processo de aproximação planetária dos seres humanos". Isso dá origem a um dinamismo paradoxal. De um lado, as pessoas têm a experiência da proximidade de outras pessoas que têm estilo de vida, religião, sistema social e político, sistema moral e visão de mundo extremamente diferentes, às vezes contraditórios, com relação a eles próprios ou entre eles. De outro lado, há a experiência da fragmentação da homogeneidade cultural das próprias comunidades de vida e do afastamento e diversificação dos vizinhos.[6]

O cristão encontra a seu lado o irmão ou o filho ateu ou de religião oriental. Quem é fiel à indissolubilidade matrimonial convive com o irmão ou companheiro divorciado. O jovem, com sua dificuldade de identificação pessoal, pode escutar, no mesmo dia, três posições diferentes, sobre os mesmos problemas vitais, de três professores em uma mesa-redonda

[6] PATIÑO, F. J. U., Consideraciones sobre la violencia, p. 31-32.

ou veiculadas no mass media. Portanto, é notável que a mundialização econômica e a transformação do mundo em uma aldeia global também universalizam a violência e atos de intolerância,[7] gerando instabilidades e dificuldades em criar pontes para um diálogo.

Além dessa característica de aproximação das "igualdades" e divergências, há também um "crescimento em proporção geométrica do conhecimento científico global da humanidade" e, ao mesmo tempo, sua "fragmentação" em setores grandemente especializados e restritos, de tal modo que o indivíduo particular cada vez mais se torna consciente de sua ignorância e se sente cada vez mais inseguro ao se pronunciar sobre a realidade em sua totalidade e em seu sentido último.[8] Essa volumosa quantidade de informações e novos conhecimentos é geradora de um colossal mecanismo de difícil assimilação da alteridade pelos mesmos sujeitos envolvidos nessa complexa trama.

Outro sintoma decisivo do mundo atual reside no fato de o indivíduo se ver aquém dos avanços e progressos da tecnologia, limites sempre considerados intransponíveis. Pense-se na engenharia genética e na inteligência artificial ou nos novos problemas éticos que ocultam.[9] Isso torna questionáveis posições antropológicas e éticas dadas por solucionadas pelo sentimento comum. No fundo, questiona-se a possibilidade de uma atitude pessoal e pública[10] que dê conta das várias perspectivas que se impõem enquanto possibilidades de decisão.

---

[7] LE BRETON, David, Violence, p. 2130.

[8] Reflexão desenvolvida por ZIZEK, S., Violência, capítulo 5, intitulado "Molto Adagio – Andante" (A tolerância como categoria ideológica).

[9] TUROLDO, F., L'etica di fine vita, p. 12-14.

[10] HÖFFE, O., Pluralismo/Tolerância, p. 694.

Essas e muitas outras situações emergentes no alargado contexto da cultura ocidental fizeram desabrochar uma série de reações nas formas de assimilar os valores nas particularidades sociais e grupos. Os sintomas elencados se explicitam também no doentio desrespeito e na destruição do "outro", sendo que este "outro" tornou-se categoria de vítimas, tais como: os marginalizados, inferiorizados, explorados, descartados, excluídos, os que sofrem humilhação, perseguição, rejeição, discriminação; os que são ainda vítimas do ódio, da violência e da injustiça social; os que são culpabilizados.[11]

Os três sintomas, interagindo juntos – aproximação acelerada entre as pessoas, crescimento do conhecimento geográfico e os avanços e progressos tecnológicos –, coexistindo com um modelo econômico neoliberal de exclusão, em que sua hegemonia ideológica e comportamento se impuseram paulatinamente, favoreceram um maior espaço para que atitudes e visões de intolerância se efetivassem na cultura atual.

Diante desse complexo cenário estrutural, no qual a intolerância – coexistindo com a violência – encontra um ambiente adequado para sua prática, convém resgatar da tradição ético-cristã elementos que podem ser referência para atitudes anti-intolerância. Assim, pretende-se apresentar como se situa o tema da tolerância na tradição cristã, destacando alguns exemplos que explicitam essa orientação histórica. O foco é destacar que o diálogo sempre foi uma constante no esforço de lidar com a alteridade e a diversidade.

[11] MATTOS, L.A. de, Fundamentalismo e intolerância, p. 237.

2. A tolerância na tradição cristã e os seus desdobramentos éticos: alguns exemplos

O diferente e o diverso sempre foram uma questão para a humanidade. Em nossa longa história peregrina, encontramos culturas ou momentos históricos que souberam aceitar ou mesmo valorizar o diferente, a diversidade, enquanto outras foram imensamente intolerantes. O tema da tolerância, hoje, geralmente tem coincidido com a questão da liberdade religiosa, isto é, da relação entre poder político e fé religiosa. No contexto não apenas cristão, mas religioso em geral, a tolerância encontra sua efetiva força na ideia de um pluralismo presente já desde os inícios da tradição conhecida.

De modo particularmente agudo, as três religiões abraâmicas – o judaísmo, o cristianismo e o islamismo – sempre foram colocadas diante da questão da tolerância.[12] Se não faltaram tristes momentos de defesa de intolerância, ou, ainda pior, de ações fortemente marcadas por um espírito intolerante por parte do cristianismo e do islamismo, não se pode deixar de afirmar que a intolerância não pertence ao cerne das religiões abraâmicas. Constitui, ao contrário, um desvio, fruto de uma absolutização da verdade historicamente desvelada. Não faltam pensadores dessas três religiões que, ao longo do tempo, se colocaram na defesa da tolerância da liberdade.

Se o império romano tolerou um pluralismo religioso, o fez principalmente para que não se fragmentasse a unidade religiosa dos povos subjugados, de modo que se

---

[12] ANDRADE, P. F., Tolerância, p. 139.

garantisse sua tranquilidade e se pudesse dominá-los politicamente com mais facilidade, embora isso se baseasse também em uma visão sincrética da realidade. Não obstante, o próprio império perseguirá os cristãos, porque, ao não reconhecerem o imperador como chefe da religião e muito menos como deus, estes introduziram um dinamismo cultural que ameaçava a legitimação do poder imperial e todo o sistema de referência político.[13]

Um primeiro exemplo de diálogo e tolerância no cristianismo primitivo é o do filósofo e pensador Justino de Roma. Enquanto escritor cristão do final do século II, dizia o seguinte em sua Apologia:

> Que um adore Deus e o outro Júpiter; que um eleve as mãos suplicantes ao céu e o outro ao altar da deusa Fidei; que outro ainda conte as nuvens rezando, e um outro as traves do teto; que um ofereça sua própria alma a Deus e outro ofereça um carneiro. Examinem, pois, se não é já uma indicação de irreligiosidade o sufocar a liberdade de culto e proibir a escolha da divindade, de tal modo a não permitir venerar quem quero, mas de obrigar-me a venerar quem não quero. Ninguém quer ser venerado de modo forçado, nem mesmo um homem.[14]

São exatamente os cristãos perseguidos dos três primeiros séculos que expõem, de modo explícito, a questão da tolerância e do pluralismo. Tolerância é entendida como respeito e liberdade devidos por direito a pessoas que não cometem delitos, que aceitam o Estado e a ele

[13] MOSSO, S., Tolerância e Pluralismo, p. 1210.

[14] JUSTINO DE ROMA, Apologia, XXIV, nº 5-6.

obedecem, que buscam o bem comum da sociedade, mas que, por convicção de consciência, aderem a uma fé que não lhes permite identificar o poder político com o poder religioso. Justino representa a capacidade dialógica e de acolhida do diferente, logo de tolerância, frente a uma cultura que se impõe de forma efetiva e propositiva a cristãos que vivem na periferia do império em busca de uma identidade.

Um segundo exemplo de diálogo e tolerância no cristianismo, agora moderno, é o de Bartolomeu de Las Casas, referência evangelizadora e missionária no contexto da colonização espanhola na América Latina. Sua perspectiva situa-se no horizonte da ideia de "guerra justa"[15], doutrina europeia que tinha sua gênese no pensamento de Agostinho, posteriormente sistematizado por Tomás de Aquino. Essa noção foi aplicada à nova situação dos Estados soberanos e às guerras de colonização pela Escola de Salamanca e dissidentes.

Em linhas gerais, Las Casas, colonizador e depois missionário junto aos índios, nos inícios do século XVI, assumiu um modelo de colonização que beneficiava e levava em consideração a humanidade dos índios do novo continente, em detrimento dos interesses exploradores do velho continente (encomienda). Preparou-se profundamente para enfrentar as controvérsias e conflitos intelectuais de caráter mais jurídico,[16] não medindo esforços para propor uma visão de tolerância frente a um modelo colonial explorador.

---

[15] ETXEZARRAGA, J. S., Violência e Guerra, p. 746.

[16] JOSAPHAT, C., Las Casas, p. 74.

Diante de um modelo evangelizador centrado na conquista e exploração – comum no contexto colonial –, Las Casas,[17] mediante uma atitude de compaixão e tolerância[18] para com o diferente, propõe um modelo missionário de investimento e confiança na capacidade do próprio índio. Dentro de sua visão teológica, não há classes de homens, mas uma única espécie humana que precisa ser respeitada. Las Casas é um exemplo de tolerância e aceitação da alteridade do indígena em plena era de colonização que desumanizava a alteridade distinta da europeia.

Um terceiro exemplo de diálogo e tolerância no cristianismo, mais atual, é o da Carta Encíclica Pacem in Terris, do Papa João XXIII. Datada de 11 de abril de 1963, teve como escopo tratar sobre a paz na terra. Foi escrita praticamente dois anos depois da publicação de Mater et Magistra, no contexto do Vaticano II, e poucos meses antes de sua própria morte.

A redação dessa encíclica exprime a circunstância de mundo da época, os anos 1960; isto é, dois anos depois da construção do muro de Berlim e alguns meses depois da crise dos mísseis em Cuba, em meio à Guerra Fria. Esses singelos mas simbólicos acontecimentos históricos exprimem bem o clima da época.[19] Pode, também, ser considerada a primeira encíclica que um papa direciona não só aos bispos e aos católicos, mas a todos os homens de boa vontade, numa linguagem plena de acolhida e tolerância, frente aos desafios da época.

São inspiradoras as próprias palavras de João XXIII, quando diz:

---

[17] A obra de Bartolomeu de Las Casas mais importante é datada de 1542, intitulada "Brevísima relación de la destrucción de las Indias".

[18] BARREDA, A., Bartolomé de Las Casas y la evangelización de América, p. 77.

[19] ALMEIDA, A. L. B. de, Moral Social, p. 154.

> Todos devem estar convencidos de que nem a renúncia à competição militar, nem a redução dos armamentos, nem a sua completa eliminação, que seria o principal, de modo algum pode levar a efeito tudo isso se não se proceder a um desarmamento integral que atinja o próprio espírito; isto é, se não trabalharem todos em concórdia e sinceridade para afastar o medo e a psicose de uma possível guerra. Mas isso requer que, em vez do critério de equilíbrio em armamentos que hoje mantém a paz, se abrace o princípio segundo o qual a verdadeira paz entre os povos não se baseia em tal equilíbrio, mas sim e exclusivamente na confiança mútua. Nós pensamos que se trata de objetivo possível, por tratar-se de causa que não só se impõe pelos princípios da reta razão, mas que é sumamente desejável e fecunda de preciosos resultados.[20]

Com essa posição presente no magistério pontifício, percebe-se um salto decisivo no modo de compreender o tema da tolerância, após séculos de intolerância e não aceitação de princípios da modernidade, da razão iluminista e da nova antropologia. Assim, após estas ponderações acerca de uma mutatis mutandis visão cristã sobre a tolerância – Justino, Bartolomeu de Las Casas e o Papa João XXIII –, refletiremos sobre a necessidade de uma ética cristã da tolerância que abra a possibilidade do diálogo e estreite relações, ao invés de colocar muros que dividam.

3. Por uma ética cristã da tolerância em meio às fronteiras de intolerâncias

O problema da tolerância torna-se atual quando, numa sociedade, começa a afirmar-se uma situação sociocultural e

---

20 PAPA JOÃO XXIII, Carta Encíclica *Pacem in Terris*, n. 113.

ético-religiosa de pluralismo. Numa situação de pluralismo, surge o problema da posição que se deve tomar perante outros pontos de vista e outros comportamentos, partindo do pressuposto da não aceitação de uma perspectiva ética totalmente relativista ou cética.[21] De fato, com este último pressuposto, seria possível justificar como reação quer a posição de uma total indiferença, quer também a da repressão.

Pode-se dizer que a tolerância consiste em abster-se de intervir na ação ou na opinião do próximo, mesmo que se tenha o poder de fazê-lo e mesmo que se desaprove ou não se aprecie a ação ou a opinião em questão. A tolerância relaciona-se, portanto, de maneira essencial, com o que é desagradável, aborrecido e moralmente repreensível. Pode-se, todavia, debater para determinar se a tolerância deve ser aplicada ao que é moralmente julgado como um mal ou se também podemos ser considerados tolerantes quando nos abstemos de nos imiscuir nos atos e nas opiniões que achamos absolutamente desagradáveis.[22]

A tolerância é facilmente suportável quando entram em jogo pontos de vista diferentes em relação a problemas estéticos, morais ou puramente formais. Nas questões morais ou religiosas é tanto mais difícil tolerar, quanto mais se consideram reprováveis as opiniões e as ações dos outros e quanto mais importante parece ser a nossa convicção.[23] Quando a tolerância se refere a uma virtude, entende-se que é uma atitude respeitadora das posições dos nossos semelhantes que têm convicções opostas.

---

[21] WOLBERT, W., Tolerância, p. 1079.

[22] MENDUS, S., Tolerância, p. 699

[23] ANDREOLI, V., Homo stupidus stupidus. L'agonia di una civiltà. Quinto edizione. Milano: Rizzoli, 2018, p. 69.

Urge repensar este tema em chave ética a partir de uma perspectiva propositiva, resgatando elementos essenciais na discursividade reflexiva cristã. Propomos aqui alguns critérios éticos que podem inspirar a uma ética cristã da tolerância em meio às fronteiras das intolerâncias que imperam hoje.

Um primeiro critério ético cristão de superação da intolerância estrutural dá-se numa profunda tomada de consciência diante de uma avassaladora situação de desrespeito e destruição do outro. Diante de uma imperativa cultura do "absoluto estranho"[24] presente hoje, é necessário resgatar uma salutar perspectiva de alteridade, cuja base bíblico-teológica é perceptível na longa tradição cristã, na qual o "rosto do outro"[25] deveria ser uma categoria essencial para vencer a intolerância. O redespertar dessa perspectiva de valorização do outro é fruto de uma longa história, na qual o próprio outro foi esquecido, no horizonte de uma crise da civilização ocidental.[26] Com esse esquecimento da diferença, a identidade afirma-se em detrimento do outro.

Então, por trás dessa perspectiva filosófica, impõe-se a necessidade de fazer memória do outro, das vítimas, dos silenciados, dos últimos, dos marginalizados e daqueles cuja voz é silenciada. Isso será possível quando o "sonho do outro"[27] estiver presente na comunidade que acolhe a diferença e a diversidade. Portanto, na comunidade cristã, faz-se a experiência não apenas da memória da prática de Jesus Cristo, mas também do "rosto do outro", epifania do mistério da pessoa em relação de acolhida e abertura.

[24] Expressão de KEHL, M. R., Sobre ética e psicanálise, p. 23.

[25] LÉVINAS, E., Descobrindo a existência com Husserl e Heidegger, p. 261.

[26] RICOEUR, P., Memória, história e esquecimento, p. 23.

[27] Expressão aprofundada em ALMEIDA, A. L. B de, Sonhar a teologia moral ao alcance do povo, p. 358.

Um segundo critério ético cristão seria o da promoção da paz, uma constante na reflexão teológica. Discursos de ódio, fake news, polarizações, a diferença revoltante contra o outro favorecem um ambiente e comportamentos intolerantes. Impõe-se uma "naturalização" do mal e da violência, isto é, da intolerância, que apenas pode ocasionar mais divisão e distanciamento das pessoas entre si. É urgente reafirmar uma identidade-alteridade centrada na promoção da paz.[28]

Uma análise sobre a paz pode ser tratada por diversos ângulos, como o filosófico, o histórico, o sociológico, o político e várias outros âmbitos. Do ponto de vista teológico, encontramos no evento Cristo o cume do cumprimento da mensagem veterotestamentária do shalom. Do silêncio da cruz à paz do ressuscitado,[29] edifica-se a grande novidade da tradição cristã, frente ao ódio e às intolerâncias de ontem e de hoje. O caráter pacífico e não violento, logo tolerante, do ensinamento de Jesus encontra sua expressão no famoso discurso da montanha, que lança luz sobre toda a sua existência e prática de acolhida, hospitalidade e inclusão. Assim, a paz é uma dimensão essencial na prática dos cristãos rumo ao diálogo tolerante.

Um terceiro critério ético é propriamente o da inclusão. Se, com a redescoberta e a hospitalidade do outro, em sua condição de presença única, e a promoção da paz, criam-se um vínculo e a afirmação do específico cristão frente aos muros de intolerâncias, com a inclusão, propicia-se a possibilidade de ultrapassar uma espécie de "es-

[28] SCHIO, S. Maria., Hannah Arendt e a questão da paz, p. 202.
[29] MATTAI, G., Paz e Pacifismo, p. 922.

piral do silêncio e da violência".[30] O tema da inclusão é, de certa forma, recente na tradição ocidental. Ele emerge como um paradigma alternativo em meio ao grande paradigma da modernidade.

Segundo Santos, aparecem novos "mapas sociais", isto é, representações e espaços que criam e possibilitam a transição de uma visão violenta e intolerante para a de uma inclusão pacífica.[31] Segundo ele, ao mesmo tempo que há uma nova sensibilidade ou senso emancipatório – baseado numa inclusão das diversidades –, surge uma constelação de conhecimentos orientados para a solidariedade, que necessita ser complementada pela reinvenção de novas subjetividades individuais e coletivas, capazes e desejosas de fazer depender a sua prática social nesta constelação de conhecimentos.[32]

Portanto, esses três critérios éticos, de inspiração cristã, aparecem como uma esperança concreta, como um novo formato de um mapa social que permite afirmar que há um paradigma de tolerância e paz diante de um antigo modelo de violência e intolerância. Percebemos que é necessária uma nova racionalidade, na qual o centro seja um sujeito não autocentrado ou ensimesmado, mas aberto à acolhida da alteridade. Dessa abertura, constroem-se um diálogo e uma comunicação que possam superar certas intolerâncias imperantes no bojo da cultura atual.

---

[30] Expressão proveniente de NOELLE-NEUMANN, E., A espiral do silêncio: opinião pública, 2017. Essa teoria consiste na ideia de que, na opinião pública, há uma dominação subliminar de líderes que tentam pulverizar a diferença, afirmando uma ideia única.

[31] SANTOS, B. de S., A crítica da razão indolente, p. 15-16.

[32] SANTOS, B. de S., A crítica da razão indolente, p. 249.

Conclusão

A proposta desta reflexão foi a de refletir sobre uma ética da tolerância diante das violências e intolerâncias vigentes, relacionando elementos da tradição teológico-moral. O tema é desafiante e abrangente! Partimos do pressuposto de que há "éticas" e "éticas". Há modos de viver subterrâneos no grande ethos da convivência humana que necessitam ser desconstruídos e ressignificados, para que a sobrevivência do humano com os outros seres seja salvaguardada.

Tratar sobre a violência e a intolerância revela um pouco este traço obscuro e até perverso presente em toda pessoa, escondido no limiar e na forma de lidar com o diferente, com o diverso, com o que gera instabilidade psicológica e existencial. Os "sintomas" da convivência humana, narrados na primeira parte, denotam que há, de fato, um processo de deterioração das ações públicas, políticas e comunitárias, em que o agir em conjunto é, de certa forma, substituído por um coletivo ou pela justaposição de indivíduos isolados que "teleguiam" a grande convivência. Há uma liberdade comunicativa presente nas esferas da convivência, contudo precisam ser "educadas", "disciplinadas" para a tolerância, para uma ética do respeito ao silenciado ou esquecido.

Mas não basta apenas educar e favorecer uma mentalidade de sujeitos individuais para uma ética da tolerância. É imprescindível que se atinja o nível estrutural, criando ou afirmando organizações, práticas culturais, políticas públicas que beneficiem ou promovam a tolerância. A Igreja tem muito a contribuir ainda nesta mentalidade emergente! Segundo Guimarães, para que a tolerância e a paz se sedimentem, é necessária uma alargada capacitação que perpasse alguns polos educativos: capacidade de contribuição para um consenso pela paz; capacidade de formar para a competência comunicativa; capacidade de criar comunidades ou redes de mútua tolerância; capacidade de oportunizar o diálogo e a expressão da palavra; e a capacidade de capacitar para a ação.[33]

Referências bibliográficas

ALMEIDA, André Luiz Boccato de. **Moral Social**. Petrópolis: Vozes, 2021.

ALMEIDA, André Luiz Boccato de. Sonhar a teologia moral ao alcance do povo. In: ANJOS, Márcio Fabri dos; ZACHARIAS, Ronaldo (Orgs.). **Ética entre poder e autoridade**. Perspectivas de teologia cristã. Aparecida: Santuário, 2019, p. 357-382.

ANDRADE, P. F. C de. Tolerância. In: YUNES, E.; BINGEMER, M. C. L. (Orgs.). **Virtudes**. Rio de Janeiro: Ed. PUC-Rio; São Paulo: Loyola, 2001, p. 138-144.

ANDREOLI, Vittorino. **Homo stupidus stupidus**. L'agonia di una civiltà. Quinto edizione. Milano: Rizzoli, 2018.

BARREDA, Angel. Bartolomé de Las Casas y la evangelización de América. In: CONGRESSO TEOLOGICO INTERNACIONAL. **Las Casas entre dos mundos**. Atas de 26-28 de Agosto de 1992. Lima: Instituto Bartolome de Las Casas, 1993, p. 75-110.

ETXEZARRAGA, Joseba Segura. Violência e guerra. In: VIDAL, Marciano (Org.). **Ética Teológica**. Conceitos fundamentais. Petrópolis: Vozes, 1999, p. 739-762.

---

[33] GUIMARÃES, I. R. In: CESCON, E.; NODARI, P. C. (Orgs.), Filosofia, ética e educação, p. 273-276.

GUIMARÃES, Irineu Rezende. In: CESCON, Everaldo; NODARI, Paulo César (Orgs.). **Filosofia, ética e educação**. Por uma cultura da paz. São Paulo: Paulinas, 2011, p. 249-277.

HAN, Byung-Chul. **A expulsão do outro**. Sociedade, percepção e comunicação hoje. Petrópolis: Vozes, 2022.

HOUTART, François. O culto da violência em nome da religião. In: **Concilium** 272, 1997/4. Petrópolis: Vozes, p. 7-17.

HÖFFE, Otfried. Pluralismo/Tolerância. In: EICHER, Peter. **Dicionário de Conceitos Fundamentais de Teologia**. São Paulo: Paulus, 1993, p. 688-696.

JOSAPHAT, Frei Carlos. **Las Casas**. Todos os direitos para todos os povos. São Paulo: Loyola, 2000.

JUSTINO DE ROMA. **Apologia**, XXIV, São Paulo: Paulus, 1995, nº 5-6. (Coleção Patrística).

KEHL, Maria Rita. **Sobre ética e psicanálise**. São Paulo: Companhia das Letras, 2002.

LE BRETON, David. Violence. In: LEMOINE, Laurent; GAZIAUX, Éric; MÜLLER, Denis. **Dictionaire Encyclopédique d'Éthique Chrétienne**. Paris: Cerf, 2013, p. 2126-2136.

LEIVAS, Cláudio Cogo. Ética e violência. In: TORRES, João Carlos Brum (Org.). **Manual de Ética**. Questões de ética teórica e aplicada. Petrópolis: Vozes/BNDS, 2014, p. 583-603.

LÉVINAS, Emmanuel. **Descobrindo a existência com Husserl e Heidegger**. Lisboa: Instituto Piaget, 1997.

MATTAI, G. Paz e Pacifismo. In: COMPAGNONI, F.; PIANA, G.; PRIVITERA, S. **Dicionário de Teologia Moral**. São Paulo: Paulus, 1997, p. 920-927.

MATTOS, Luiz Augusto de. Fundamentalismo e intolerância. In: ANJOS, Márcio Fabri dos; ZACHARIAS, Ronaldo (Orgs.). *Ética entre poder e autoridade.* Perspectivas de teologia cristã. Aparecida: Santuário, 2019, p. 237-259.

MENDUS, Suzan. Tolerância. Tolerância e pluralismo moral. In: CANTO-SPERBER, Monique (Org.). **Dicionário de Ética e Filosofia Moral**. Volume 2. São Leopoldo: Unisinos, 2003, p. 699-704.

MOSSO, S. Tolerância e Pluralismo. In: COMPAGNONI, F.; PIANA, G.; PRIVITERA, S. **Dicionário de Teologia Moral**. São Paulo: Paulus, 1997, p. 1209-1218.

NOELLE-NEUMANN, Elisabeth. **A espiral do silêncio**: opinião pública. Nosso tecido social. Estudos Nacionais, 2017.

PAPA JOÃO XXIII. **Carta encíclica *Pacem in Terris***. A paz de todos os povos na base da verdade, justiça, caridade e liberdade. Disponível em <http://www.vatican.va/content/john-xxiii/pt/encyclicals/documents/hf_j-xxiii_enc_11041963_pacem.html>. Acesso em: 29 jun. 2022.

PATIÑO, Francisco Javier Uribe. Consideraciones sobre la violencia. In: REYES, Marco Eduardo Murueta; GUZMÁN, Mario Orozco. **Psicología de la violencia**. Causas, prevención y afrontamiento. Tomo I. 2º ed. México: Editorial El Manual Moderno, 2015, p. 27-44.

RICOEUR, Paul. **Memória, história e esquecimento**. Campinas: Unicamp, 2008.

SANTOS, Boaventura de Souza. **A crítica da razão indolente**: contra o desperdício da experiência. São Paulo: Cortez, 2000.

SCHIO, Sônia Maria. Hannah Arendt e a questão da paz. In: CESCON, Everaldo; NODARI, Paulo César (Orgs.). **Filosofia, ética e educação**. Por uma cultura da paz. São Paulo: Paulinas, 2011, p. 201-217.

TRASFERETTI, José Antonio. Prevenir contra a violência. In: TRASFERETTI, José Antonio; COELHO, Mário Marcelo; ZACHARIAS, Ronaldo (Orgs.). **Teologia da prevenção**. Por um caminho de humanização. São Paulo: Paulus, 2021, p. 213-230.

TUROLDO, Fabrizio. **L'etica di fine vita**. Roma: Città Nuova Editrice, 2010.

VIDAL, Marciano. **Moral de Atitudes III**. Moral Social. Aparecida: Santuário, 1978.

VOLTAIRE. **Traité sur Tolérance à l'occasion de la mort de Jean Carlos** (1763). Paris: Gallimard, 2016.

WOLBERT, W. Tolerância. In: LEONE, Salvino; PRIVITERA, Salvatore; CUNHA, Jorge Teixeira da. **Dicionário de Bioética**. Aparecida: Santuário, 2001, p. 1079-1081.

ZIZEK, Slavoj. **Violência**. São Paulo: Boi Tempo Editorial, 2014 (ebook).

4

Um "Calcanhar de Aquiles" para a moral sexual

Ronaldo Zacharias[1]

Introdução

Sexo antes do casamento? A resposta a essa pergunta não pode reduzir-se a um simples "sim" ou "não". Precisamos situar a questão num contexto mais amplo e indagar se os relacionamentos sexuais fora do contexto matrimonial podem expressar os significados positivos da sexualidade – tais como compromisso, fidelidade, unidade, comunhão, reciprocidade, doação – e ter, portanto, alguma bondade moral. Ou ainda, precisamo-nos perguntar se podemos continuar avaliando a bondade moral de uma prática independentemente do processo no qual ela se insere e das relações às quais ela serve.

Abstinência sexual como único caminho de realização sexual para os não casados? A resposta a essa pergunta também não pode reduzir-se a um simples "sim" ou "não". Se considerarmos a sexualidade como fonte das características

---

[1] Ronaldo Zacharias tem Pós-Doutorado em Democracia e Direitos Humanos (*Ius Gentium Conimbrigae - Universidade de Coimbra - Portugal*), é Doutor em Teologia Moral (Weston Jesuit School of Theology – Cambridge, MA - USA) e Coordenador do Curso de Pós-Graduação em Educação em Sexualidade (Centro Universitário Salesiano de São Paulo - UNISAL).

mais fundamentais da pessoa e elemento crucial para a maturidade pessoal e a integração na sociedade, a questão-chave passa a ser "como" ajudar os jovens que não querem ou não conseguem ser abstinentes a iniciar e manter relacionamentos íntimos honestos, responsáveis e significativos.

A reflexão que segue será dividida em três partes: num primeiro momento, consideraremos o ensinamento eclesial sobre as relações de intimidade sexual antes do matrimônio; em seguida, indicaremos alguns elementos – na ótica da prática das virtudes da justiça, da fidelidade e do cuidado recíproco – a serem considerados para uma possível moral sexual a ser proposta para pessoas sexualmente ativas antes do matrimônio; por fim, veremos as implicações concretas de uma moral do bem possível para pessoas não casadas. Resultará evidente que, para atingir o cerne das questões apenas levantadas, precisamos de uma abordagem da sexualidade mais em termos de crescimento virtuoso e não tanto de maior ou menor conformidade com as normas[2].

1. Sexo antes do casamento?

A Igreja católica nunca hesitou em afirmar que as relações pré-matrimoniais constituem uma "desordem grave" do ponto de vista moral[3]. Em outras palavras, tais relações são intrinsecamente más; seja qual for a razão ou o contexto, nada justifica a intimidade sexual entre pessoas solteiras. A intimidade sexual deveria ser reservada ao matrimônio, único

[2] BURGGRAEVE, R., De uma sexualidade responsável à uma sexualidade significativa, p. 318-319.

[3] CONGREGAÇÃO PARA A EDUCAÇÃO CATÓLICA, Orientações educativas sobre o amor humano. Linhas gerais para uma educação sexual, n. 95.

contexto em que se verifica "a conexão inseparável que Deus quis e que o homem não pode alterar por sua iniciativa, entre os dois significados do ato conjugal, o significado unitivo e o significado procriador"[4]. Quando a relação de intimidade é realizada fora do contexto matrimonial, ela se converte numa linguagem mentirosa, pois expressa uma realidade que ainda não existe, isto é, uma "comunidade definitiva" de vida[5]. A relação de intimidade entre pessoas não casadas faz com que tal relação não seja capaz de mediar a realização de um amor que, por sua própria natureza, é humano, total, fiel e criativo, como é o amor conjugal[6]. A relação de intimidade entre pessoas solteiras contradiz, portanto, o sentido de doação mútua, própria do matrimônio e, portanto, é imoral[7].

O fato de que o ensinamento do Magistério da Igreja quase sempre prescinde do rosto concreto das pessoas e das relações nas quais elas se inserem, faz com que o juízo moral, em geral, seja feito sobre o significado objetivo dos atos em si, como se fosse possível considerá-los como único critério de moralidade. Um juízo sobre a relação de intimidade entre pessoas solteiras, que se fundamenta apenas na dimensão objetiva da moralidade, não permite reconhecer se o relacionamento, mesmo aquém do ideal proposto pela Igreja, possa incorporar ao menos alguns dos valores de uma sexualidade e/ou intimidade sexual que contribua para a humanização das pessoas. Tal

[4] PAULO VI, PP., Humanae Vitae: Carta Encíclica sobre a regulação da natalidade, n. 12.

[5] OEAH 95. O documento refere-se ao ensinamento da Carta Encíclica Humanae Vitae, n. 9 e da Declaração Persona Humana, n. 7.

[6] OEAH 95.

[7] CONSELHO PONTIFÍCIO PARA A FAMÍLIA, Sexualidade humana: verdade e significado, n. 102.

constatação evidencia que as pessoas solteiras precisam muito mais do que um juízo que qualifique como "desordem grave" relações muitas vezes permeadas por sentimentos nobres e, inclusive, por valores profundamente humanizadores[8].

Ao considerar o matrimônio como "único" contexto para a atividade sexual, a tradição católica considera ilícita toda expressão sexual genital fora dele. Até mesmo a vida sexual dos solteiros, quando levada em consideração, é descrita em relação ao matrimônio e entra na categoria de "pré-matrimonial", o que torna muito difícil pensar em desenvolver uma moral sexual positiva para as pessoas não casadas[9]. Vale ter presente que o motivo pelo qual aqueles que, mesmo dentro da tradição, aceitam/toleram relações sexuais antes do casamento[10], não o fazem por causa da importância e do significado do sexo no contexto da vida das pessoas, mas porque certos contextos o tornam mais "aceitável", por exemplo, um compromisso que se projeta no horizonte como definitivo[11].

Não se trata, aqui, de negar ou contestar os valores expressos pela moral conjugal para poder afirmar uma moral sexual para os solteiros. O apelo consiste em colocar as pessoas solteiras no centro da reflexão e abster-se de descrever sua vida sexual quanto ao matrimônio. Não seria uma questão de justiça prestar atenção aos benefícios presentes também nos relacionamentos de intimidade sexual? Não seria uma questão de fide-

[8] Vale a pena considerar a importante reflexão feita por: PETRÀ, B., Una futura morale sessuale cattolica. In/fedeltà all'apostolo, p. 9-32.

[9] LEBACQZ, K., Appropriate Vulnerability: A Sexual Ethic for Singles, p. 436. Ver também: HARTWIG, M. J., The Poetics of Intimacy and the Problem of Sexual Abstinence, p. 126.

[10] Para uma visão geral das abordagens teleológica e deontológica dessa questão, ver: McCORMICK, R. A., Premarital Sexual Relations, p. 77-92.

[11] Ver, por exemplo: VIDAL, M., Ética da sexualidade, p. 189-193.

lidade reconhecer se tais benefícios são capazes de sustentar o relacionamento em questão? Não seria uma questão de cuidado recíproco considerar se tais benefícios melhoram a qualidade de vida das pessoas envolvidas? Mesmo que as pessoas não sejam casadas, não podemos negar que o relacionamento entre elas pode expressar uma porção de benefícios compartilhados, pelos quais se sentem igualmente responsáveis[12]. Não há dúvida de que um desses benefícios é a intimidade sexual, visto que tal intimidade pode ser muito importante até mesmo para a manutenção do relacionamento amoroso entre elas.

Quando se considera o matrimônio como único contexto lícito para a atividade sexual, a abstinência sexual torna-se a única "possibilidade" para as pessoas solteiras[13]. Se continuarmos a considerar a atividade sexual unicamente em relação ao matrimônio, continuaremos reduzindo a moral sexual a determinados tipos de atos que servem para promover e/ou contestar a abstinência sexual fora de tal contexto. Desse modo, continuaremos perdendo a oportunidade de cultivar uma estratégia pastoral para ajudar as pessoas solteiras a desenvolver disposições/habilidades/capacidades que poderiam "possibilitar uma vivência mais rica, mais excelente e mais sustentável da mutualidade pactual"[14]. Tem razão Antonio Autiero quando afirma ter havido uma mudança de paradigma na estrutura ética da

[12] ZACHARIAS, R., Educação sexual: entre o direito à intimidade e o dever da abstinência, p. 149-168.

[13] Seria importante considerar, aqui, a necessidade de ampliar a formulação tradicional do significado unitivo-procriativo da atividade sexual, a fim de prover um modo mais inclusivo de expressar o sentido total da sexualidade. Como isso nos distanciaria do objetivo dessa reflexão, sugiro a leitura de: ZACHARIAS, R., Sexual Education in Catholic Institutions: Responding to the Challenge of Amoris Laetitia, p. 57-70; ZACHARIAS, R., Liberdade de consciência: os limites do recurso a Deus e à doutrina constante do Magistério da Igreja, p. 265-294.

[14] HARTWIG, M. J., The Poetics of Intimacy, p. 133.

sexualidade "que pode ser melhor expressa como uma transição de uma moral sexual como moral conjugal para uma moral sexual como ética da relação interpessoal"[15].

Precisamos perguntar-nos se estamos, de fato, ajudando as pessoas solteiras com a simples imposição da abstinência sexual. Não deveria até mesmo a prática da abstinência sexual ser o resultado de disposições/habilidades/capacidades adquiridas? O fato é que pessoas solteiras não deixarão de fazer sexo só porque lhes é dito que lhes falta um contexto apropriado/lícito para isso. Do mesmo modo, a abstinência sexual não pode ser uma escolha que resulta da falta de um contexto apropriado/lícito para a intimidade sexual. A questão fundamental é como avaliar a relação daqueles sexualmente ativos enquanto aprendem a amar buscando uma parceria adequada para a própria vida. Não seria uma questão de justiça evitar reduzir a avaliação moral da intimidade sexual a uma questão de permissão para se fazer sexo? Não seria uma questão de fidelidade exigir que se enfatize mais a qualidade do relacionamento do que a sua forma? Não seria uma questão de cuidado recíproco reconhecer que a autorrealização deve favorecer e expressar a mutualidade? Em outras palavras, trata-se de indagar "se" e "como" as necessidades de um determinado relacionamento são satisfeitas. Há pessoas solteiras que vivem um longo período de abstinência sexual e se empenham em integrar seus desejos no próprio projeto de vida. O fato de escolherem o momento certo para se tornarem sexualmente ativas não deveria ser subestimado: é uma decisão que expressa sua capacidade de discernir os meios pelos quais seu relacionamento pode ser fortalecido.

15 AUTIERO, A., Sexualidade, p. 970.

É preciso reconhecer que, assim como a abstinência sexual, o sexo pelo sexo não garante a aquisição de disposições/habilidades/capacidades que favorecem uma mutualidade pactual mais rica. Mais do que impor a abstinência sexual ou reprimir a intimidade sexual, somos chamados a tentar identificar que tipo de intimidade sexual entre os solteiros favorece seu crescimento, amadurecimento e bem-estar. Isso requer o desenvolvimento de uma moral sexual convincente, que evidencie – como lembra Gareth Moore – que a relação sexual exige um contexto de intimidade interpessoal[16]. Não implicaria a justiça o mesmo respeito por todos, expresso também pela tolerância e pela celebração de relacionamentos significativos e responsáveis? A fidelidade não exigiria a integração entre desejo sexual e laços afetivos? O cuidado recíproco não demandaria ações que afirmem o compromisso com o bem de cada uma das pessoas envolvidas no relacionamento? Pessoas solteiras devem procurar preservar e promover os ideais que sua intimidade sexual deve significar, tais como crescimento, amadurecimento, bem-estar pessoal e comum, fortalecimento e aprofundamento do relacionamento. Para isso, é preciso que haja o compromisso recíproco de evitar qualquer ocasião para servir-se do outro apenas como meio para realizar os próprios interesses. É importante não subestimar o fato de que, quando muitos casais optam pela relação de intimidade, já existe entre eles um contexto de relacionamento interpessoal, compromisso e amor. Se, por um lado, isso não

[16] MOORE, G., The Body in Context: Sex and Catholicism, p. 62. Estou sugerindo, indiretamente, que o prazer por si só não é suficiente como base para a avaliação moral da intimidade sexual.

é indiferente para a avaliação ética do relacionamento, por outro também não é suficiente. O contexto existente quando concordaram em se tornar sexualmente íntimos precisa ser renovado e alimentado a cada dia, pois o mero consentimento não livra ninguém de ser usado como meio[17].

As considerações feitas até agora não têm a pretensão de afirmar que o matrimônio não seja mais o contexto ideal para a prática sexual. Apesar das experiências de fracasso de muitos casais, o matrimônio revela um conjunto de valores necessários para a orientação de uma vida sexual responsável, tais como amor, procriação, fidelidade e exclusividade. É nesse sentido – como instância concreta de valores e benefícios – que se deve compreendê-lo como um padrão normativo[18]. No entanto é preciso se perguntar se há outros contextos que podem servir para a articulação desses valores e benefícios. A experiência mostra que os valores considerados próprios do matrimônio podem ser efetivamente vividos em relacionamentos não-conjugais. O problema é saber como esses valores podem ser mediados. Não seria uma questão de justiça reconhecer a cada um o direito de acreditar e investir em relações que considere significativas? Não seria uma questão de fidelidade cultivar o respeito pelo outro e a transparência diante dele? Não seria uma questão de cuidado recíproco promover e defender a dignidade e afirmar o próprio valor e o valor do outro?

[17] Vale a pena considerar as questões propostas por Hartwig para se considerar a moralidade da intimidade sexual, em oposição ao argumento que segurança e consentimento são suficientes. HARTWIG, M. J., The Poetics of Intimacy, p. 137.

[18] A *Amoris Laetitia* é o testemunho mais evidente de toda essa riqueza.

A intimidade sexual é um ato físico que, além de expressar amor, fidelidade e exclusividade, pode também gerar uma nova vida. Essa possibilidade deve ser considerada pelas pessoas solteiras, porque a realização responsável desse bem será muito mais difícil para elas sem as estruturas sociais, religiosas e até morais com as quais os casados podem contar. Sem menosprezar o heroísmo de muitas mães e pais solteiros, uma interpretação responsável do bem da procriação implica, para os solteiros, uma firme decisão de evitar/adiar a vinda de filhos. O que está em jogo, aqui, não é a dimensão procriativa da sexualidade e do amor, mas o direito de a sociedade esperar que os filhos nasçam de relacionamentos estáveis. Aliás, esse é também o direito de cada criança trazida ao mundo.

Não podemos considerar a intimidade sexual e a consequente abertura à procriação como atos e/ou opções isoladas. É necessário que sejam apreciadas no contexto de vida dos que se envolvem em intimidade sexual. Assim como a inseparável conexão entre os significados procriativo e unitivo da sexualidade não pode ser imposta como “o” critério moral para aceitar ou evitar a gravidez, o mero desejo de ter filhos não justifica, moralmente, uma gravidez inoportuna. Não seria uma questão de justiça requerer que se proporcione um contexto favorável ao crescimento dos outros? Não seria uma questão de fidelidade esperar continuidade e estabilidade do relacionamento? Não seria uma questão de cuidado recíproco tomar medidas para evitar a procriação quando não há um contexto adequado para acolher uma nova vida? Muitas pessoas solteiras se envolvem em relacionamentos íntimos sem contar com qualquer tipo de estrutura social e religiosa para protegê-las e proteger a acolhida de uma nova vida. Isso não significa que, caso optem por ter filhos, as pessoas não casadas não possam oferecer um ambiente estável, propício e amoroso para eles[19]. Enquanto as pessoas solteiras não puderem reconhecer oficialmente o seu compromisso, os riscos da geração de uma nova vida podem ser muito mais danosos para aquelas pessoas que normalmente são as vítimas do fim de um relacionamento, tais como as crianças e as mulheres. É nesse sentido que deve ser compreendida a obrigação moral de adiar/evitar a procriação.

Faz parte da vida daqueles que se envolvem em intimidade sexual correr o risco de causar e/ou sofrer danos. Isso vale também para os relacionamentos matrimoniais. Em outras palavras, evitar danos implica optar por relacionamentos sexuais responsáveis, e isso exige um certo grau de maturidade. A maturidade afetivo-sexual está profundamente relacionada com a fundamental consistência entre o que a pessoa é e o que ela professa ser, como resultado da integração entre identidade autônoma e interdependência mútua. A maturidade torna-se, portanto, externamente evidente por meio da capacidade de a pessoa ser fiel aos seus compromissos e deveres e assumir relações de reciprocidade. No entanto não é tarefa fácil definir quando alguém alcançou certo grau de maturidade adequado para relações sexuais responsáveis. É ainda mais difícil precisar o que caracteriza um determinado grau de maturidade como ade-

[19] Ao mesmo tempo em que a experiência mostra que o casamento pode ser uma instituição perigosa para muitas mulheres e crianças, ela também testemunha que muitos pais/mães solteiros – especialmente mães solteiras – vivem de maneira virtuosa o cuidado dos filhos em condições de vida muitas vezes das mais difíceis, porque extremamente solitárias e carentes e economicamente muito pobres e desamparadas.

quado. As questões de adequação estão sempre subordinadas à questão de adequação para quem, em que contexto, até que ponto e por causa de quê. Mesmo assim, a maturidade continua sendo elemento fundamental na avaliação não apenas das condições para se iniciar um relacionamento sexual, mas também das condições que devem alimentar e sustentar tal relacionamento, seja ele matrimonial ou não. É preciso ter presente, ainda, que, enquanto parte da maturidade humana, a maturidade sexual é mais do que um estado a ser alcançado. Trata-se de um processo a ser assumido, processo que deve caracterizar-se pela abertura/doação livre, sincera e responsável de si ao outro.

Apesar da dificuldade apenas mencionada, uma coisa é certa: quando o foco da reflexão é posto nas virtudes necessárias para orientar moralmente as próprias escolhas, a questão a respeito das formas institucionais para o sexo responsável torna-se secundária. A prioridade é dada à maturidade moral, e é com base nesse tipo de maturidade que as pessoas são chamadas a tomar decisões a respeito de relações sexuais no contexto de seus próprios estágios de desenvolvimento, independentemente do seu estado civil ou da sua orientação afetivo-sexual. Seria uma questão de justiça requerer dos outros mais do que possam dar no momento concreto em que vivem? Não seria uma questão de fidelidade partilhar com o outro o que porventura possa estar mudando na própria vida, a fim de continuar integralmente presente na relação? Não seria uma questão de cuidado recíproco admitir que todos podem mudar e precisam aprender a viver em paz num processo continuamente em transformação?

2. Uma moral sexual para pessoas não casadas?

As considerações feitas até agora permitem-nos concluir que uma única resposta clara para a intimidade sexual entre pessoas solteiras não faz justiça nem a elas nem aos seus relacionamentos. A razão é simples: tal "resposta" desconsidera o fato de que, embora a intimidade sexual fora do matrimônio possa ser considerada distante do ideal moral proposto pela Igreja, há relacionamentos que podem, sim, incorporar valores importantes da sexualidade. Isso nos impele a ir além da mera preocupação de permitir ou não a intimidade sexual entre pessoas solteiras.

As pessoas solteiras precisam de apoio para viver um relacionamento responsável e significativo; para alimentar e sustentar constantemente os laços que as unem; para não trair as expectativas do relacionamento; para visar a uma qualidade cada vez maior da intimidade sexual. Ajudá-las a garantir o bem umas das outras e a alcançar o bem do seu relacionamento como um todo implica afirmar que todas as formas de relacionamento têm significado e importância. Nenhuma forma de relacionamento é mais importante do que a sua substância, quando se leva em conta os valores nele incorporados e por ele expressos.

Nem sempre é porque desprezam o ensinamento da Igreja que as pessoas solteiras decidem viver juntas e se envolver em intimidade sexual. Muitas têm o matrimônio como horizonte, mas pode ser que encontrem razões convincentes para adiar a sanção civil e a celebração religiosa de sua união. Vale o mesmo para a decisão quanto à procriação: não raras vezes há uma série de dificuldades concretas antes de, consciente e responsavelmente, abrir-se a ela, com todas as consequências que dela derivam.

Há quem possa objetar que tais posturas não corresponderem ao ideal proposto pela Igreja. O fato de isso ser verdade não significa que tais posturas não tenham nada de bom e não possam ser expressão de virtudes, tais como justiça, fidelidade, cuidado recíproco. Não podemos desconsiderar que as virtudes assumem diferentes expressões, dependendo do contexto pessoal e social em que se está vivendo. Além disso, é preciso levar em conta a razão pela qual e a finalidade para a qual a pessoa está agindo de uma determinada maneira. O importante é que o ensinamento da Igreja não seja menosprezado pelo simples fato de não ser, muitas vezes, aplicável à própria realidade. Do mesmo modo, também não podemos menosprezar o fato de que as pessoas sempre procuram encontrar a melhor maneira de incorporar o bem e o que é bom nos contextos em que estão inseridas.

Apesar de nos referirmos às pessoas como solteiras, precisamos ter presente que suas relações podem ter significados muito diversos. Há solteiros que apelam apenas para o amor para justificar as relações de intimidade sexual, ignorando que tais relações podem não ter nada que ver com amor de fato. Outros afirmam que a intimidade sexual é possível em relacionamentos em que ambos os parceiros estejam comprometidos um com o outro, mesmo que tal compromisso não tenha qualquer conteúdo e não implique obrigações concretas, nem de longo prazo. Em outras palavras, é preciso ter presente que nem todas as relações de intimidade sexual fortalecem o relacionamento entre as pessoas. Na maior parte das vezes, a decisão de se envolver em intimidade sexual não conta com nenhum substrato além de meras intuições ou boas intenções[20]; embora indispensáveis, elas não dão a ninguém a certeza de que o resultado das próprias ações será positivo nem fazem com que as pessoas sejam mais virtuosas. Isso exige uma moral sexual que incorpore a noção de provisoriedade e gradualidade: as pessoas aprendem a amar – e, consequentemente, fortalecem os seus relacionamentos – por meio de um exercício paciente e constante. Assim como não é possível considerar dado absoluto o que vivem num determinado período histórico, também não é possível desconsiderar que é apenas gradativamente que as pessoas aprendem o sentido da autodoação, a importância de uma vida virtuosa, o valor do compromisso e da estabilidade[21].

Essas considerações são suficientes para mostrar que estaríamos enganados se medíssemos a moralidade do relacionamento entre pessoas solteiras exclusivamente pelo fato de estarem tendo relação sexual. Ao se envolver em intimidade sexual, os solteiros sabem estar violando uma norma eclesiástica. No entanto a moralidade de seu relacionamento precisa ser medida também quanto ao esforço que fazem para vivê-lo com amor e reciprocidade. Estaríamos também enganados se avaliássemos a moralidade do relacionamento

[20] Para muitas pessoas, essa seria uma boa razão para evitar intimidade sexual antes do casamento. Mas não podemos nos esquecer de que as pessoas casadas enfrentam a mesma dificuldade. A sua única vantagem é a de poder contar com um contexto de apoio para lidar com as vulnerabilidades próprias da relação, embora tal contexto não garanta, automaticamente, maior qualidade da relação. É preciso que as pessoas solteiras tenham consciência da carência de tal contexto antes de entrar num relacionamento sexual. LEBACQZ, K., Appropriate Vulnerability, p. 437.

[21] FUMAGALLI, A., L'amore in Amoris Laetitia. Ideale, cammino, fragilità, p. 47-59.

das pessoas solteiras levando em conta exclusivamente seu estado civil. Visto que o sexo não pode ser separado dos outros aspectos da vida, como se fosse uma entidade isolada, a mera institucionalização de um relacionamento não garante a sua qualidade moral nem a sua duração. Embora seja fato que a compreensão personalista e relacional da aliança conjugal deveria ter prioridade sobre a jurídica, não se pode negar que, em muitos contextos, é graças a um contrato legal que os direitos das pessoas envolvidas numa aliança conjugal podem ser garantidos. Em síntese, estaríamos cometendo um erro se puséssemos demasiada ênfase em circunstâncias e atos isolados, em detrimento do modo como as ações estão conectadas. É somente essa conexão que caracteriza a moralidade como uma busca, durante a vida toda, da excelência da pessoa[22].

A variedade de relações entre pessoas solteiras não nos permite abordá-las moralmente com os mesmos critérios. Há relações que, embora não institucionalizadas, expressam o empenho mútuo de vivência do amor, enquanto afetiva e efetiva afirmação do bem do outro. Para Basílio Petrà, a avaliação da moralidade de tais relações não pode depender única e primariamente, da configuração jurídica da relação entre as pessoas, mas do fato de tal relação ser linguagem de uma plena doação recíproca, orientada para um projeto de vida partilhado responsavelmente – o que ele chama de "forma conjugal" do amor. Trata-se de uma "qualidade existencial que não se identifica com a simples posição institucional: dá-se, ordinariamente, de modo pré-institucional". Em outras palavras, "a instituição confere uma consistên-

[22]Ver a excelente síntese feita por Autiero sobre o modelo ético centrado no ato ou na pessoa: AUTIERO, A., Sexualidade, p. 967-969.

cia socialmente relevante e reconhecida à conjugalidade pré-institucional"[23]. Segundo Petrà, a instituição reforça a conjugalidade já existente, mas não pode determiná-la nem substituí-la. "A qualidade existencial do amor conjugal precede e, por isso, é distinta da convalidação/institucionalização jurídica do vínculo amoroso"[24]. Não que a institucionalização não seja importante; ela se caracteriza mais como ponto de chegada de um processo de amadurecimento do amor conjugal. O importante é ter presente que o amor conjugal "não é uma instituição jurídica, mas uma forma de existência"[25].

Nessa perspectiva, resulta evidente – tanto para os solteiros quanto para os casados – que a legitimação moral da intimidade sexual não deveria depender da institucionalização da relação, mas da presença qualitativa do amor conjugal. Não é isso que manifesta o consentimento entre as partes durante a celebração do matrimônio? Não podemos dizer que é o consentimento que entra numa história de amor já vivida para apenas manifestar publicamente a existência desse amor?[26] Para Petrà, é a relação amorosa entre o casal – fundada sobre a recíproca e total doação pessoal – que determina a moralidade da linguagem sexual. Tal relação "pode desenvolver-se em várias e diversas formas de conjugalidade socialmente/civilmente reconhecidas"[27].

[23] PETRÀ, B., Una futura morale sessuale cattolica, p. 91.

[24] PETRÀ, B., Una futura morale sessuale cattolica, p. 91.

[25] PETRÀ, B., Una futura morale sessuale cattolica, p. 93.

[26] PETRÀ, B., Una futura morale sessuale cattolica, p. 94-95. O Papa Francisco tem plena consciência dessa realidade ao abordar o amor conjugal como caminho de contínuo crescimento: AL n. 131-135.

[27] PETRÀ, B., Una futura morale sessuale cattolica, p. 97.

Sendo respeitosa da dignidade das pessoas envolvidas, movida pela firme decisão de doação recíproca e definitiva, capaz de expressar a comunhão de vida existente entre os parceiros, não teria por quê ser reprovada ou condenada do ponto de vista moral.

3. Uma moral do *bem possível* para as pessoas solteiras

Seja qual for o contexto em que as pessoas estão inseridas, não podemos deixar de propor a elas o ideal moral de vivência da sexualidade. O ideal moral constitui sempre um ponto de referência, um chamado permanente a alcançar patamares mais elevados no processo de humanização e de conformação com os valores evangélicos. No entanto nem sempre as pessoas conseguem ver sentido nos ideais que lhes são propostos ou conformar a própria vida a eles por causa do peso de circunstâncias, sejam elas psicológicas, intelectuais, sociais, econômicas, religiosas. É nesse contexto que propor o bem possível torna-se uma opção moralmente justificável. Não se trata de oposição ao processo de humanização ou de conformação ao chamado evangélico; trata-se, sobretudo, de possibilidades concretas de vivência do bem na condição em que a pessoa se encontra, tendo presente que tal condição é dinâmica e, portanto, mutável, o que impediria o acomodamento num estado medíocre de vida[28].

[28] BURGGRAEVE, R., De uma sexualidade responsável a uma sexualidade significativa, p. 309-323. Ver também: BURGGRAEVE, R., Une éthique de miséricordie, p. 281-296.

É um dado de fato que muitas pessoas se envolvem em intimidade sexual sem nenhuma perspectiva de estabilidade, exclusividade e compromisso, isto é, em contextos carentes de valores que poderiam, subjetivamente, alterar o juízo moral sobre tal prática. Essa realidade, embora preocupante, não deixa de ser um "convite" para que repensemos nossa proposta educativa em termos do que Leonard Martin chama de "moral do ideal prático", isto é, o que dá para ser feito aqui e agora na situação em que a pessoa se encontra, seja ela qual for[29]. A título de exemplificação, proponho três expressões do ideal prático relativas às virtudes mencionadas – justiça, fidelidade e cuidado recíproco –, a serem salvaguardadas nas relações, mesmo em contextos não ideais para a vivência da sexualidade[30].

Em geral, entendemos como justiça o fato de dar ao outro o que lhe compete. Nesse sentido, introduzir o mal na vida do outro ou fazer mal a ele significa um atentado contra a virtude da justiça. Portanto o que é possível ser feito numa relação – mesmo se casual – é assumir a decisão de não fazer o mal ao outro; por exemplo, quando se procura tirar vantagem de situações caracterizadas por desigualdades ou converter o outro em meio para a obtenção egoísta e até inescrupulosa dos próprios interesses. Não fazer mal ao outro implica, positivamente, promover os direitos das partes mais vulneráveis, evitar comportamentos irresponsáveis, tais como os que resultam na difusão de infecções sexualmente transmissíveis e gravidezes destituídas de estruturas sociais e protetivas. Implica, também, o direito/dever de poder dizer "não" à intimidade sexual.

---

[29] MARTIN, L. M., Moral missionária para o novo milênio, p. 29.

[30] Reproponho aqui, em linhas gerais, o que explicito em: ZACHARIAS, R., Educação sexual, ética de crescimento e moral missionária, 73-84, especialmente p. 78.

Quanto à fidelidade, em geral a concebemos como virtude ligada à não traição da própria parceria. Mas há um significado de fidelidade acessível a todas as pessoas, mesmo às não comprometidas em relacionamentos de intimidade: não mentir para o outro. Os que se envolvem em intimidade sexual têm a obrigação de cuidar da integridade da presença, isto é, de serem autênticos e transparentes, de estarem genuinamente presentes na relação e de não esperar mais do que cada um pode dar, nem mais do que o próprio relacionamento promete. Mais ainda, têm o dever de não atribuir a um gesto o sentido que ele não tem e de retirar o consentimento quando o gesto se torna uma mentira. Tudo isso implica o direito/dever de poder dizer "não" à intimidade sexual.

O cuidado recíproco demanda o dever moral de não se submeter e não submeter o outro a qualquer tipo de violência física, psicológica, social ou moral. Implica também o direito/dever de desistir/sair de um relacionamento que não seja expressão de respeito a si e/ou ao outro e não se forçar nem forçar o outro a fazer o que não quer fazer e, muito menos, a fazer o que outros fazem simplesmente porque o fazem. Cuidar de si e do outro implica, ainda, tomar as medidas adequadas para se proteger e proteger o outro de qualquer mal que possa advir da relação. Implica também o direito/dever de poder dizer "não" à intimidade sexual.

É evidente que o esforço de não fazer o mal, não mentir e não cometer violência não garante, por si só, a qualidade de um relacionamento. Mas, como afirma Roger Burggraeve, "garante um mínimo de dignidade humana em situações em que o significativo é apenas mínima ou parcialmente realizado",[31] e isso não

[31] BURGGRAEVE, R., De uma sexualidade responsável a uma sexualidade significativa, p. 311.

deveria ser subestimado. O esforço de assumir as expressões mínimas das virtudes propostas pode ser educativo em si mesmo: a prática do "mínimo" pode, sim, preparar o caminho para ideais mais elevados.

Conclusão

Tendo presente as considerações feitas, é hora de as relacionarmos ao mito do "Calcanhar de Aquiles", chave de leitura da reflexão proposta.

Em geral, tal expressão é usada quando se pretende apontar a fraqueza ou vulnerabilidade de alguém. A origem milenar do termo refere-se a um dos heróis gregos, Aquiles, filho do rei Peleu e de Tétis, deusa e uma das muitas ninfas do mar. Ao nascer, Aquiles foi mergulhado nas águas do rio Estige, local também mitológico, localizado nas profundezas do Tártaro, Reino dos Mortos, considerado o rio da invulnerabilidade. Quem se banhasse nas águas do Estige se tornaria invencível. Tétis, ao banhar Aquiles no Estige segura-o pelo calcanhar. Todo o seu corpo é molhado pelas águas do Estige, menos seu calcanhar, parte do corpo que ficou desprotegida dos efeitos da poderosa água. Durante a guerra de Troia, Aquiles é atingido justamente na parte desprotegida do seu corpo e, por isso, morre. Páris, filho do rei de Troia, guiado pelo deus Apolo, sabendo do segredo de Aquiles, flecha-o propositalmente no calcanhar.

Embora o ensinamento da Igreja católica sobre sexualidade expresse uma "doutrina constante", os fiéis sentem grande dificuldade de compreendê-lo, assumi-lo e integrá-lo no próprio projeto de vida. Basta considerar, por exemplo, questões referentes à masturbação, às relações homossexuais, ao uso de contraceptivos e preservativos e, sobretudo, ao sexo antes do matrimônio. Acredito que Andrea Grillo tem razão ao afirmar que precisamos de novas categorias e abordagens sobre sexualidade, "sem as quais a doutrina católica corre o risco de ser apenas uma 'defesa' de princípios sacrossantos, mas com instrumentos teóricos e operacionais não mais adequados"[32].

Aqui, a meu ver, está o Calcanhar de Aquiles no ensino católico sobre sexualidade: por um lado, dá-se o reconhecimento de que a sexualidade é "uma componente fundamental da personalidade, um modo de ser, de se manifestar, de se comunicar com os outros, de sentir, de expressar e de viver o amor humano"[33]; por outro, o exercício da genital da sexualidade deve ser confinado exclusivamente no contexto de uma relação conjugal[34] e, justamente por isso, as indicações normativas que derivam de tal concepção não expressam toda a riqueza de significado da sexualidade. Para Petrà, as normas parecem restringir ou até mesmo trair a compreensão que a Igreja tem da sexualidade, além do fato de as consequências que delas derivam resultarem excessivas[35]. Nessa perspectiva, torna-se evidente que não interessa a sinceridade com a qual as pessoas não casadas se esforçam para dar um sentido profundamente humano, amoroso e evangélico às próprias relações afetivas e sexuais, mesmo em contextos objetivamente distantes do ideal; objetivamente, a prática do sexo fora do único contexto que a torna lícita é sempre uma *desordem grave* do ponto de vista moral.

[32] GRILLO, A., Um novo "caso Galileu"? O nascimento da sexualidade e a doutrina católica.

[33] OEAH 4.

[34] OEAH 95.

[35] PETRÀ, B., Una futura morale sessuale cattolica, p. 8.

Não há dúvida de que nem todas as pessoas solteiras estão preocupadas em fazer com que os seus relacionamentos sexuais sejam expressão de valores tais como responsabilidade, respeito, compromisso, reciprocidade e, portanto, são indiferentes ao fato de a própria experiência sexual não passar de uma atividade meramente mecânica, desvinculada de relacionamentos interpessoais e contextos significativos e até mesmo carecer de rostos e nomes concretos. Há muitas pessoas não casadas que acreditam não dever haver limites para a intimidade sexual além do consentimento pessoal, como se ele, sozinho, pudesse automaticamente evitar o mal ou garantir respeito, expressar liberdade, favorecer o crescimento pessoal. Em outras palavras, precisamos admitir que existem, sim, expressões de intimidade sexual prejudiciais e irresponsáveis, que provocam dor e sofrimento e expressam violência, exploração e abuso.

Temos de estar cientes disso tudo, mas não é por isso que devemos omitir-nos na tarefa de propor condições para que outros contextos, que não o matrimonial, possam ser lícitos para o exercício da sexualidade e, consequentemente, ajudar os não casados a integrarem ser e agir na vivência da sexualidade. Todd Salzman e Michael Lawler acreditam que alguma atividade sexual pré-matrimonial possa ser moralmente legítima, mas reconhecem que "não pode haver nenhum avanço até que a conexão tradicional e exclusiva entre a atividade sexual e o matrimônio – que é, na verdade, a conexão exclusiva entre a atividade sexual e a procriação – seja rompida"[36]. Mais ainda, poderíamos ajudar as pessoas solteiras a iniciar e sustentar re-

[36] SALZMAN, T. A.; LAWLER, M. G., A pessoa sexual. Por uma antropologia católica renovada, p. 282. Vale a pena considerar a reflexão proposta por Petrà a respeito: PETRÀ, B., Una futura morale sessuale cattolica, p. 97-99.

lações, também de intimidade, que sejam respeitosas das partes envolvidas e as ajudem a ser mais humanas, porque respeitadoras da vulnerabilidade própria de quem procura viver o amor, mesmo na doação "imperfeita" de si[37].

Enquanto o matrimônio continuar sendo o único lugar lícito para relações de intimidade sexual, continuaremos a tocar com as mãos o Calcanhar de Aquiles do ensinamento da Igreja sobre sexualidade. Que o matrimônio continue sendo o contexto ideal para relações de intimidade não se pode negar: "o intercurso sexual envolve tão radicalmente todos os potenciais de uma pessoa humana que é melhor expresso resguardado em um "relacionamento estável e duradouro" entre duas pessoas. Esse relacionamento estável, duradouro e legalmente garantido tem sido chamado tradicionalmente de matrimônio"[38]. Que seja o "único" contexto é o que muitos fiéis não entendem, pois isso desligitima o esforço que fazem para viver os valores próprios do matrimônio mesmo fora do contexto matrimonial. As pessoas têm condições de encontrar caminhos de realização, mesmo distantes do ideal moral. Reconhecer isso significa rever a relação entre o bem possível e o bem desejável. O bem possível aqui e agora não implica negação do bem desejável; pelo contrário, o bem desejável pode fazer parte do horizonte a ser alcançado no futuro. A opção por um amor que se expressa como doação definitiva ao outro é resultado, muitas vezes, de um longo caminho. O amadurecimento na capacidade de amar é sempre progressivo[39].

---

[37] A reflexão proposta por Hartwig é uma tentativa de resposta a essa inquietação.

[38] SALZMAN; T. A.; LAWLER, M. G., A pessoa sexual. Por uma antropologia católica renovada, p. 284.

[39] AL, n. 325.

Tal convicção abre as portas para o reconhecimento dos passos que as pessoas podem dar na vivência do que é significativo para elas, passos que dependem sempre do "terreno" e das "pernas" que elas têm. Em outras palavras, os passos sempre dependem das situações e do grau de responsabilidade/maturidade das pessoas[40]. Por isso, mais do que emitir um juízo de valor condenatório das experiências de intimidade realizadas antes do matrimônio, seria mais proveitoso para o bem das pessoas ajudá-las a "encontrar caminhos possíveis de resposta a Deus e de crescimento no meio dos limites"[41]. Isso implica colocar-se na perspectiva de contínuo discernimento, com a convicção de que ele não termina quando a pessoa descobre o passo a ser dado, mas deve continuar para indicar os passos sucessivos. Em síntese, trata-se de "permanecer sempre aberto para novas etapas de crescimento e novas decisões que permitam realizar o ideal de forma mais completa"[42].

Referências bibliográficas

AUTIERO, Antonio. Sexualidade. In: BENANTI, Paolo; COMPAGNONI, Francesco; FUMAGALLI, Aristide; PIANA, Giannino (Orgs.). **Dicionário de Teologia Moral**. São Leopoldo: UNISINOS, 2021, p. 957-971.

BURGGRAEVE, Roger. De uma sexualidade responsável a uma sexualidade significativa: uma ética de crescimento como ética de misericórdia pelos jovens nesta era de AIDS. In: KEENAN,

---

[40] Vale a pena considerar o sentido do princípio que, tradicionalmente, é conhecido como "lei da gradualidade", que o Papa Francisco prefere chamar de "caminho gradual". Ver: FUMAGALLI, A., L'amore in Amoris Laetitia, p. 47-59.

[41] AL, n. 305.

[42] AL, n. 303.

James F. (Orgs.). **Eticistas católicos e prevenção da AIDS**. São Paulo: Loyola, 2006, p. 309-323.

BURGGRAEVE, Roger. Une éthique de misericordie. **Lumen Vitae**, v. 49, p. 281-296, 1994.

CONGREGAÇÃO PARA A EDUCAÇÃO CATÓLICA. **Orientações educativas sobre o amor humano**. Linhas gerais para uma educação sexual. Disponível em: <https://www.vatican.va/roman_curia/congregations/ccatheduc/documents/rc_con_ccatheduc_doc_19831101_sexual-education_po.html>. Acesso em: 10 jun. 2022.

CONSELHO PONTIFÍCIO PARA A FAMÍLIA. **Sexualidade humana**: verdade e significado. Orientações educativas em família. Disponível em: <https://www.vatican.va/roman_curia/pontifical_councils/family/documents/rc_pc_family_doc_08121995_human-sexuality_po.html>. Acesso em: 10 jun. 2022.

FRANCISCO, PP. **Exortação Apostólica Amoris Laetitia**: sobre o amor na família. São Paulo: Loyola, 2016.

FUMAGALLI, Aristide. **L'amore in Amoris Laetitia**: Ideale, cammino, fragilità. Cinisello Balsamo: San Paolo, 2017.

GRILLO, Andrea. Um novo “caso Galileu”? O nascimento da sexualidade e a doutrina católica. **Instituto Humanitas Unisinos** (18.03.2021). Disponível em: <https://www.ihu.unisinos.br/78-noticias/607620-um-novo-caso-galileu-o-nascimento-da-sexualidade-e-a-doutrina-catolica-artigo-de-andrea-grillo>. Acesso em: 10 jun. 2022.

HARTWIG, Michael J. **The Poetics of Intimacy and the Problem of Sexual Abstinence**. New York: Peter Lang, 2000.

LEBACQZ, Karen. Appropriate Vulnerability: A Sexual Ethic for Singles. **The Christian** Century, v. 104/15, p. 435-438, 1987.

MARTIN, Leonard M. Moral missionária para o novo milênio. **Vida Pastoral I**, v. 38, n. 194, p. 23-29, 1997.

McCORMICK, Richard A. Premarital Sexual Relations. **Theological Studies**, v. 34, p. 77-92, 1973.

MOORE, Gareth. **The Body in Context**: Sex and Catholicism. New York: Continuum, 2001.

PETRÀ, Basilio. **Una futura morale sessuale cattolica**: In/fedeltà all'apostolo Paolo. Assisi: Cittadella, 2021.

SALZMAN, Todd A. ; LAWLER, Michael G. **A pessoa sexual**: Por uma antropologia católica renovada. São Leopoldo: UNISINOS, 2012.

VIDAL, Marciano. **Ética da sexualidade**. São Paulo: Loyola, 2017.

ZACHARIAS, Ronaldo. Sexual Education in Catholic Institutions: Responding to the Challenge of Amoris Laetitia. In: **Marriage, Families & Spirituality**, v. 28, p. 57-70, 2022.

ZACHARIAS, Ronaldo. Liberdade de consciência: os limites do recurso a Deus e à doutrina constante do Magistério da Igreja. In: MILLEN, Maria Inês de C.; ZACHARIAS, Ronaldo (Orgs.). **Ética Teológica e Direitos Humanos**. Aparecida/São Paulo: Santuário/SBTM, 2018, p. 265-294.

ZACHARIAS, Ronaldo. Educação sexual, ética de crescimento e moral missionária: elementos para uma ética mais misericordiosa. **Studium**: Revista Teológica, Curitiba, v. 15, p. 73-84, 2015.

ZACHARIAS, Ronaldo. Educação sexual: entre o direito à intimidade e o dever da abstinência. In: PESSINI, Leo; ZACHARIAS, Ronaldo (Orgs.). **Ética Teológica e Juventudes II**: interpelações recíprocas. Aparecida: Santuário, 2014, p. 149-168.

5

Seria possível criar pontes de diálogo em uma sociedade "ilhada"?

***Maikel Pablo Dalbem*[1]**

Introdução

O presente contributo em forma de artigo visa responder, de forma pessoal, à interessante provocação feita pela SBTM no tema proposto para a mesa-redonda do dia 21 de setembro de 2022, realizada durante seu 45° Congresso Brasileiro de Teologia Moral: "Pontes a serem construídas, reparadas ou cruzadas". A um leitor mais provado e atento, talvez este não pareça um texto rigorosamente científico, e confesso que realmente não o é. Trata-se somente de uma provocação inicial a um profícuo diálogo sobre as condições de possibilidade de criar tais referidas pontes, em um contexto em que o isolamento ideológico em pequenos grupos de pertença parece romper com toda possibilidade de ponte dialógica, ao mesmo tempo que o fato de confrontar-se com o diferente, em um contexto hiperglobalizado e conexo, se mostra não somente atividade cotidiana, como também essencial para o futuro humano.

---

[1] Doutor em Teologia Moral pela Accademia Alfonsiana, Instituto ad instar facultatis da Pontificia Università Lateranense de Roma e Mestre em Teologia Sistemática – Sagradas Escrituras pela FAJE de Belo Horizonte. Atualmente é professor convidado de Teologia Moral Sistemática na Accademia Alfonsiana de Roma.

Assim sendo, prefiro agora situar-me no momento anterior à construção das referidas pontes de diálogo, ou seja, às margens das "ilhas ideológicas", na tentativa de analisar a qualidade do maciço onde serão apoiadas tais ligações. Reconheço que eu também sou, em parte, participante de uma dessas "ilhas", compreendendo essa pertença como algo culturalmente natural, porém reconhecendo a necessidade de dar conta daquilo que em mim e no meu espaço de pertença se constitui como possibilidade ou impossibilidade de estabelecer tais confrontos criativos e vitais.

Ainda de modo superficial, acolho o dado da realidade hodierna que salta aos olhos e se impõe como ponto de partida, ao qual podemos nomear fenômeno da "polarização", ou seja, do fechamento de tais grupos sociais sobre si mesmos. O atual contexto político brasileiro pode muito nos dizer sobre tal movimento. Nota-se uma contundente perda e empobrecimento da noção de bem comum, um elemento fundante da visão moderna de política e que está presente desde os primeiros teóricos contratualistas, em favor de certa idolatria e mitificação de um candidato A ou B. Na manipulação dos dados da realidade por grupos de poder político e econômico, o cidadão comum encontra-se não mais discutindo projetos ou deixando-se provocar pelo diferente em vista de uma realidade mais ampla de acolhida e vida, mas defendendo a figura simbólica mitificada em seu pequeno "deus", inclusive matando, física ou moralmente, aqueles que se colocam do lado oposto, isto é, na outra "ilha".

Para realizar este esforço reflexivo, lançaremos mão do pensamento do sociólogo francês Michel Maffesoli, principalmente em sua obra Le temps des tribus, onde o renomado autor se ocupa do movimento de decadência do modelo individualista moderno e do retorno atual de novas formas de aparentes comunidades aos moldes de tribos.

No segundo momento reflexivo, tomaremos alguns elementos presentes na Carta Encíclica Fratelli Tutti, do Papa Francisco, principalmente ao colher os elementos que levam à crise hodierna dos espaços de diálogo, de salutar interação e humana acolhida. Ao fim, buscaremos reconhecer e propor alguns elementos que possam iluminar o lugar de fala que o teólogo moral pode ocupar para favorecer a criação e o desenvolvimento de possíveis "pontes" e espaços de encontro.

1. Do declínio do indivíduo às "ilhas ideológicas"

1.1. O nascimento das comunidades afetivas

Embora, para alguns, o pensamento do sociólogo e filósofo francês Michel Maffesoli, contido no livro O tempo das tribos, possa parecer datado, uma vez que este teve sua redação nos anos 80 do século XX, portanto anterior à globalização interconexa,[2] retemos que sua intuição sobre o retorno das ligações comunitárias em tempos de pós-modernidade, em detrimento da utopia individualística da alta modernidade iluminada, é de grande ajuda para compreender o fenômeno social hodierno.

Com essa obra, Maffesoli se coloca na mesma linha da crítica ao individualismo presente na modernidade ilumi-

[2] Sobre as comunidades virtuais, embora entendamos a visão do autor carente de uma crítica sobre o lado negativo das redes, retemos ser interessante a leitura do livro de RHEINGOLD, H., Comunità virtuali: Parlare, incontrarsi, vivere nel ciberspazio. Milano: Sperling & Kupfer, 1994.

nada que conta com grandes nomes como Lyotard[3] e Jamenson.[4] Entretanto, o sociólogo francês constrói sua interessante proposta de modo criativo e alternativo, propondo como substrato de mudança paradigmática o movimento sinérgico que se estabelece entre a forte evolução dos elementos tecnológicos e de comunicação e o retorno do trágico. Evidencia a crise do individualismo na decadência da imagem moderna clássica do homo faber e, mais recentemente, no desgaste do modelo yuppista nos anos 80.

Essa desilusão com a fria visão racionalista e burocratizada moderna, que, segundo o autor, configurou a passagem das comunidades pré-modernas às sociedades industriais, acabaria por levar a uma crise das bases fundantes da modernidade e a uma consequente redescoberta de elementos presentes na fase pré-moderna, tendo a comunidade como elemento-modelo de organização relacional.

Contudo, comunidade não mais determinada simplesmente como lugar de nascimento ou classe econômica, mas, sobretudo, como variadas formas de agregação de indivíduos que se reconhecem a partir de um determinado interesse, ligados por elementos de caráter muito mais emocional e pela condivisão de "valores".

Enquanto a sociedade moderna funcionava a partir de uma mecânica estrutural muito clara, na qual o indivíduo, reconhecido a partir da função que exercia, se encontrava

[3] Como introdução ao pensamento de Lyotard, indicamos sua obra principal sobre a pós-modernidade LYOTARD, Jean-François. A condição pós-moderna. São Paulo: José Olympio, 2021.

[4] Como referência ao pensamento de Jamenson, indicamos o livro JAMENSON, Fredric. Pós-modernismo: a lógica cultural do capitalismo tardio. São Paulo: Ática, 2006.

inserido no interior de uma organização político-econômica bem delimitada, cerceado em agrupamentos de caráter contratual, a socialidade pós-moderna se compõe de estruturas complexas e orgânicas, centradas em comunidades de caráter afetivo, nas quais a pessoa desenvolve seu papel, sua persona, no interior da tribo.[5] Elementos como cultura, produtividade, culto, sexualidade e ideologias serão descobertos e reconhecidos muito menos em sua racionalidade do que em seu caráter estético, utilizando as palavras de Nietzsche, uma passagem do paradigma Apolíneo ao Dionisíaco.[6]

Na visão proposta por Maffesoli, tais "comunidades emocionais" se apresentam carentes de um elemento vertical, baseando-se, sobretudo, em relações de caráter horizontal, isto é, como uma espécie de rede organizacional sem um centro ou uma periferia. Diferentemente das comunidades tradicionais, o modelo pós-moderno compreendido por Michel compreende um modo de pertença extremamente fluido, no qual o indivíduo tende a modular sua pertença e suas relações interpessoais de modo muito mais sutil, pertencendo a um ou diversos grupos, transitando, de modo livre, em diversos âmbitos, até aparentemente contraditórios.

A própria questão da construção da identidade do indivíduo se vê mudada a partir do momento em que se apresenta como uma espécie de construção pessoal "multidentitária", formada ao sabor dos eventos que tocam a vida do indivíduo em sua vasta gama de lugares de pertença. O indivíduo não mais se vê subjugado ou condicionado por um destino ou uma história, mas se vê envolvido pelo trágico da existência.

[5] MAFFESOLI, M., Le temps des tribus, p. 19.

[6] NIETZSCHE, F., La nascita della tragedia, p. 21.

A concepção de história também se vê modificada no contexto das comunidades afetivas. As comunidades tradicionais, baseadas em uma visão de futuro a se cumprir, buscavam alcançar determinados objetivos de caráter comum, modo bastante funcional. Entretanto, as neocomunidades pós-modernas são delineadas não mais pelo projeto comum, mas por uma identificação de iguais que gera um "estar juntos" simplesmente na busca pelo prazer e pelo gozo, na fruição de um pretenso hic et nunc constante. Dessa forma, não se percebe mais a presença de uma visão da história com passado, presente e futuro, mas como gozo do pretenso presente. A comunidade afetiva é resistente à história como grande narrativa.

1.2. O fechamento em "ilhas"

Até o momento, fomos ajudados pelo pensamento do sociólogo e filósofo francês Michel Maffesoli. Sua categoria de comunidades afetivas muito nos ajuda a compreender o movimento particular de ruptura entre o modelo individualista moderno e o retorno das comunidades na pós-modernidade. Elementos como a fluidez de pertença, o cambiamento nas estruturas inter-relacionais, o decréscimo do senso e da busca do bem comum, o retorno ao estético, sobretudo a permanência em estruturas bem sedimentadas, a recuperação da realidade do sentimento em face à razão, entre outros, são todos elementos que nos ajudam a compreender, em parte, o momento que estamos vivendo.

Trata-se, portanto, de um retorno não ao modelo pré-moderno de comunidades, mas a neocomunidades fluidas e afetivas, baseadas em um desenvolvimento pautado em uma dimensão histórica e antropológica diversa. O "re-enfatizar" a dimensão afetiva, a redescoberta dos sentimentos como lugar de saber e identidade, sob o aspecto ético, a redescoberta da particularidade do "grito", vítima para além de toda e qualquer nivelação e massificação, são, sem dúvidas, elementos importantes desse movimento descrito. Assim, não se busca demonizar o modelo de comunidade presente na pós-modernidade, mas reconhecer que o singular momento de mudança paradigmática que vivemos compreende também elementos obscuros.

Desse modo, não obstante reconheçamos que o nosso conhecimento da vasta obra de Michel Maffesoli seja limitado, compreendemos que, situado em um momento histórico específico, alguns elementos vieram adicionados no desenvolver do caminho humano, a ponto de se distanciar do otimista "assentamento" previsto por Maffesoli. Ético e estético, até o momento, nem sempre caminharam juntos na evolução do quadro em que nos encontramos. É próprio, neste ponto, que se insira nossa metáfora das "ilhas".

Entretanto, faz-se necessária uma correção, ou melhor, uma adaptação na metáfora: a fluidez do caráter multidentitário. Tomando uma ilha concreta qualquer, bem sabemos que o morador desse espaço insular talvez não consiga mover-se tão facilmente, encontrando resistências concretas ao passar de uma ilha a outra. Contudo, no âmbito da metáfora, em um mundo hiperglobalizado e complexo, o habitar e o circular entre as diversas ilhas se mostram extremamente facilitados. O fenômeno da hiperconectividade e das redes sociais oferece a via ideal para a realização desse movimento, rompendo com a categoria de espaço como a compreendemos, ou seja, como algo que naturalmente geraria resistência. Como anteriormente vimos, não somente o tempo foi tornado fluido, mas também o espaço.

Assim, vemos, no desenrolar histórico, não a formação de comunidades, mas de "ilhas ideológicas", nas quais o indivíduo pós-moderno habita não como concidadão, mas como combatente, em uma dinâmica de guerra com as demais "ilhas", lançando mão de todos os artifícios possíveis para defender o "totem" criado e colocado no altar central de uma determinada ideologia acolhida pelo indivíduo.

O quadro se complexifica ao percebermos que esse "combatente", dada a fluidez multidentitária, funciona como uma espécie de "mercenário", girando entre diversas ilhas virtuais e reais, escondido ou não atrás de máscaras, seguindo sua identificação guiada pela busca do prazer narcisista e de pretensa segurança. Ainda mais sério é quando o outrora "indivíduo", que reivindicava com força sua identidade, depois de uma primeira identificação narcísica, retorna a ser manipulado em meio à clara dinâmica das massas, guiado ele também pelo totem político-econômico.

A dinâmica das fronteiras dessas referidas ilhas se apresenta, assim, de maneira muito interessante, por sua visível contradição: ao mesmo tempo que o indivíduo circula fluidamente entre diversos grupos afetivos, em busca da realização da fruição do prazer, em face ao externo, que se apresenta como diverso, tais fronteiras se endurecem, a ponto de provocar a morte, moral ou física, do suposto invasor.

O presente contexto exposto, permeado por elementos de fechamento por parte do indivíduo, se mostra, dessa forma, indisponível ao diálogo, cerrando qualquer porta possível para uma abertura de crescimento mútuo, impedindo a criação das pontes desejadas, dificultando, ainda, qualquer possibilidade de construção em vista do bem comum. As minorias, as populações mais pobres, que geralmente padecem de falta de voz e lugar de fala, permanecem, assim, sempre mais relegadas à indigência, caladas sob o peso de grupos reunidos em torno do desejo narcísico.

Os maciços buscados como alicerce onde instalar as necessárias pontes desaparecem ou se tornam extremamente frágeis. A dignidade humana é reduzida. Antes de lançar qualquer elemento, faz-se necessária a redescoberta de uma posição existencial dialógica, isto é, uma sólida concepção antropológica que reconheça a dignidade de cada ser humano. Sem tal movimento, permanecer-se-á no constante monólogo de um indivíduo imerso em suas pretensões narcísicas, ainda que superficialmente apareça como membro de uma comunidade.

2. Para começar um diálogo

Cremos que o magistério católico recente do Papa Francisco pode oferecer-nos interessantes elementos na direção da criação de espaços de diálogo, de verdadeiras comunidades, enfim, de pontes que superem os limites das ilhas isoladas presentes no atual contexto. Já a partir de seu primeiro documento, *Evangelii Gaudium*,[7] Francisco aponta para uma saída dos ambientes fechados e do culto individualístico ou institucional, na direção da realidade concreta.

---

[7] EG, n. 2.

A expressão-convite "Igreja em saída"[8] provoca na direção de uma salutar ruptura com modelos encarcerados, instigando um verdadeiro encontro com o ser humano concreto, em suas belezas e mazelas e, principalmente, na diferença que faz crescer. Francisco convida a Igreja a se tornar lugar de encontro.

Retemos que Francisco desenvolveu tal provocação, de maneira sistemática, em diversos de seus outros documentos. Em *Amoris Laetitia*,[9] por exemplo, ressalta-se a beleza do encontro matrimonial e familiar como lugar de interação e crescimento; realiza-se uma profunda crítica a modelos de caráter individualístico; conclama-se a comunidade dos fiéis para curar as feridas das famílias em situação de risco ou fragilizadas. A este último ponto dedica-se o conhecido e já tão debatido capítulo 8°, no qual o papel da comunidade é justamente encontrar tais grupos familiares, para além dos preconceitos. Trata-se, portanto, de um encontro real de crescimento e cura com a dignidade de cada família, considerando realmente as particularidades que a realidade singular impõe.

Já em *Laudato Si'*,[10] Francisco ressalta a necessidade de uma abertura de consciência global diante da Criação. Convida a uma espiritualidade de caráter amplo, que rompe com toda forma de utilitarismo, levando o ser humano à consciência de que é parte do Criado, interage com ele e dele depende, sendo fruto de um mesmo Amor Primordial. Em palavras muito simples, a introdução da expressão "ecologia integral" leva a uma percepção alargada de interdependência, além de desmascarar esquemas maléficos que abafam o gemido de sofrimento das vítimas, das pequenas comunidades humanas e dos biomas ameaçados pela sede de lucro.

---

[8] EG, n. 20-24.

[9] AL, 2016.

[10] LS, 2015.

Nessa mesma linha de raciocínio, *Querida Amazônia*[11] surge como uma aplicação concreta dessa escuta e encontro a partir da realidade particular pan-amazônica. Um encontro que passa pela escuta da sabedoria dos povos originários e pela denúncia profética das máquinas de morte que atuam na região. Assim, podemos compreender que o referido documento funciona como uma espécie de provocação/proposta de encontro e reflexão em diversas outras realidades presentes no mundo.[12]

Enfim, *Fratelli Tutti*[13] coroa, até o presente momento, esse esforço de integração e comunhão, ao refletir sobre a fraternidade humana e a amizade social em contexto globalizado. É desse documento de Francisco que pretendemos retirar alguns pontos de reflexão sobre a possibilidade de estabelecer diálogos construtivos e construir as devidas pontes, rompendo com o isolamento preponderante.

2.1. Todos irmãos, todos dignos

Em *Fratelli Tutti*, encontramos duas imagens que perpassam e inspiram a reflexão no documento. A primeira imagem diz respeito a um fato histórico: o encontro de São Francisco de Assis com o sultão Malik-al-Kamil,[14] no Egito. Um encontro motivado pelo desejo do santo de Assis de viver uma profunda experiência de fraternidade humana, apesar e com as diferenças. São dois mundos que se encontram: muçulmano e cristão. Dois mundos marcados pelo contexto histórico das

[11] QA, 2020.

[12] QA, n. 4.

[13] FT, n. 7-8.

[14] FT, n. 3.

cruzadas. Duas pessoas de comunidades tão diversas que não causaria espanto se ambas se odiassem.

Francisco de Assis compreendeu, em profundidade, o que é fraternidade, rompendo com toda e qualquer necessidade individualista de impor-se sobre o outro. Para além de meros discursos ou proselitismos, o santo criou o contexto necessário e viveu um verdadeiro encontro com o outro:

> Não fazia guerra dialética impondo doutrinas, mas comunicava o amor de Deus; compreendera que "Deus é amor, e quem permanece no amor, permanece em Deus" (1Jo 4, 16). Assim, foi pai fecundo que suscitou o sonho duma sociedade fraterna, pois "só o homem que aceita aproximar-se das outras pessoas com o seu próprio movimento, não para retê-las no que é seu, mas para ajudá-las a serem mais elas mesmas, é que se torna realmente pai". Naquele mundo cheio de torreões de vigia e muralhas defensivas, as cidades viviam guerras sangrentas entre famílias poderosas, ao mesmo tempo que cresciam as áreas miseráveis das periferias excluídas. Lá, Francisco recebeu no seu íntimo a verdadeira paz, libertou-se de todo o desejo de domínio sobre os outros, fez-se um dos últimos e procurou viver em harmonia com todos.[15]

A segunda imagem é uma parábola do Novo Testamento: o bom samaritano[16] (Lc 10,25-37). Provocado pela pergunta de um mestre da Lei, Jesus compõe uma breve história de dois homens, também de culturas diversas, que, segundo as regras de suas "ilhas", deveriam odiar-se ou, ao menos, ignorar-se. Um deles cai nas mãos de ladrões, sendo espancado, e

[15] FT, n. 4.

[16] FT, n. 56.

seus pares passam por ele e o ignoram. Justamente seu aparente opositor o acolhe e, cuidando de suas feridas, rompe as fronteiras das duas ilhas ideológicas.

As duas imagens reportadas pelo documento apresentam o núcleo central da reflexão. De um lado, percebe-se a realidade do fechamento que caracteriza, na maioria das vezes, nossas "ilhas ideológicas pós-modernas". Do outro lado, o gesto humano que rompe com a morte e a exclusão, trazendo de novo à vida aquele que fora morto pelos combatentes-mercenários defensores das referidas ilhas.

Posicionado entre a reflexão sobre as referidas duas imagens, encontra-se um elenco das sombras presentes em nossa sociedade, que se encontra marcada pelo isolamento, ou seja, como preferimos chamar neste texto, uma sociedade insular e ilhada. Francisco destaca a crise histórica que atualmente vivemos, a morte da esperança em diversos espaços do globo, a cultura do descarte que relega pessoas ao esquecimento, que atribui valor econômico à vida. A questão do silenciamento e do esquecimento das vítimas, realizados de maneira sistemática e estrutural, se apresenta grave. O problema das migrações ressalta a insensibilidade de determinados governos, grupos sociais e pessoas. O projeto de uma sociedade global parece atualmente encontrar-se às margens do falimento.

2.2 No caminho em direção ao diálogo: uma redescoberta do humano

A proposta dialógica presente em *Fratelli Tutti* passa pela redescoberta de uma antropologia da dignidade e de comunhão:

> O ser humano está feito de tal maneira que não se realiza, não se desenvolve, nem pode encontrar a sua plenitude "a não ser no sincero dom de si mesmo" aos outros. E não chega a reconhecer completamente a sua própria verdade, senão no encontro com os outros: "Só me comunico realmente comigo mesmo, na medida em que me comunico com o outro". Isso explica por que ninguém pode experimentar o valor de viver, sem rostos concretos a quem amar. Aqui está um segredo da existência humana autêntica, já que "a vida subsiste onde há vínculo, comunhão, fraternidade; e é uma vida mais forte do que a morte, quando se constrói sobre verdadeiras relações e vínculos de fidelidade. Pelo contrário, não há vida quando se tem a pretensão de pertencer apenas a si mesmo e de viver como ilhas: nestas atitudes prevalece a morte".[17]

Assim, para romper com o contexto de isolamento presente, seria necessário redescobrir a dimensão de oblatividade como elemento constitutivo do ser humano. A redescoberta do humano como um ser inter-relacional, ou seja, que constrói e enriquece sua identidade e o contexto em que habita somente no confronto com o rosto concreto de um outro, levaria, necessariamente, à redescoberta da história como solo comum e responsabilidade de todos. O amor oblativo necessariamente cria raízes que estabelecem uma sã cadeia de transmissão e de verdadeira tradição humana.

> A partir da intimidade de cada coração, o amor cria vínculos e amplia a existência, quando arranca a pessoa de si mesma para o outro. Feitos para o amor, existe em cada um de nós "uma espécie de lei de êxtase: sair de si mesmo para encontrar nos outros um acrescentamento de ser". Por isso, "o

[17] FT, n. 87.

> homem deve conseguir um dia partir de si mesmo, deixar de procurar apoio em si mesmo, deixar-se levar".[18]

A superação desta realidade de isolamento, a partir de uma antropologia de dignidade e comunhão humanas, requer uma espécie de movimento centrípeto, ou seja, do centro que ocupa o indivíduo às periferias que o circundam. Periferias estas muito concretas, nas quais a pessoas reais é negado o direito de ser e existir dignamente. Um verdadeiro encontro com os excluídos, uma verdadeira opção pelos mais pobres.

Lembro-me do movimento realizado pelo Filho Jesus na narrativa de Lucas. Tudo começa no centro religioso e social daquele contexto: com Zacarias, no Templo. Paulatinamente, o movimento se expõe em direção à periferia, onde Jesus inicia seu ministério, para depois retornar ao centro fazendo o bem, o que culminaria nos eventos da paixão e ressurreição, e se abrir universalmente como novidade do Ressuscitado, em sua comunidade, pela força do Espírito. É nas periferias que se encontra o lugar privilegiado para o começo da conversão dialógica.

Na base dessa ruptura com as fronteiras impostas e desse ir às periferias, encontra-se aquilo que Papa Francisco nomeia como "amizade social". Tal postura levaria ao confronto salutar que desmontaria as possíveis divisões que separam a humanidade em classes artificiais, além de estabelecer a fraternidade como palavra-chave nas relações. Superar-se-iam, desse modo, formas de autoritarismo,[19] reestabelecendo, através da dignidade comum e da comunhão dos diversos, espaços de verdadeiro diálogo, acolhida humana e solidariedade.

---

[18] FT, n. 88.

[19] FT, n. 99-100.

Diante da fluidez atual, o descentramento de si mesmo e o ir em direção às periferias existenciais e sociais levariam, certamente, à redescoberta da solidariedade como elemento amalgamador daquilo que antes se encontrava em fragmentação. Tal solidez, como ressalta Francisco, nasce do encontro com a fragilidade própria e do outro, a tal ponto que se reconheça a responsabilidade no serviço à construção de um destino comum.[20] Nesse sentido, os últimos são verdadeiros professores não de uma solidariedade teórica, mas concreta.

> Os últimos, em geral, "praticam aquela solidariedade tão especial que existe entre quantos sofrem, entre os pobres, e que a nossa civilização parece ter esquecido, ou pelo menos tem grande vontade de esquecer. Solidariedade é uma palavra que nem sempre agrada; diria que algumas vezes a transformamos num palavrão, que não se pode dizer; mas é uma palavra que expressa muito mais do que alguns gestos de generosidade esporádicos. É pensar e agir em termos de comunidade, de prioridade da vida de todos sobre a apropriação dos bens por parte de alguns. É também lutar contra as causas estruturais da pobreza, a desigualdade, a falta de trabalho, terra e casa, a negação dos direitos sociais e laborais. É fazer face aos efeitos destrutivos do império do dinheiro (...). A solidariedade, entendida no seu sentido mais profundo, é uma forma de fazer história, e é isto que os movimentos populares fazem".[21]

Tal solidariedade implica efetivo engajamento social e político. Não se trata daquela forma superficial de fazer política, totêmica e partidarizada, que estamos acostumados a ver, manifestando-se como instrumento produtor de

[20] FT, n. 115.

[21] FT, n. 116.

exclusões, justificador de corrupções e mantenedor do *status quo* que privilegia somente a alguns, mas daquilo que Francisco chama de política melhor,[22] distante das demagogias e populismos, centrado no verdadeiro serviço ao bem comum.

Uma provisória conclusão

Como acenei já no início desta pequena contribuição, termino em caráter de abertura, na esperança de que este texto provoque possíveis reações. Ao longo do artigo, creio que foi possível perceber elementos importantes do surgimento, em idade pós-moderna, de novos tipos de agregação comunitária, baseados no dado afetivo-estético, em crítica à proposta individualista moderna. Contudo, o desenrolar histórico se apresenta complexo, operando uma passagem das pretensas comunidades afetivas àquilo que denominamos "ilhas ideológicas" habitadas por um indivíduo fluido e multidentitário. Em Francisco, encontramos a proposta de uma redescoberta de uma antropologia de dignidade e comunhão humanas, baseada na amizade social, como resposta às estruturas de fechamento e exclusão, em vista de uma real vivência comunitária.

Sendo assim, compreendemos que uma importante contribuição que um teólogo moral, ou alguém que se ocupe da ética cristã, pode oferecer, neste momento histórico, é justamente aquela de favorecer o crescimento desses espaços de diálogo e lutar na denúncia e na ruptura das estruturas que excluem e matam. Para tanto, vemos que o movimento a ser se-

[22] FT, n. 154.

guido é aquele próprio realizado na encarnação do Filho: em direção à humanidade. Isso suporá a renúncia a certo modo de fazer e pensar a ética cristã, afastando-se necessariamente do mero jogo teórico, para abraçar a realidade humana onde Deus quis se manifestar. Uma experiência mística de encontro e comunhão.

Andando em direção às periferias, a ética cristã se mostrará, assim, sensível ao grito da vítima, tantas vezes abafado pelas estruturas que insistem em silenciá-lo. Trata-se de recolocar o excluído no centro, como tantas vezes fez o Cristo, lutando para que este tenha voz e vez, defendendo-o de frequentes dinâmicas sociais que tendem a culpabilizá-lo. Seria interessante, principalmente em âmbito de moral ou ética social, ver surgir e se reforçar reflexões que nasçam em pequenos grupos que se encontram à margem do *status quo*, não tendo em vista a criação de outras “ilhas ideológicas”, ou seja, que não sejam fechados sobre si mesmos, mas que mirem a construção de uma sociedade mais acolhedora, na expansão do amor-oblação.

Como Papa Francisco propôs aos professores da Accademia Alfonsiana no encontro realizado em fevereiro de 2019, por ocasião dos 70 anos de sua fundação, é tempo de uma teologia moral que saiba “sujar as mãos” com a realidade, e não que faça meros discursos assépticos de escritório ou sala de aula.

Referências bibliográficas

FRANCISCO, PP. **Carta Encíclica Fratelli Tutti**: Sobre a fraternidade e a amizade social. São Paulo: Paulus, 2020.

FRANCISCO, PP. **Carta Encíclica Laudato Si'**: Sobre o cuidado da Casa Comum. São Paulo: Loyola, 2015.

FRANCISCO, PP. **Exortação Apostólica Amoris Laetitia**: sobre o amor na família. São Paulo: Loyola, 2016.

FRANCISCO, PP. **Exortação Apostólica Evangelii Gaudium**: sobre o anúncio do Evangelho no mundo atual. São Paulo: Paulinas, 2013.

FRANCISCO, PP. **Exortação Apostólica pós-sinodal Querida Amazônia**: ao povo de Deus e a todas as pessoas de boa vontade. São Paulo: Paulus, 2020.

JAMENSON, Fredric. **Pós-modernismo**: a lógica cultural do capitalismo tardio. São Paulo: Ática, 2006.

LYOTARD, Jean-François. **A condição pós-moderna**. São Paulo: José Olympio, 2021.

MAFFESOLI, Michel. **Le temps des tribus**: le déclin de l'individualisme dans les sociétés postmodernes. Paris: La Table Ronde, 2019.

NIETZSCHE, F. **La nascita della tragedia**: ovvero grecità e pessimismo. Roma: Editori Laterza, 2019.

RHEINGOLD, H. **Comunità virtuali**: Parlare, incontrarsi, vivere nel ciberspazio. Milano: Sperling & Kupfer, 1994.

6

Urgência da DSI: Cruzar fronteiras conceituais para a superação do sistema do capital

Élio Gasda[1]

Introdução

Para que a teologia moral possa interpretar a história à luz da economia da salvação, o teólogo não pode desentender-se dos assuntos humanos. "As reflexões teológicas ou filosóficas sobre a situação da humanidade e da criação podem soar abstratas se não se apresentam a partir do confronto com o contexto atual, naquilo que tem de inédito para a história da humanidade."[2]

O texto[3] quer contribuir para a reformulação da Doutrina Social da Igreja (DSI). A finalidade dessa fonte da teologia é iluminar a práxis cristã na sociedade. Seu ponto de partida é o discernimento dos "sinais dos tempos": "Para cumprir esta missão, é dever permanente da Igreja

---

[1] Fez pós-doutorado em Filosofia Política pela Universidade Católica Portuguesa (UCP Braga). Doutor em Teologia pela Universidad Pontifícia Comillas (Madrid). Professor e pesquisador na Faculdade Jesuíta de Filosofia e Teologia (FAJE).

[2] LS, n. 17.

[3] Informação ao leitor: trata-se de um texto de caráter provisório e que integra o conjunto de um estudo mais amplo sobre o mundo do trabalho e a DSI de Papa Francisco.

investigar a fundo os sinais da época e interpretá-los à luz do Evangelho".[4]

O texto pondera uma fragilidade da teologia moral. A DSI possui uma compreensão insuficiente do sistema. A crise atual é universal, seu alcance é global, afeta todas as dimensões da existência, sua temporalidade é permanente e seu desdobramento é progressivo, sua gestão tem sido uma sucessão de desastres que agravam a situação.

A reflexão coerente de uma questão depende de seu correto entendimento. "De pouco servirá descrever os sintomas, se não reconhecemos a raiz humana da crise."[5] A DSI é confrontada com o maior desafio da história contemporânea: a ditatura do capital. "Quem governa? O dinheiro. Como governa? Com o chicote do medo, da desigualdade, da violência econômica, social, cultural e militar que gera sempre mais violência, em uma espiral descendente que parece não acabar nunca."[6]

"Clamor da terra, clamor dos pobres."[7] A civilização enfrenta uma crise estrutural profunda. Os sinais de desequilíbrio socioambiental global são gravíssimos. De um lado, quase um bilhão de pessoas passa fome, milhões de trabalhadores estão sem renda alguma, índices de violência assustadores, racismo, xenofobia, machismo, imigrantes e refugiados abandonados, guerras, ecocídio da "era do Antropoceno" (Paul Crutzen). "Antropoceno" é outro nome para "antropocentris-

[4] GS, n. 4 e 46.

[5] LS, n. 101.

[6] FRANCISCO, PP., Discurso aos participantes no I Encontro Mundial dos Movimentos Populares.

[7] LS, n. 49.

mo despótico”.[8] De outro, a extrema concentração da riqueza. Nem a pandemia conseguiu frear a avareza dos bilionários.[9]

O texto está organizado em dois tópicos e uma conclusão. O primeiro descreve a constituição do sistema do capital e seus pilares: Trabalho e Estado. O segundo detém-se na DSI e sua reformulação.

1. O sistema do capital

Uma análise detalhada do sistema do capital possibilita um discernimento ético mais pertinente da questão social. “Os problemas atuais requerem um olhar que tenha em conta todos os aspectos da crise mundial.”[10] A articulação entre sistema econômico, política e trabalho é condição para compreender nossa civilização. “Tudo está interligado.”[11]

A perspectiva ética da sociedade deve partir da construção histórica da realidade. A modernidade inaugurou a “era do capital”.[12] Capital é uma categoria histórica dinâmica. Existiram formas pré-capitalistas e não capitalistas do capital: capital mercantil, monetário, industrial, financeiro.

A “grande transformação”[13] ocorrida a partir de meados do século XVIII teve consequências históricas definitivas

[8] LS, n. 68.

[9] OXFAM.org., Relatório Lucrando com a dor. O relatório identificou 2.668 bilionários no final de 2021. A soma de suas fortunas chega a US$ 12,7 trilhões. Um aumento de US$ 3,78 trilhões em plena pandemia. A riqueza deles equivale a 13,9% do PIB global.

[10] LS, n. 137.

[11] LS, n. 1, 91, 117, 138, 240.

[12] HOBSBAWM, E., A era do capital.

[13] POLANYI, K., A Grande Transformação.

na humanidade. Desde então, a civilização está orientada na busca de um objetivo: acumular capital. "O triunfo global do capitalismo é o triunfo de uma sociedade que acreditou que o progresso econômico repousava na competição da livre iniciativa privada, de comprar tudo mais barato no mercado e vender mais caro."[14]

A civilização foi empurrada para dentro de um sistema regulado pela racionalidade do capital. Conquistar, aumentar e defender o capital (propriedade) tornou-se o sentido da existência da sociedade e do indivíduo. Outros fins sociais foram suprimidos. O capital transforma tudo em mercadoria: pessoas, natureza, cultura, história, religião, afetos. Tudo é objeto de compra e venda. Tudo tem seu preço. O mundo é visto como uma empresa e um mercado. Em mais de três séculos, nenhuma mudança rompeu com sua estrutura. Na sua fase atual, o princípio de acumulação material, a destruição da natureza e a desigualdade alcançaram seu auge.

O sistema do capital foi edificado sobre três pilares que interagem entre si: Capital, Trabalho, Estado.[15] É inconcebível compreender a sociedade contemporânea sem a articulação desse núcleo e suas interconexões globais. Cada um dos três requer uma abordagem de totalidade. Suas engrenagens tornam o sistema expansionista, destrutivo e incontrolável. A tragédia do século XXI é prova da sua insustentabilidade: devastação ecológica, desumanização do trabalho, colapso civilizatório.[16]

A crise é civilizacional, não se restringe à economia. Mudança estrutural supõe mais do que substituir um modelo de

[14] HOBSBAWM, E., A era do capital, p. 19.

[15] MESZÁROS, I., Para além do capital.

[16] FREUDENBERG, N., A que custo?

economia denominado capitalismo por outro. O sistema do capital não está limitado ao capitalismo. Não apenas sobrevive fora do capitalismo, como pode tornar-se ainda mais forte, reformulado e com outras roupagens. China e Rússia, por exemplo, são sistema do capital.

Reformar o Estado sem a transformação da estrutura do sistema do capital não significa mudança. O capital se expande com outras formas de Estado. O sistema é incontrolável por medidas políticas conjunturais. Não há instrumento político capaz de discipliná-lo: "Quando o capital se torna um ídolo e dirige as opções dos seres humanos, quando a avidez do dinheiro domina todo o sistema socioeconômico, arruína a sociedade, condena o homem, transforma-o em escravo, destrói a fraternidade inter-humana, faz lutar povo contra povo e põe em risco nossa casa comum".[17]

O princípio articulador da sociedade moderna não é a política, mas a economia do sistema do capital. Perpetuar o capital para robustecer o próprio capital, que será reinvestido para engordar ainda mais o capital. É o que importa: dinheiro, propriedades, tecnologia, ações, moeda. Avareza é seu valor maior. Empresas existem para oferecer lucros aos investidores.

1.1 Trabalho

1.1.1 Pilar do sistema do capital

"Não há pobreza pior do que aquela que priva do trabalho e da dignidade do trabalho."[18]

[17] FRANCISCO, PP., Discurso aos participantes no I Encontro Mundial dos Movimentos Populares.

[18] FRANCISCO, PP., Discurso aos participantes no I Encontro Mundial dos Movimentos Populares.

O trabalho insalubre e mal remunerado de milhões garante a riqueza extrema de poucos. "Desemprego, informalidade e precariedade e falta de direitos trabalhistas são resultantes de um sistema econômico que coloca os lucros acima dos homens."[19] Este é o projeto: extinguir o Direito do trabalho. "O capitalismo destruirá o mundo do trabalho que conhecemos. Irá se desfazer de metade da população do planeta. Esta é sua próxima missão. 70% da população do planeta está desprotegida. No futuro, o capitalismo não a necessitará sequer como mão de obra."[20]

As consequências destrutivas da expansão do sistema se fazem sentir por todas as partes do planeta. De forma especial no trabalho. O mundo do trabalho é a "questão social" que origina a DSI. A "questão dos operários" da Primeira Revolução Industrial (século XIX) foi o estopim de Rerum novarum, assinada por Leão XIII.

Na Quarta Revolução Industrial, "a grande questão é o trabalho".[21] Tudo parece mudar para continuar como está. Terceirização e flexibilização, plataformas digitais e uberização e pejotização são novidades para reafirmar mais do mesmo.[22] A situação é tão drástica que o mero reconhecimento do vínculo empregatício é tratado como medida extrema de regulação do trabalho.

A pessoa tem como finalidade sua humanização. Esse é o sentido das relações sociais, dos sistemas econômicos e das

---

[19] FRANCISCO, PP., Discurso aos participantes no I Encontro Mundial dos Movimentos Populares.

[20] OLIVEIRA, T. R., Ailton Krenak: próxima missão do capitalismo é se livrar de metade da população do planeta.

[21] FT, n. 162.

[22] FILGUEIRAS, V., É tudo novo, de novo.

instituições políticas. Para a DSI, o trabalho humano é uma dimensão central da pessoa e da sociedade. "O trabalho ocupa o centro e é a chave da questão social."[23]

O trabalho é uma dimensão imprescindível de humanização. "O trabalho deve ser o âmbito do multiforme desenvolvimento pessoal, onde estão em jogo muitas dimensões da vida: a criatividade, a projeção do futuro, o desenvolvimento das capacidades, a exercitação dos valores, a comunicação com os outros, uma atitude de adoração."[24] O trabalho faz parte do sentido da vida nesta terra, é caminho de maturação, desenvolvimento humano e realização pessoal.[25]

São valores do trabalho propostos pela DSI que o sistema do capital é incapaz de concretizar. A força de trabalho é colocada à venda como mercadoria, mutilando a humanidade do trabalhador. Para aumentar seus lucros, o capitalista explora a força humana de trabalho da melhor forma possível. O trabalho adquire valor porque reproduz o capital. Outros sentidos do trabalho são descartados.

A modernidade não fez surgir o trabalho livre. A expansão dos mercados não significou a extensão das liberdades e dos direitos nos territórios alcançados pelo capital. Ao contrário, levaram à exploração do trabalho. O sistema do capital vai se consolidando à medida que os mercados se ampliam. Trata-se de um sistema-mundo.[26]

No plano geográfico, a relação capital-trabalho no centro (Europa) foi a salarial. Na Europa, o trabalho na fábrica e a re-

[23] JOÃO PAULO II, PP., Carta Encíclica Laborem exercens, n. 2.
[24] JOÃO PAULO II, PP., Carta Encíclica Laborem exercens, n. 127.
[25] JOÃO PAULO II, PP., Carta Encíclica Laborem exercens, n. 128.
[26] WALLERSTEIN, I., The Modern World-System I.

lação salarial estruturam as relações sociais. O industrial compra o tempo de trabalho de operários e lhes paga um salário.

A divisão do trabalho ultrapassa fronteiras. Na periferia (colônias), outras formas de exploração, como a escravidão, foram adotadas. A expansão do sistema remonta às incursões geográficas europeias, ao mercantilismo, às navegações espanholas e portuguesas. A conquista e a colonização da América e a invasão da costa Africana integram o mesmo capítulo das origens do sistema do capital. Colonialismo é estratégia de expansão territorial. A "riqueza das nações" da Revolução Industrial foi construída sobre invasão, saque e genocídio.

O sistema do capital nasce colonialista, violento e depredador. A compreensão do trabalho humano como mercadoria foi aplicada de forma radical nos territórios invadidos.[27] Civilizações foram destruídas, milhões de indígenas e africanos foram dizimados na África e na América. A escravidão foi introduzida como estratégia colonialista. O trabalho escravo era instrumento de produção, mercadoria de geração de riqueza.[28]

1.1.2 Na atualidade

É do trabalho que o capital extrai lucro. "O homem de hoje é considerado em chave predominantemente biológica ou como capital humano, recurso, parte de uma engrenagem produtiva e financeira que o ultrapassa."[29]

[27] GASDA, É., Capitalismo, regime de exceção e crimes de lesa humanidade, p. 79-101.

[28] GOMES, L., Escravidão. A trilogia de Laurentino Gomes é referência obrigatória para compreender a questão.

[29] BENTO XVI, PP., Audiência na assembleia plenária do Pontifício Conselho Justiça e Paz, 03/12/2012.

A história da modernidade se confunde com a exploração do trabalho. Quanto maior for a exploração, maior será a riqueza do capitalista. O enredo permanece inalterável. "O novo colonialismo assume variadas fisionomias. Às vezes, é o poder anônimo do ídolo dinheiro: corporações, credores, alguns tratados denominados 'de livre comércio' e a imposição de medidas de 'austeridade' que sempre apertam o cinto dos trabalhadores e dos pobres."[30]

A exploração do trabalho é adaptada "aos novos tempos": uberismo, assalariamento de trabalhadores e regimes de semiescravidão nas periferias, individualização, jornada de trabalho controlada por algoritmos, exclusão da legislação. Não há preocupação em melhorar as condições dos explorados.

A história se perpetua camuflada. Escravidões, desigualdades e concentração de riqueza são imanentes ao sistema. Na transição da precariedade para a sub-humanização, escravidões de outros tempos são atualizadas.[31] Os trabalhadores não são explorados da mesma maneira. Trabalhadores parcialmente livres (empregados de empresas privadas, profissionais liberais, pequenos empresários, funcionários públicos) coexistem com trabalhadores não livres.

Acidentes de trabalho e doenças ocupacionais não são fatos isolados. Depressão e suicídio, mortes súbitas são patologias do sistema. "A orientação da economia favoreceu um tipo de progresso tecnológico cuja finalidade é reduzir os custos de produção com base na diminuição dos postos

---

[30] FRANCISCO, PP., Discurso aos participantes no II Encontro mundial dos movimentos populares.

[31] ANTUNES, R., O privilégio da servidão; CAVALCANTI, T. M., Sub-humanos.

de trabalho, que são substituídos por máquinas. É mais um exemplo de como a ação do homem se pode voltar contra si mesmo."[32]

Trabalhadores reduzidos à condição de sub-humanidade. O sistema alimenta o terror do desemprego e da pobreza para intimidar populações. No sistema do capital, é impossível concretizar o princípio "do primado do trabalho humano sobre o capital".[33]

1.2 O Estado

Política e economia são inseparáveis. O pilar político do sistema do capital é o Estado. Ricos não governam contra si mesmos. Em um sistema que se estende além da economia do capitalismo, o Estado mantém a exploração do trabalho pelas vias legais. Os três pilares se reforçam para criar uma totalidade: o sistema do capital.

O capital não inventou o Estado. O Estado foi constituído no decurso de muitos séculos. Em sua configuração atual, ele é determinado pelo sistema do capital. Estados europeus financiaram a expansão dos mercados através da invasão e conquista de novos territórios. O tráfico de seres humanos para fins de comercialização e escravização foi legitimado pelo Estado. O Estado criou as leis, garantiu incentivos financeiros e apoio militar. A escravidão está na gênese dos Estados nacionais e da economia moderna.[34]

---

[32] LS, n. 128.

[33] JOÃO PAULO II, PP., Carta Encíclica Laborem exercens, n. 11.

[34] MAESTRI, M., A coroa e o tronco: escravidão e o Estado nacional brasileiro, p. 7-33.

O "capitalismo colonial agrário" explorou o trabalho escravo em grande escala, de norte a sul da América, produziu uma das maiores catástrofes humanitárias da história, o genocídio de 40 milhões de indígenas, 9% da população mundial. No Brasil, a população nativa era de aproximadamente quatro milhões, distribuídos em centenas de povos falando mais de mil idiomas. Três séculos depois, essa população foi reduzida a 700 mil.[35]

O capital gerado pelo tráfico de africanos seria suficiente para financiar a Revolução Industrial. Até meados do século XIX, o tráfico negreiro era o maior de todos os negócios do mundo. Vender escravos era lucrativo.[36] A escravidão integra a fase do nascimento da economia do sistema do capital. Milhões de seres humanos foram desumanizados para que o sistema pudesse se expandir.

Capital não tem pátria. Sua expansão começa por controlar os Estados. Repressão interna e guerra internacional são estratégias políticas de conquista. Guerra é uma fonte do capital. "Estamos vivendo a terceira guerra mundial, mas em cotas. Há sistemas econômicos que, para sobreviver, devem fazer a guerra. Então, fabricam e vendem armas e, com isso, os balanços da economia que sacrificam o homem aos pés do ídolo do dinheiro, obviamente, ficam saneados."[37]

[35] GOMES, L., Escravidão, p. 21ss. Ver também: ALENCASTRO, L. F., O trato dos viventes.

[36] WILLIANS, E., Capitalismo e Escravidão.

[37] FRANCISCO, PP., Discurso aos participantes no I Encontro Mundial dos Movimentos Populares.

1.2.1 A retórica do Direito

A lei é a essência do Estado. O Estado existe para manter a ordem social. É o protagonista na esfera do Direito. A lei se traduz em sistemas de regras positivadas pelo Estado. No sistema do capital, o Estado é o pilar da imposição da lei do mais forte: "O Estado moderno é o instrumento de que se serve o capital para explorar o trabalho assalariado".[38]

O Direito é uma ferramenta do poder como estratégia política de controle do trabalho. O Direito regula o trabalho como mercadoria, garante a governabilidade e protege a propriedade. Nessa função, os juízes pertencem à categoria econômica privilegiada, a "aristocracia togada" (Gramsci). A neutralidade da justiça é retórica, pura ficção.

O Estado existe com o propósito de legitimar a governança da economia do capitalismo. Cabe aos governos implementar políticas de precarização e extinção de direitos sociais para atender interesses do capital. Por um lado, os direitos humanos permanecem como promessas para a maioria da população. Por outro, o processo de exploração do trabalho e destruição ecológica é legitimado.

O trabalho foi convertido em uma mercadoria. Apenas seres humanos são portadores de direito. Mercadorias não têm direitos. A partir de 2008, foram realizadas reformas trabalhistas em mais de 100 países. A concentração de riqueza no topo da pirâmide global aumentou vertiginosamente. Destruição dos direitos trabalhistas e acúmulo de riqueza e renda são duas faces de um mesmo sistema. Qual a ideia de justiça de um judiciário sequestrado pelo dinheiro?

---

[38] ENGELS, F., A Origem da Família, da Propriedade Privada e do Estado, p. 194.

A redução dos custos do trabalho é um imperativo da lei do mais forte. A maioria esmagadora de seres humanos está descartada do direito ao trabalho. O desemprego estrutural faz parte da estratégia do sistema. A Quarta Revolução Industrial é mais impactante do que as anteriores. A subordinação do trabalho humano às tecnologias digitais reproduz a desumanização do trabalho iniciado na Revolução Industrial. A Indústria 4.0 está aumentando o abismo social. Mas é o Estado que tem prerrogativa de suspender direitos através de reformas trabalhistas. O rebaixamento da humanidade dos trabalhadores ocorre via destruição de direitos e aprofundamento da exploração do trabalho.

1.2.2 A retórica da Democracia

"A era do capital é a era da plutocracia."

O sistema não se restringe à economia. Estende-se à política. O Estado é a forma hierarquizada do governo político. Como instituição de um sistema piramidal, o Estado é também uma entidade que paira "acima" da sociedade. Suas instituições – os três poderes da república – funcionam de cima para baixo.

O poder de coação interna e externa do Estado, em seu papel de legislador da ordem, é controlado pelo capital. Atuando em sintonia com a economia, o Estado é responsável por administrar crises sociais. É o braço político da governança do capital nos territórios. Colonização sob novas estratégias.

A desigualdade socioeconômica torna a democracia incompatível. A constitucionalização da lei do mais forte se impõe politicamente pela via do liberalismo democrático. Seu mecanismo reprodutor é a democracia representativa, formalidade que não modifica a estrutura hierárquica da sociedade. Tem sido assim desde as origens da democracia moderna. O mecanismo da representação mantém o Estado como pilar da estabilidade de sociedades desiguais.

Igualdade fundamental, bem comum, direitos sociais e trabalhistas são categorias estranhas ao capital e ao Estado. O fracasso da democracia confirma a lei do mais forte. A igualdade fundamental não é o mesmo conteúdo da igualdade legal da democracia. A participação do trabalho nos processos decisórios do Estado é ficção. Repressões contra trabalhadores refletem a intolerância do capital frente às lutas sociais por igualdade e direitos.[39]

As concessões aos trabalhadores são transitórias. São extintas na primeira oportunidade que se apresenta ao capital. Desde a Primeira Revolução Industrial, e desde Leão XIII, a DSI oferece propostas reformistas. Ora, é ilusório aspirar que o capital abdique de seu poder em favor do trabalho. O mundo do trabalho é um apêndice do sistema.

A esfera política do trabalho foi acomodada ao Estado. Retrocessos sociais são respaldados nas urnas. A cada eleição, a democracia alimenta ilusões de uma população anestesiada: empregos, bons salários, consumo abundante, ócio, prosperidade. O trabalho cumpre seu papel de pilar do sistema. Não haverá democracia política sem democracia econômica.

Democracia e concentração de riqueza são incompatíveis. Em vez de reduzir a desigualdade, o sistema aprofunda o abismo social. A "prosperidade capitalista" não é para todos. "Partes da humanidade parecem sacrificáveis em benefício

[39] GASDA, E., Cristianismo e economia, p. 294-296.

duma seleção que favorece a um setor humano digno de viver sem limites."[40]

Que soluções o trabalho pode esperar do Estado? O sistema do capital pode ser superado democraticamente através do Estado?

2. DSI: entre reformismo e reformulação

2.1 Reformismo

O esforço da DSI na construção de pontes com o capitalismo fracassou. No mundo do trabalho, o discurso da DSI é rotulado de liberal-reformista. A razão está na compreensão ingênua do sistema do capital. Capitalismo é uma das formas históricas do sistema do capital em sua dimensão econômica. Mudar o modelo econômico não significa mudar a estrutura do sistema do capital. Além disso, o sistema não admite intervenções externas de nenhum tipo. Não se pode exigir do Estado uma orientação ideológica anticapitalista sem antes libertá-lo do sistema do capital.

Desde as origens da "era do capital", muitas foram as tentativas de integrar as lutas dos trabalhadores na estrutura do Estado. Na esperança de que o poder do capital poderia ser limitado por forças externas, a acomodação política do trabalho ao sistema acabou prevalecendo. Hierarquia e discriminação nas relações laborais estão na essência do sistema. Soluções conjunturais são ocasionais, ocorrem no interior da estrutura sem modificá-la. Mudanças conjunturais não significam mudanças estruturais. O trabalho continuará sendo explorado. Mudanças estruturais implicam transformações na

[40] FT, n. 18.

base da organização da sociedade. Melhorismos são paliativos circunstanciais.

Desde Leão XIII, a DSI defende que o capitalismo pode ser melhorado. O paradigma reformista de *Rerum Novarum*[41] foi confirmado por Pio XI:

> Nosso Predecessor, na sua encíclica, se referia principalmente àquele sistema, em que ordinariamente uns contribuem com o capital, os outros com o trabalho para o comum exercício da economia, qual ele próprio a definiu na frase lapidar: "Nada vale o capital sem o trabalho, nem o trabalho sem o capital". Foi esta espécie de economia, que Leão XIII procurou, com todas as veras, regular segundo as normas da justiça; de onde se segue que de per si não é condenável. E, realmente, de sua natureza não é viciosa.[42]

Um século depois, João Paulo II confirma a orientação:

> Se por "capitalismo" se indica um sistema econômico que reconhece o papel fundamental e positivo da empresa, do mercado, da propriedade privada e da consequente responsabilidade pelos meios de produção, da livre criatividade humana no setor da economia, a resposta é certamente positiva, embora talvez fosse mais apropriado falar de "economia de empresa", ou de "economia de mercado", ou simplesmente de "economia livre".[43]

Sem deixar margem a dúvidas, a DSI faz a defesa do livre mercado: "O livre mercado é uma instituição socialmente

[41] LEÃO XIII, PP. Rerum Novarum, n. 15.

[42] PIO XI, PP., Quadragesimo Anno, n. 100-101.

[43] PONTIFÍCIO CONSELHO JUSTIÇA E PAZ, Compêndio da Doutrina Social da Igreja, n. 335.

importante para a sua capacidade de garantir resultados eficientes na produção de bens e serviços. Historicamente, o mercado deu provas de saber impulsionar e manter, por longo período, o desenvolvimento econômico".[44]

A história do sistema do capital mostra uma realidade distinta. As afirmações acima talvez traduzam o contexto dos países centrais. Quanto mais poderoso e rico é um Estado, tanto menos procurará no sistema as raízes dos males sociais. A DSI se desenvolve dentro de limites geopolíticos bem determinados. Pensada no interior de formas sociais estabilizadas, manteve o sistema intocável. A mudança social não acontece com reformas políticas e ajustes econômicos temporários.

A partir da "era do capital", a realidade dos pobres e o mundo do trabalho estão interconectados. Faltou à DSI assumir essa opção preferencial em perspectiva realista. Conceitos contaminados pelo espírito do capital reproduziram um ensino social que não compromete interesses institucionais. Essa visão de cristianismo incorporado ao capitalismo fez de Jesus um personagem inofensivo e até partidário do capital. Cristianismo palatável. A opção reformista da DSI foi confundida com legitimação do capitalismo. Como consequência, a Igreja perdeu a classe operária,[45] e a continuará perdendo se insistir no mesmo discurso e na mesma prática.

---

[44] PONTIFÍCIO CONSELHO JUSTIÇA E PAZ, Compêndio da Doutrina Social da Igreja, n. 347. Existem boas razões para acreditar que, em muitas circunstâncias, "o livre mercado seja o instrumento mais eficaz para colocar os recursos e responder eficazmente às necessidades" (Centesimus annus, n. 34). A doutrina social da Igreja aprecia as vantagens seguras que os mecanismos do livre mercado oferecem, seja para uma melhor utilização dos recursos, seja para facilitar a troca de produtos; estes mecanismos, "sobretudo, colocam no centro a vontade e as preferências da pessoa, que, no contrato, se encontram com aqueles de outra pessoa" (Centesimus annus, n. 40).

[45] PIO XI, PP., Quadragesimo anno, n. 123.

2.2 Papa Francisco: por uma reformulação

Papa Francisco expressa um desejo coletivo. "Para além de qualquer previsão catastrófica, o certo é que o atual sistema mundial é insustentável desde diversos pontos de vista."[46]

A teologia moral começa a acolher a mudança de perspectiva do atual pontificado.[47] Francisco vem priorizando a questão social. A DSI destaca-se como um dos frutos mais fecundos do seu magistério.[48] Uma Igreja mais comprometida com a mudança das estruturas: "Não é suficiente conciliar, a meio-termo, o cuidado da natureza com o ganho financeiro, ou a preservação do meio ambiente com o progresso. Meios-termos são adiamento do colapso. Trata-se de redefinir o progresso".[49]

Não há possibilidade de concretização do humanismo social cristão proposto pela DSI no sistema do capital. Não basta proclamar princípios. "Se cada ação tem consequências, um mal embrenhado nas estruturas da sociedade contém um potencial de dissolução e de morte. É o mal cristalizado nas estruturas sociais injustas, a partir do qual não podemos esperar um futuro melhor."[50]

O sistema do capital contém uma questão teológica essencial. O sistema do capital é contrário à vontade de

---

[46] LS, n. 139.

[47] BENTO, F. R., Adeus reformismo. Papa Francisco e a Doutrina Social da Igreja, p. 509-523; MACCARI, V. Dal B., A contribuição do Papa Francisco à Doutrina Social da Igreja, p. 129-151.

[48] GASDA, E., Doutrina Social: Economia, Trabalho e Política.

[49] LS, n. 194.

[50] EG, n. 59.

Deus. As estruturas têm um "problema ético fundamental". Aceitamos o domínio do dinheiro sobre nós e sobre as nossas sociedades: "A adoração do antigo bezerro de ouro (Ex 32,1-35) encontrou uma versão nova e impiedosa no fetichismo do dinheiro e na ditadura de uma economia sem rosto e sem um objetivo verdadeiramente humano".[51]

Todo sistema alicerçado na exploração do trabalho humano se apoia na idolatria. "A Igreja e os profetas disseram, há milênios, aquilo que tanto escandaliza que o Papa repita neste tempo, em que tudo isto atinge expressões inéditas. Toda a Doutrina Social da Igreja e o magistério de meus predecessores se rebelam contra o ídolo do dinheiro que reina ao invés de servir, tiraniza e aterroriza a humanidade."[52]

Adorar o dinheiro é um pecado contra Deus – idolatria – e a maior ameaça à vida e à criação. A humanidade não foi criada para ser escrava do dinheiro: "Este sistema é insuportável: não o suportam os povos. Nem sequer o suporta a irmã Mãe Terra. Por trás de tanto sofrimento, morte e destruição, sente-se o cheiro daquilo que Basílio de Cesareia chamava 'o esterco do diabo': reina a ambição desenfreada de dinheiro".[53]

Os protagonistas da esperança estão na sociedade civil, principalmente os trabalhadores. A "questão dos operários", em linguagem de *Rerum novarum,* se resolve com os operários. Não há transformação sociopolítica sem os pobres e as periferias do sistema:

---

[51] EG, n. 55.

[52] FRANCISCO, PP., Discurso aos participantes do III Encontro mundial dos movimentos populares.

[53] FRANCISCO, PP., Discurso aos participantes do II Encontro mundial dos movimentos populares.

> Nas periferias germinam experiências revolucionárias que brotam das lutas emancipatórias dos movimentos sociais, das comunidades de base, dos povos originários, das articulações populares, e de tantos outros afins. Abrir as portas à sua participação. Compreende-se melhor o sofrimento do mundo juntamente com aqueles que sofrem.[54]

Está em jogo a natureza devastadora de um sistema que destrói tudo que encontra. "Este sistema, com a sua lógica implacável de lucro, está fugindo de qualquer controle humano. É tempo de pôr freios a uma locomotiva fora de controle que nos está conduzindo rumo ao abismo. Ainda há tempo."[55]

Enfim, a reformulação da DSI exige mudar de paradigma:

> Trata-se de outra lógica. Se não se fizer esforço para entrar nesta lógica, as minhas palavras parecerão um devaneio (...) É possível desejar um planeta que garanta terra, teto e trabalho para todos. Este é o verdadeiro caminho da paz, e não a estratégia insensata e míope de semear medo e desconfiança perante ameaças externas.[56]

Conclusão

A civilização está vivendo um de seus momentos históricos mais dramáticos. O imperativo de superar o sistema do capital é compartilhado pela ampla maioria da humanidade.

---

[54] FRANCISCO, PP., Discurso aos participantes do IV Encontro mundial dos movimentos populares.

[55] FRANCISCO, PP., Discurso aos participantes do IV Encontro mundial dos movimentos populares.

[56] FT, n. 127.

A DSI falhou em compreender o sistema do capital. Três séculos foram suficientes para comprovar a incompatibilidade do cristianismo com esse sistema. Um suposto "capitalismo inclusivo e humanista" é contraditório e impossível.

Papa Francisco aponta para uma reformulação. O sistema do capital é o maior problema da humanidade. A única saída é criar alternativas antissistêmicas.

A interconexão entre os três pilares – capital, trabalho e Estado – manifesta que nenhum deles pode ser transformado de forma independente. A superação do sistema do capital é condição para concretizar o humanismo cristão desenvolvido pela DSI.

O cristianismo deve ser boa notícia a todos os pobres da terra. A superação do sistema do capital é a "mãe de todas as questões sociais", "porque a nossa fé é revolucionária, porque a nossa fé desafia a tirania do ídolo dinheiro".[57]

Referências bibliográficas

ALENCASTRO, Luís Felipe. **O trato dos viventes**: formação do Brasil no Atlântico Sul. São Paulo: Companhia das Letras, 2000.

ANTUNES, Ricardo. **O privilégio da servidão**: novo proletariado de serviços na era digital. São Paulo: Boitempo, 2020.

BENTO, Fábio R. Adeus reformismo: Papa Francisco e a Doutrina Social da Igreja. **Perspectiva Teológica, v. 50, n. 3, p. 509-523, set./dez. 2018.**

BENTO XVI, PP. Audiência na assembleia plenária do Pontifício Conselho Justiça e Paz. 03/12/2012. Disponível em: <https://www.vatican.va/content/benedict-xvi/pt/speeches/2012/

[57] FRANCISCO, PP., Discurso aos participantes do IV Encontro mundial dos movimentos populares.

december/documents/hf_ben-xvi_spe_20121203_justpeace.html>. Acesso em: 22 de jul. 2022.

CAVALCANTI, Tiago M. **Sub-humanos**: o capitalismo e a metamorfose da escravidão. São Paulo: Boitempo, 2021.

COMPÊNDIO DO CONCÍLIO VATICANO II. **Constituição Pastoral Gaudium et Spes**. São Paulo: Paulus, 2001.

ENGELS, Friedrich. **A Origem da Família, da Propriedade Privada e do Estado**. 3ª ed. Rio de Janeiro: Civilização Brasileira, 1977.

FILGUEIRAS, Vitor. É tudo novo de novo: as narrativas sobre as grandes mudanças no mundo do trabalho como ferramenta do capital. São Paulo: Boitempo, 2021.

FRANCISCO, PP. **Carta Encíclica Fratelli Tutti**: Sobre a Fraternidade e a Amizade Social. São Paulo: Paulus, 2020.

FRANCISCO, PP. **Carta Encíclica Laudato Si'**: Sobre o cuidado da Casa Comum. São Paulo: Loyola, 2015.

FRANCISCO, PP. **Discursos ao Encontro mundial dos movimentos populares**. Roma: Librería Editrice Vaticana (2014: Vaticano; 2015: Santa Cruz de la Sierra; 2016: Vaticano; 2020: Vaticano). Disponíveis em: https://www.vatican.va/content/francesco/pt/speeches.index.html#speeches.

FRANCISCO, PP. **Exortação Apostólica Evangelii Gaudium**: sobre o anúncio do Evangelho no mundo atual. São Paulo: Paulinas, 2013.

FREUDENBERG, Nicholas. **A que custo?** O capitalismo (moderno) e o futuro da saúde. São Paulo: Elefante Editora, 2022.

GASDA, Élio. Capitalismo, regime de exceção e crimes de lesa humanidade: perspectiva teológica. In: GONTIJO, Lucas [et. al.] (Orgs.). **Justiça de transição, Memória e Democracia**. Belo Horizonte: D'Plácido, 2022, p. 79-101.

GASDA, Élio. **Cristianismo e economia**: repensar o trabalho além do capitalismo. São Paulo: Paulinas, 2014.

GASDA, Élio. **Doutrina Social: Economia, Trabalho e Política**. São Paulo: Paulinas, 2018.

GOMES, Laurentino. Escravidão. In: **Do primeiro leilão de cativos em Portugal até a morte de Zumbi dos Palmares**. Vol. I. Rio de Janeiro: Globo Livros, 2019.

HOBSBAWM, Eric. **A era do capital**: 1848-1875. São Paulo: Paz e Terra, 2009.

JOÃO PAULO II, Papa. **Carta Encíclica Laborem exercens**. Roma: Libreria Editrice Vaticana, 1981.

LEÃO XIII, PP. **Rerum Novarum**. Disponível: <https://www.vatican.va/content/leo-xiii/pt/encyclicals/documents/hf_l-xiii_enc_15051891_rerum-novarum.html>. Acesso em: 22 de jul. 2022.

MACCARI, Vilmar Dal Bó. A contribuição do Papa Francisco à Doutrina Social da Igreja: um percurso de posicionamentos sociopolítico-econômicos. **Encontros Teológicos**, v. 36, n. 1, p. 129-151, jan./abr. 2021.

MAESTRI, Mário. A coroa e o tronco: escravidão e o Estado nacional brasileiro. Ágora, v. 3, n. 2, p. 7-33, 1999.

MESZÁROS, István. **Para além do capital**. São Paulo: Boitempo, 2009.

OLIVEIRA, T. R. **Ailton Krenak**: próxima missão do capitalismo é se livrar de metade da população do planeta. Disponível em: <https://www.cartacapital.com.br/sociedade/ailton-krenak-proxima-missao-do-capitalismo-e-se-livrar-de-metade-da-populacao-do-planeta>. Acesso em: 21 de jun. 2022.

OXFAM.org. **Relatório Lucrando com a dor**. Disponível em: <https://www.oxfam.org.br/justica-social-e-economica/

forum-economico-de-davos/lucrando-com-a-dor/>. Acesso em: 22 de jul. 2022.

PIO XI, PP. **Quadragesimo Anno**. Roma: Librería Editrice Vaticana, 1931.

POLANYI, Karl. **A Grande Transformação**: as origens de nossa época. Rio de Janeiro: Campus, 2000.

PONTIFÍCIO CONSELHO JUSTIÇA E PAZ. **Compêndio da Doutrina Social da Igreja**. São Paulo: Paulinas, 2004.

WALLERSTEIN, Immanuel. **The Modern World-System I**: Capitalist Agriculture and the Origins of the European World-Economy in the Sixteenth Century. New York: Academic Press, 1974.

WILLIANS, Eric. **Capitalismo e Escravidão**. Rio de Janeiro: Americana, 1975.

7

Cruzar fronteiras: A ponte entre Bíblia e Moral

***Marta Luzie de Oliveira Frecheiras*[1]**

Introdução

Nesta investigação, partiremos da hipótese interpretativa de que a teologia moral, ao menos até o início do século XXI, não havia incluído plenamente o pressuposto bíblico como principal suporte teórico para a reflexão teológica no âmbito da moral. Essa hipótese nos foi trazida pelo eticista católico James Keenan:

> Os eticistas católicos têm dependido dos colegas protestantes. Estranho, não? Nossa história mostra que a teologia moral dos católicos romanos não dependeu muito da bíblia. Há muito na bíblia para guiar-nos moralmente: os dez mandamentos, as bem-aventuranças, as parábolas (bom samaritano; último juízo). Mas nós teólogos morais não usamos essas fontes riquíssimas até muito recentemente[2].

---

[1] Bacharel, mestre e doutora em Filosofia (UFRJ). Bacharel, mestre e doutora em Teologia Moral (PUC-Rio), com pós-doutorado em Filosofia na Universidad Complutense de Madrid (UCM) e na Ludwig Maximilian Universität München (LMU). Professora titular de Filosofia na UFOP. E-mail: marta.luzie@uol.com.br.

[2] KEENAN, J. F., Forward, p.10.

Essa informação, por si só, já justifica a redação deste capítulo que versa sobre a necessidade de cruzar as fronteiras entre Bíblia e Moral, já que os milhares de anos que nos separam do texto bíblico podem levar-nos a diversas incompreensões e erros crassos de interpretação. Não podemos esquecer-nos de que a vida moral diz respeito à vida relacional, a vida na relação com os outros. Sendo assim, palavras ditas, gestos, expressões e ações entram no mundo da ética. Por outro lado, como o ser humano é um ser social e os costumes são modificados ao longo de tempo e, também, geograficamente, nada mais necessário do que nos debruçarmos sobre a fronteira entre Bíblia e Moral, se quisermos seguir os passos de Jesus a partir do texto bíblico.

Contudo, esse atraso nos estudos entre Bíblia e Moral ao longo do século XX não significa que não houve tentativas de enfrentamento da questão por parte de alguns biblistas e/ou eticistas católicos. Vejamos alguns exemplos:

1 - Fritz Tillmann, editor do comentário ao Novo Testamento redigido por Friedrich Wilhelm Maier e que fora considerado inaceitável pelo decreto da Congregação Consistorial de 29 de junho de 1912, porque Maier afirmava a chamada teoria das duas fontes, que hoje é aceita pela maioria dos estudiosos[3]. Isso, naquela época, determinou o fim da carreira bíblica de Tillmann e de Maier[4]. Contudo, aos dois foi permitido que mudassem de disciplina teológica. Tillmann aproveitou essa possibilidade tornando-se um teólogo moral de vanguarda, que se fundamentou na imitação de Cristo[5].

[3] RATZINGER, J., A Relação entre o Magistério da Igreja e a Exegese a cem anos da Constituição Pontifícia Comissão Bíblica.

[4] KEENAN, J. F., Forward, p. 12.

[5] KEENAN, J. F., Forward, p. 13.

2 - Vaticano II, por meio do documento *Optatam Totius*, que definiu duas sentenças sobre teologia moral e que admoestou para que se incorporassem as Escrituras ao estudo da teologia moral:

> Ponha-se especial cuidado em aperfeiçoar a teologia moral, cuja exposição científica, mais alimentada pela Sagrada Escritura, deve revelar a grandeza da vocação dos fiéis em Cristo e a sua obrigação de dar frutos na caridade para vida do mundo[6].

3 - William Spohn, que publicou, em 1984, um livro que se tornou referência na tipologia de vários modelos para estabelecer a aproximação entre a Escritura e a instrução moral. Nessa obra, ele afirma que, entre os católicos, somente os estudiosos de Bíblia escreviam sobre ética, tal como Schnackenburg e Perkins[7]. Em seguida, ele publicou outra obra que se tornou referência no mundo inteiro[8].

4 - Yiu Sing Lúcás Chan, o grande pioneiro nos estudos entre Bíblia e Moral, falecido em 2015, publicou um guia de como estabelecer uma ponte entre Ética Teológica e Bíblia a partir do horizonte da "ética das virtudes", por percebê-la como um digno instrumento teórico:

> A virtude, realmente, possui um lugar na teologia. Fundamentado nesta afirmação, eu irei mostrar que a virtude e a escritura estão intimamente associadas. Volto-me para dois

[6] OT, n. 16.

[7] SPOHN, W. C., What are they saying about Scripture and Ethics, p. 38-39.

[8] SPOHN, W. C., Go and do likewise, p. 42.

> eticistas cristãos, já que ambos são pioneiros em defender a virtude ética dentro de suas próprias tradições[9].

Contudo, neste capítulo, apresentaremos tão somente os dois critérios gerais e fundamentais estabelecidos pela Pontifícia Comissão Bíblica (PCB), a fim de se estabelecer uma ponte entre Bíblia e Moral. Trata-se não só do seguimento da pessoa de Jesus como modelo inclusivo e parâmetro de reflexão e ação, mas também da antropologia teológica. As perguntas acerca de Deus e do ser humano deverão nortear a hermenêutica da ética teológica. A hermenêutica, por sua vez, só é possível a partir de dois elementos fundamentais: ① a inserção das ditas "Humanidades", que comportam todas as ciências que, de uma forma ou de outra, tratam do ser humano, perpassando a sociologia, a ciência política, a filosofia, a teologia sistemático-pastoral, a antropologia cultural, a literatura, mas também as neurociências, a psicologia, a bioética, a medicina, a biologia, a economia, a ecologia, dentre outras. São suas pesquisas e investigações constantes que possibilitam um diálogo frutífero e uma atualização (*aggiornamento*) do texto bíblico; ② a vivência interior dos fatos e acontecimentos da realidade, que levam à possibilidade de uma autocrítica e de um autoquestionamento, levando, assim, a um rebatimento do texto bíblico na mente da pessoa. Em se tratando de fé, o primeiro elemento a ser posto em questão é o próprio leitor. O objeto não é outro senão nós mesmos. Trata-se da reflexão existencial. Sendo assim, neste capítulo, apresentaremos os dois critérios gerais para se estabele-

[9] CHAN, Y. S. L., Biblical Ethics in the 21st Century, p. 20.

cer a ponte entre Bíblia e Moral, mas faremos isso não apenas explicitando o critério, mas também, demonstrando-o, em parte, a partir de uma exígua análise hermenêutica de Rm 7,14-23.

1. Critérios bíblicos gerais para a reflexão moral

Faremos, aqui, uma tentativa de refletir acerca do possível substrato bíblico da teologia moral. Porém, diante da exiguidade de tempo própria de um capítulo de livro com poucas páginas, não nos é permitido aprofundar o estudo do método bíblico adequado para a investigação específica em teologia moral. Nesse sentido, optamos por apresentar os dois critérios bíblicos gerais expostos no documento da Pontifícia Comissão Bíblica (PCB) denominado de "Bíblia e Moral".

1.1. Antropologia teológica

O primeiro aspecto a ser levado em consideração é que a antropologia teológica é a parte da teologia que estuda não só o ser humano como criatura de Deus, mas também como aquele ser que, desde o momento da criação, já possui uma abertura essencial para relacionar-se com Deus e com sua Palavra. Segundo Karl Rahner, ele é o "ouvinte da Palavra"[10]. Dessa feita, Rahner apresenta-nos, com muita clareza, que a relação do ser humano com Deus ocorre apenas no mais profundo nível ontoló-

[10] RAHNER, K., Curso Fundamental da Fé, p. 37-59.

gico-existencial[11]: "A mensagem cristã age no sentido de situar o homem perante a verdade real e profunda do seu ser, verdade à qual ele permanece inevitavelmente preso, ainda que tal prisão seja, em última análise, a infinita amplidão do incompreensível mistério de Deus"[12].

Por outro lado, o ser humano também é objeto de outras ciências ditas humanas, tais como: sociologia, antropologia cultural, psicologia, filosofia, direito, psicanálise, ciência política, dentre outras. Todavia, a antropologia teológica procura explicar a complexidade do ser humano, assim como sua abrangência e profundidade, a partir do sentido de sua existência. O pressuposto do qual a antropologia teológica parte é que Jesus de Nazaré representa o modelo humano por excelência, alguém aberto a Deus e aos homens, vivendo em plenitude constante o amor a Deus e ao próximo. Por isso, o ser humano só é quem ele é enquanto se humaniza por meio da vivência do amor, da liberdade e do respeito ao outro, ao diferente. Jesus viveu a serviço de Deus, como alguém que se

[11] Entender a diferença entre os conceitos de "ôntico" e "ontológico" é fundamental para compreendermos o que Karl Rahner afirma. Tanto a realidade como o ser humano possuem uma duplicidade própria chamada de "ôntico-ontológica". A dimensão ôntica é captada pelos cinco sentidos, ela pode ser sentida. É a dimensão dos entes, das coisas singulares e individuais. Convive-se com ela sempre e, para captá-la, basta olhar para fora, para aquilo que é diferente de nós. Por outro lado, quase nunca percebemos a dimensão ontológica, apesar de convivermos sempre com ela. Porque o ser é uma presença que se faz presente, mas não é um ente. Não é acessível aos cinco sentidos. Contudo, ela pode ser pressentida. Um ótimo exemplo é a vigência do "tempo". Percebemos, posteriormente, que ele passou, mas, no momento imediato, não conseguimos percebê-lo. Ainda assim, o tempo é algo real, não é um sonho, nem uma ilusão, tampouco uma fantasia. Ele tem o mais profundo impacto na realidade e em nossa vida, apesar de não ser acessível pelos cinco sentidos. O ser humano é capaz de pressentir o ser de modo existencial, ou seja, levando a sério a si mesmo e ao seu entorno procurando pensar tudo isso de modo profundo e perseverante, como um exercício constante. A oração silenciosa e a adoração contemplativa também são excelentes meios.

[12] PCB, Bíblia e Moral: Raízes Bíblicas do Agir Cristão, p. 37.

envolve com o projeto do Pai até o fim, olhando sempre para os mais pobres e enfraquecidos, incluindo-os em sua dinâmica de acolhimento da alteridade.

Além disso, a antropologia teológica é apodítica, porque pensa a partir do que é universal e necessário em relação ao humano. Procura pensar o seu sentido independentemente de características históricas, geográficas e culturais, ainda que as levem todas em consideração. Porém, o que lhe interessa mesmo é o drama humano do afastamento de Deus, que leva ao pecado e ao sofrimento contumaz, porque a proximidade de Deus é sempre assintótica, por isso deve ser perseverada e insistida, posto que o ser humano nunca pode tocá-lo completamente. Desse modo, o ser humano está envolto em um círculo hermenêutico: a reabertura do coração, o recomeço do pensar, o revisitar as fontes bíblicas, a oração, a adoração, a vida comunitária, o louvor, o silêncio, a escuta e a doação da vida em missão.

O segundo aspecto a ser considerado é o fato de que nem sempre o ser humano pensa, sente e age como gostaria de pensar, de sentir e de agir. Para Paulo, nós não nos vendemos ao pecado, mas fomos e estamos vendidos. Somos, portanto, passivos nessa situação estrutural. Em Rm 7,14-23, ele afirma:

> Sabemos que a Lei é espiritual; mas eu sou carnal, vendido como escravo ao pecado. Realmente não consigo entender o que faço; pois não pratico o que quero, mas faço o que detesto. Ora, se faço o que não quero, reconheço que a Lei é boa. Na realidade, não sou mais eu que pratico a ação, mas o pecado que habita em mim. Eu sei que o bem não mora em mim, isto é, na minha carne. Pois o querer o bem está ao

> meu alcance, não porém o praticá-lo. Com efeito, não faço o bem que quero, mas pratico o mal que não quero. Ora, se faço o que não quero, já não sou eu que ajo, e sim o pecado que habita em mim. Verifico, pois, esta lei: quando quero fazer o bem, é o mal que se me apresenta. Comprazo-me na lei de Deus, segundo o homem interior, mas percebo outra lei em meus membros, que peleja contra minha razão e que me acorrenta à lei do pecado que existe em meus membros.

Os termos gregos *sárx*, *psyché* e *pneýma*, que aparecem na perícope, podem ser traduzidos por "carne", "alma" e "espírito". Qual a diferenciação que podemos estabelecer entre eles? A carne é a parte do ser humano que, além de sentir o mundo externo, pode produzir e atuar nele. Já a psique ou alma é aquela parte do intelecto, a parte que possibilita o refletir e o pensar humano. A parte psíquica é aquela incapaz de chegar ao conhecimento de Deus[13], uma vez que ela é aquela que percebe todas as coisas que estão no mundo real – as visíveis, materiais e passíveis de serem apreendidas pelos cinco sentidos (olfato, visão, paladar, tato e audição). Deus é invisível, portanto, não pode ser captado pelos olhos, apenas pela fé. Conforme Ratzinger:

> Fé, uma forma básica de relacionar-se com o ser, com a existência, com o próprio e com o total da realidade. É a opção de não considerar irreal o que não se pode ver e o que de modo algum pode ser colocado no campo visual (...). Ela representa em qualquer época o risco de aceitar como verdadeira realidade e fundamento aquilo que é invisível por natureza[14].

[13] MAZZAROLO, I., Primeira Carta aos Coríntios, p. 68.

[14] RATZINGER, J., Introdução ao Cristianismo, p. 39.

A dimensão pneumática, que traduzimos por "espiritual", não é apenas a capacidade para perceber o sobrenatural, mas é também a dimensão que está aberta à escuta de Deus, aquela que é capaz de amar, de agir desinteressadamente. O amor não é um sentimento[15], mas uma decisão, tomada de forma deliberada. Por essa razão, alguém que é espiritual permite que o pneumático que habita em si opere no mundo e opta pela ação gratuita, porque imita o Pai. Na verdade, quem possui o Espírito não julga, mas engaja-se, solidariza-se e compromete-se com o outro e com a comunidade.

Paulo, em 1Cor 2,14, escreve que, para o homem psíquico, as coisas do espírito são loucuras, porque não seguem a lógica humana, já que estão voltadas à relação com o Pai. Esse horizonte de prévia compreensão pode ser entendido em sua máxima amplitude como um "horizonte transcendental da transcendência", a abertura *a priori* do homem para o ser, para a vigência da verdade, a condição de tornar possível ao ser humano ganhar o seu ser mais próprio na concretude de sua existência. Trata-se daquilo que é mais constitutivo ao ser humano, aquilo que lhe é primeiro, ou, conforme Karl Rahner, seu *a priori*[16].

Outra questão importante nessa perícope é a diferença entre *thélō* (querer) e *epithymós* (desejar). O termo grego *thymós* quer dizer "ímpeto", "impulso", "tônus",

[15] O "sentir" humano depende tanto da estrutura psíquico-afetiva como das circunstâncias externas, tal como o "tempo" segundo a meteorologia. É algo que pode mudar devido ao contexto. Daí falar-se em "mudanças de humor". Já o amor cristão não está restrito apenas às demonstrações de carinho, ternura e afeto. Ele provém da decisão fundamental do ser humano de optar conscientemente por Jesus Cristo, de escolher o amor gratuito, haja o que houver.

[16] RAHNER, K., Curso Fundamental da Fé, p. 46.

"vigor", "vitalidade". A preposição "*epi*" quer dizer "sobre" e serve de prefixo ao termo, demonstrando, assim, que o desejo ocorre quando uma força maior se sobrepõe ao ímpeto, ao vigor natural de cada ser humano, cegando o portador de tal disposição de humor. Muitas vezes, devido à intensidade, ele pode desviar completamente uma pessoa de seu rumo anterior. Por outro lado, o querer está relacionado à vontade, que, segundo Kant, é uma faculdade de autodeterminação. Ora, quem se autodetermina é porque faz uso da reflexão, então, dialoga com a racionalidade. O desejar, ao contrário, é uma faculdade própria e independente da racionalidade[17]. Provavelmente, é por esse motivo que Paulo usa o verbo "querer" – *thélō* –, pois a tese que defende é a de que o querer humano está sempre voltado para o bem. Outra coisa completamente distinta é praticar o querer, isto é, trazê-lo à cena, fazê-lo sair da interioridade, da dimensão da subjetividade para a dimensão da objetividade.

Além disso, a oposição entre carnal e espiritual (Rm 7,14-23) foi tema de grandes discussões ao longo da história, levando à interpretação dualista de corpo e alma, em que a alma era compreendida a partir do primado ontológico sobre o corpo. Pesquisas exegéticas atuais demonstram que essa interpretação provém de um movimento gnóstico no qual o corpo é desprezado, considerado uma espécie de cárcere da alma. Os gnósticos eram seguidores de uma variedade de movimentos religiosos que ressaltavam a salvação por meio da gnose, isto é, por meio do conhecimento, da faculdade intelectiva.

[17] CANTO-SPERBER, M., Dicionário de Ética e Filosofia Moral, p. 778.

Acrescente-se a isso o fato de que Paulo afirma, em 2Cor 4,7-11, que carregamos, pois, esse tesouro em vasos de argila, a fim de que a superabundância do poder seja de Deus, e não nossa. Há ainda outras referências, afirmando que "a centelha divina e eterna em nós está num vaso de barro" (Gn 2,7). O problema reaparece em Rm 7,14-23, em que Paulo deixa claro que não produzimos o que queremos, mas sim o que não queremos, pois, apesar de querermos a lei pneumática – a lei de Deus –, por fim provocamos o pecado, e mais, estamos submetidos a ele, somos escravos dele.

A tensão entre homem interior e homem exterior não deve ser vista aqui como um dualismo, mas como uma tensão dialética, e dialética não como um mero intercâmbio argumentativo, mas um intercâmbio ontológico[18], uma vez que há uma integração dinâmica entre *sárx* (carne) e *pneýma* (espírito). A dialética contrapõe o espírito à carne, mas sem desprezar a carne, posto que Deus fez-se carne e habitou entre nós. A luta do homem interior com o exterior começa com o nascimento e finda com a morte. Nesse sentido, a dialética da carne e do espírito perpassa a história dinamicamente, não com o dualismo fixista da gnose. Além disso, cabe ao homem assumir a nova condição humana, que está a serviço da Boa-Nova.

Juan Luís Segundo surpreende por sua capacidade reflexiva ao se aprofundar em questões que aparecem nessa perícope paulina, principalmente por haver desenvolvido o conceito paulino de "lei dos membros" e por haver pensado com profundidade em quem é o ser humano segundo Paulo.

[18] AUDI, R., Dicionário de Filosofia de Cambridge, p. 931.

Com clareza antropológica e eclesiológica, Juan Luís Segundo reafirma, a partir da perícope paulina, o quão pouco pode a condição humana, e a consciência, o saber que com o batismo não estamos, automaticamente, livres da lei do pecado e da morte, que o batismo não é algo mágico. Eis aqui a maturidade antropológica: o reconhecimento da fraqueza humana[19]. Ainda segundo o autor, o anseio maior de Paulo, ao escrever essa perícope, era o de, tão somente, levar o ser humano a humanizar-se, a compreender suas próprias idiossincrasias, a, enfim, amadurecer[20].

Outra constatação extremamente importante do autor é aquela de que o cristão é um ser dividido[21], pois a existência humana é regida por dois mecanismos opostos, por duas leis, pelas dicotomias abaixo:

- entre o eu e o que habita em mim, o pecado, o mal;
- entre o querer e o realizar, ou praticar;
- entre a lei espiritual – o bem –, e o pecado – o mal; e, por fim,
- entre o homem interior e a Lei dos Membros.

Basicamente, essa realidade humana dividida está centrada no fato de que, na intimidade do homem, em seu centro mais autêntico, ele quer manter-se no seguimento de Jesus, quer realizar o plano de amor do Pai para toda a criação. Porém, no momento do obrar, no momento da ação, forças impessoais se apoderam da atuação hu-

[19] SEGUNDO, J. L., El Hombre de Hoy ante Jesus de Nazaret, p. 476-477.
[20] SEGUNDO, J. L., El Hombre de Hoy ante Jesus de Nazaret, p. 478.
[21] SEGUNDO, J. L., El Hombre de Hoy ante Jesus de Nazaret, p. 479.

mana[22]. Trata-se da distância que há entre a intenção e a realização, ou seja, a consecução, que é arrastada pelos grilhões da impessoalidade que se antepõem ao querer pneumático do homem. Juan Luís Segundo interpreta como estrutural essa condição humana – homem dividido – e se detém no exame da Lei dos Membros:

> Lei dos Membros é a condição humana de renunciar, sem se dar conta, enganando a si mesmo, em seus projetos mais íntimos, e justificando-se diante de si mesmo e diante dos outros e deixando-se levar pela lei do menor esforço. Nossa psique, com seus mecanismos congênitos e adquiridos, nossa sociedade com suas ideologias, prejuízos e costumes; mesmo a Lei revelada como autoridade psicossocial, exterior, tudo isso vige na mesma categoria da Lei dos Membros[23].

Não há como escapar da Lei dos Membros e dessa estrutura antropológica dividida, diz Paulo; mas Juan Luís Segundo realiza o projeto de explicitar e, também, de explicar o que tais membros significam atualmente. Assim, os cristãos e todo e qualquer ser humano podem vir a ganhar em maturidade.

Então, conforme Segundo, o que são os membros? Eles são parte de um corpo impessoal. Mas o que é o impessoal? O impessoal apresenta uma totalidade indiferenciada. É o "a gente" – todos e ninguém ao mesmo tempo. Trata-se do "senso comum", de uma impessoalidade em que ocorre uma despersonalização da pes-

[22] SEGUNDO, J. L., El Hombre de Hoy ante Jesus de Nazaret, p. 481.
[23] SEGUNDO, J. L., El Hombre de Hoy ante Jesus de Nazaret, p. 490-491.

soa, ou seja, uma perda do vigor inicial. Isso ocorre por não sermos únicos no mundo. Somos sempre um, envolvidos por todos.

Quando Juan Luís Segundo interpreta e afirma que a consecução do querer espiritual se perde na realização por causa da Lei dos Membros, elaboramos a hipótese de que isso ocorre exatamente pelo fato de sermos influenciados pelas pessoas com as quais convivemos. Mas não é somente isso; Heidegger afirma que essa impessoalidade está fora do humano, mas também dentro, já que se trata da estrutura mais fundamental do ser humano, tal como afirmam também Segundo e Paulo (Rm 7,20-23), pelo simples fato de que a Lei dos Membros está inscrita em nossa carne. Por isso, em termos paulinos, nos deixamos influenciar e não produzimos o bem que queremos: porque o todo impessoal não está apenas fora de nós, mas também está inscrito em nós. Essa é a Lei dos Membros.

São estes os membros elencados por Juan Luís Segundo em sua hermenêutica: a) a lei do menor esforço, porque somos um lutando com o todo dentro de nós; b) a nossa vida psíquica, seja de origem hereditária ou adquirida, abarcando toda a série de problemas de estrutura psíquica (neurótica, psicótica, perversa), além dos possíveis transtornos, tais como: bipolaridade, depressão, psicopatia, TDAH, entre outros; c) a ideologia, visão de mundo de um grupo específico que tenta impô-la aos outros visando a um fim específico, quase sempre o benefício de grupos sociais específicos; d) a visão de mundo, produção de ideias resultante da convivência social, que varia de tempo e lugar; nela, estão presentes as interpretações da vida e da realidade, o dever ser, o moralismo em todos os níveis, econômico, social, sexual; e, por fim, e) a Lei, revelada como autoridade exterior psicossocial, que diz respeito às estruturas de poder que visam à manutenção do *status quo* dominante. A Lei dos Membros é, então, a diminuição da liberdade de realização humana nos vários níveis.

Pelo fato de a divisão entre "querer" e "agir" ser algo estrutural no ser humano, e, portanto, ontológica, a maturidade antropológica à qual somos chamados a partir da conscientização do conteúdo dessa perícope nos ajuda a optar preferencialmente pela misericórdia, em detrimento do ajuizamento dos outros. A misericórdia supõe um amor esclarecido, proveniente de um ser humano maduro. Conforme Segundo:

> Somente os projetos que assumam em sua realização a resistência própria do amor constituirão um serviço definitivo ao plano de Deus. Só um amor criador, que luta de maneira realista, esperando contra toda esperança, terá acesso definitivo[24].

Por outro lado, o reconhecimento da nossa fragilidade, de que não somos capazes de realizar o que queremos, é exatamente a porta de entrada para que o homem entregue os resultados de sua obra ao querer de Deus: o ser útil para. Ainda que nossas obras sejam diminutas, é necessário que elas estejam em comunhão com toda a Igreja e com o projeto de Deus para a humanidade.

[24] SEGUNDO, J. L., El Hombre de Hoy ante Jesus de Nazaret, p. 497.

1.2. Jesus e a chave de inclusão

A revelação cristã não é arbitrária, e sim salvífica, pois é a saída da vida sedentária[25] para o ingresso na vida nômade[26]. Assim, podemos nos perguntar: como teve início a experiência bíblica do povo de Israel, do povo de Deus? Ela nasceu no mistério do nomadismo, e Jesus de Nazaré estava sempre a caminho. O sedentarismo é estático e acomodado, estabelece-se com a relação de domínio material e espacial do homem sobre as coisas. As coisas e os lugares são mais importantes do que a vida, do que as pessoas. O importante é manter o território que se domina, em vez de cativar o povo que se governa. Esse sempre foi o modo de pensar de monarcas e imperadores: valorizar mais a nação como sendo o somatório de coisas do que uma coletividade de pessoas.

Nesse sentido, a Revelação jamais poderia ter ocorrido numa nação imperial controlada por um monarca, mas sim em meio a um povo nômade, desprovido de bens e que se põe em constante movimento[27]. Um povo cujo valor está fundamentado na relação familiar da tribo, do clã, em que o medo maior de

---

[25] O sedentarismo tem a sua base teórica centrada no domínio e no controle do ser humano sobre os objetos. Procura-se suplantar o medo e a insegurança de viver o incerto amanhã colocando a segurança na posse de objetos e coisas, a ponto de transformar pessoas e acontecimentos em meras coisas. Trata-se da dinâmica da coisificação. Aqui, importa aquilo que se tem.

[26] O nomadismo, ao contrário, não se fundamenta nas coisas, mas sim nas relações com as pessoas. O que importa é a pessoa em sua relação comunitária, já que se tem clareza de que não se sabe o que irá nos acontecer amanhã. Trata-se da dinâmica da relação. Aqui, não importa o quê, mas sim o modo como nos relacionamos. Importa a medida do envolvimento, da entrega, do serviço e da doação. Importa viver na abertura e na compreensão do outro.

[27] IHWH disse a Abrão: "Sai da tua terra, da tua parentela e da casa de teu pai, para a terra que te mostrarei. Eu farei de ti um grande povo, eu te abençoarei, engrandecerei teu nome; seja uma bênção!" (Ex 12,1-2).

qualquer integrante é ser excluído do grupo. Por essa razão, é fundamental reler o Novo Testamento a partir da dinâmica do nomadismo, na qual não só se estabelece um processo de construção de relações interpessoais, como também se destrói toda e qualquer forma de exclusão. O povo de Deus, proveniente das Doze tribos de Israel, foi amadurecendo e descobrindo progressivamente, na sua relação com Deus, o modo de ser de Deus, a ponto de sair da monolatria e passar pelo monoteísmo até chegar à experiência e à consciência trinitária.

Por outro lado, a revelação aconteceu, primeiramente, dentro de um grupo de pastores, que, por atividade e cultura, eram nômades; viviam na provisoriedade, no movimento, e andavam em grupo. A segurança e o bem-estar deles dependiam de todos. Eles tornavam-se um clã e desempenhavam funções complementares e integradas, de modo a um depender do outro para sobreviver. Sua maior punição era ir para o exílio, ser banido do grupo. O povo de Deus, desde os seus primórdios, tem uma identidade nômade, peregrina, além de basear-se na relação interpessoal com o outro e com Deus.

Exemplo disso é a atitude de Jesus, que logo formou um grupo de discípulos. Além disso, o processo pós-pascal tratou de recompor aquilo que, com a paixão e morte, havia sido desfeito: o grupo, a comunidade de discípulos. Podemos, então, afirmar que a principal característica de Jesus de Nazaré era aquela de chamar e acolher aqueles que estavam de fora, os excluídos, e que sua maior preocupação era quebrar todas as formas de exclusão.

A experiência cristã mostra-nos o que acontece entre as duas maneiras de viver, sedentarismo e nomadismo, já que o cristianismo não é uma experiência individual, mas comunitária. As leis são apenas normas de comportamento coletivo; no entanto, não podem ser excludentes, tais como a lei de Esdras que tratava do puro e do impuro. Jesus vai combater firmemente o fechamento dos judeus que excluem os estrangeiros, os diferentes. O judeu, no plano ideal, valoriza os laços de sangue, enquanto que, para o cristão, o que importa é a vivência comunitária baseada no amor gratuito e na fé.

A lógica da exclusão é sustentada pelo ímpeto humano de se tornar aquele que é. Fundamenta-se no elitismo intelectual grego do "rei-filósofo", e, para alcançar tal intento, o ser humano precisa diferenciar-se, separar-se e destacar-se. Para um grego, tornar-se si mesmo significava tornar-se um herói, alguém que permaneceria para sempre na memória histórica dos seres humanos. Aqui está o fundamento da segregação, da separação; ele se nutre de uma necessidade demasiadamente humana, mas que compreende o ser humano não como alguém relacional, mas sim como alguém dotado de razão e que merece ser "individualmente" feliz.

Bem outra é a compreensão semítica do "tornar-se si mesmo". Para o povo hebreu – forjado pelo êxodo –, a identidade está na vida comunitária, na saída de si e na relação com os outros. É exatamente aí que advém o eixo central e determinante da Revelação bíblica: a salvação, já que salvar-se quer dizer sair de si, quer dizer entrar no processo de envolvimento. Podemos dizer que nos humanizamos quando nos integramos. Sendo assim, foi a partir da saída da mensagem salvífica do mundo semítico para o mundo helenizado que passou a existir tanto a vigência do dualismo, quanto o reinado da lógica da exclusão, porque antepõe um muro de separação perante o diferente.

Como síntese, poderíamos dizer que a lógica da inclusão é a lógica da Revelação, que atua na chave de leitura "e", enquanto a lógica da exclusão é a lógica humana, que atua na chave de leitura "ou", que antepõe um muro diante do outro. Deus nos pede que sejamos como Ele é e que atuemos no seu "elemento" e modo de ser, que é a ação envolvente e gratuita: o Amor.

Além disso, as tradições denominadas javista, eloísta, sacerdotal e deuteronomista são verbalizações do dado de fé e, por isso, estão eivadas também de dados culturais. No caso da noção de criação, a tradição sacerdotal e a javista sobressaem pelo fato de narrarem uma experiência primordial. Trata-se de narrativas que expressam a mesma experiência, mas em contextos diferentes. A narrativa sacerdotal é mais recente e destaca o fato de que *Deus viu que isso era bom* (Gn 1,10). Por outro lado, a narrativa javista, mais antiga, destaca o fato de que o ser humano foi modelado do pó da terra, porém com o sopro divino, a "divina *Rûah*" (Gn 2,7); além de afirmar que "não é bom que o homem esteja só. Vou fazer uma auxiliar que lhe corresponda" (Gn 2,18).

Essas duas narrativas trazem, em essência, a compreensão fundamental de que o ser humano é frágil (argila do solo), de que não é bom que ele viva sozinho, mas sim em comunidade – tal como acontece na vida Trinitária. A noção de "criatura" entende que o ser humano não é fechado em si mesmo e que ele é dotado da "divina *Rûah*". Pelo fato de o ser humano ser criatura, ele está sempre se remetendo para fora de si; por isso, não pode viver ensimesmado. A humanidade não pode prescindir da dinâmica do encontro. Outrossim, a criatura existirá sempre no movimento de referência ao criador. Existe criatura porque há o criador. Essa referência é basilar. Nesse movimento relacional, permanece o processo de criação que é amoroso e que convida a criatura a viver essa dinâmica do encontro, a dinâmica da identidade e da diferença.

Por outro lado, o conceito de pessoa é o grande contributo cristão à humanidade, em se tratando de antropologia. Trata-se de um patrimônio e de um legado eclesial. Apesar do conceito de "pessoa" ser oriundo do termo grego *prósōpon*[28], quando ele foi apropriado pelo cristianismo, manteve seu significado semita. Afirmamos isso porque os gregos, através de Platão[29], procuraram elaborar uma didática antropológica ao dividir o ser humano em corpo (sensibilidade – sentidos, sensação e sentimentos), alma ou mente (intelectualidade, vontade e imaginação) e espírito (ânimo). O conceito de pessoa é uma invenção cristã porque ele está fundamentado na relação dialógica entre criatura e criador. É um conceito relacional, não é um conceito que individualiza, ao contrário, em seu cerne habitam o valor e a dignidade da pessoa, pelo simples fato de ela existir, de ser o ouvinte da Palavra e de responder ou não ao apelo do criador.

Conclusão

Como o critério fundamental para se realizar o estudo bíblico com vistas à ética teológica é a antropologia bíblico-teológi-

[28] Esse termo grego significa "máscara" – era a máscara usada pelo ator da tragédia para vivenciar vários personagens distintos. Ele foi traduzido para o latim como persona e, na tradução portuguesa, pessoa.

[29] PLATÃO, A República, p. 227.

ca, faremos um breve resumo do que foi descrito acima e que o teólogo moral deverá levar em consideração em sua análise, ao refletir acerca do agir humano na contemporaneidade:

1 - O ser humano é uma criatura de Deus, por isso seu agir necessita estar pautado mais na proximidade de Deus do que em seu afastamento. O ser humano desconsiderar que é uma criatura dependente de Deus traduzir-se-á em uma vida arruinada e em escombros.

2 - O ser humano é o "ouvinte da Palavra". Portanto, é um ser transcendente, aberto ao outro, ao diferente. Nesse sentido, seu primado ontológico está em ser uma criatura aberta à relação e à cultura do encontro, dependente da vida comunitária, muito mais do que um ente intelectual, cognitivo e isolado. Isolamento social é sintoma de transtorno psíquico.

3 - As ações humanas guiadas pela dimensão pneumática são as mais benéficas, porque são gratuitas e agradam a Deus. A vida pneumática não obedece nem ao desejo carnal, nem à subjetividade psíquica, mas sim ao Espírito Santo.

4 - Por ser o "ouvinte da Palavra", Deus dá, continuamente, ao ser humano a capacidade de ele se situar diante da verdade mais real e profunda do seu ser.

5 - Segundo Paulo, não há como fugir da "Lei dos Membros", a não ser por meio de uma via pneumática. Nesse sentido, é próprio do ser humano errar mais do que acertar. Sendo assim, mais importante do que se escandalizar, ajuizar e criticar negativamente uma pessoa é acolhê-la, escutá-la, ajudá-la a pensar no que diz respeito à sua realidade, além de aconselhá-la e recomendá-la.

6 - Pautar-se mais pelo querer, pela vontade, do que pelo desejar que quase sempre é ilusório e inconstante.

7 - A vida, do princípio ao fim, tem prioridade ontológica.

8 - Jesus de Nazaré representa o único modelo humano a ser seguido. Daí, ao tratar-se de seres vivos e, principalmente, de seres humanos, a chave de inclusão é sempre preferencial.

Referências bibliográficas

AUDI, R. (dir.). **Dicionário de Filosofia de Cambridge**. São Paulo: Paulus, 2006.

BAILLY, Anatole. **Dictionnaire Grec-Français**. Paris: Hachette, 2000.

BÍBLIA DE JERUSALÉM. São Paulo: Paulus, 2015.

CANTO-SPERBER, M. **Dicionário de Ética e Filosofia Moral**. Volume 2. São Leopoldo: Editora Unisinos, 2007.

CHAN, Y. S. L. **Biblical Ethics in the 21st Century**: Developments, Emerging Consensus, and Future Directions. New York: Paulist Press, 2013.

COMPÊNDIO DO CONCÍLIO VATICANO II. **Decreto Optatam Totius**. São Paulo: Paulus, 2001.

KEENAN, J. F. Forward. **Biblical Ethics in the 21st Century**: Developments, Emerging Consensus and Future Directions. New York: Paulist Press, 2013, p. 3-10.

MAZZAROLO, I. **Primeira Carta aos Coríntios**: Exegese e Comentário. 2ª Edição. Rio de Janeiro: Mazzarolo Editor, 2008.

METZGER, B. M. **A Textual Commentary on the Greek New Testament**. Stuttgart: Deutsche Bibelgesellschaft, 2005.

METZGER, Bruce. **The Greek New Testament**. The Third Corrected Edition. Stuttgart: German Bible, 1988.

PLATÃO. **A República**. Lisboa: Fundação Gulbenkian, 1995.

PONTIFÍCIA COMISSÃO BÍBLICA. **Bíblia e Moral**: Raízes Bíblicas do Agir Cristão. Vaticano: Roma, 2008.

RAHNER, K. **Curso Fundamental da Fé**. São Paulo: Paulus, 1989.

RATZINGER, J. A Relação entre o Magistério da Igreja e a Exegese a cem anos da Constituição Pontifícia Comissão Bíblica. In: **Congregação para a Doutrina da Fé**. Roma: Vaticano, 2013. Disponível em: <https://www.vatican.va/roman_curia/congregations/cfaith/pcb_documents/rc_con_cfaith_doc_20030510_ratzinger-comm-bible_po.html>. Acesso em: 12 jun. 2022.

RATZINGER, J. (Bento XVI). **Introdução ao Cristianismo**: Preleções sobre o Símbolo Apostólico. São Paulo: Loyola, 2005.

SEGUNDO, J. L. **EL Hombre de Hoy ante Jesus de Nazaret**. Vol II/1. Sinópticos y Pablo. Madrid: Ediciones Cristiandad, 1982.

SPOHN, W. C. **Go and do Likewise**: Jesus and ethics. New York: Continuum, 1999.

SPOHN, W. C. **What are they saying about Scripture and Ethics**. New York: Paulist Press, 1995.

8

A ética teológica e o humanismo regenerado

Da crise de humanidade ao processo de tornar-se humanidade

Luiz Augusto Mattos[1]

Introdução

Um dos problemas a ser enfrentado na atual civilização mundial diz respeito à crise geral de humanidade. Todos os processos que tinham como propósito garantir humanidade estão, pelo contrário, levando ao genocídio, ecocídio e geocídio. Os seres humanos, sobretudo os vulneráveis e excluídos, a natureza e a Terra estão sob graves ameaças.

> O atual cenário sombrio é consequência da maneira como os humanos, nos últimos três séculos, resolveram se organizar sobre o princípio do poder-dominação de uns sobre os outros, sobre povos diferentes, sobre a natureza, sobre as várias formas de energia e até sobre as ínfimas partículas da matéria e da vida.[2]

---

[1] Doutorado em Teologia Moral pela Faculdade N. S. da Assunção; Doutorado em Educação pela Universidade São Francisco. Ligado à Escola de Teologia Pedro Casaldáliga (Prelazia de São Félix do Araguaia); curso de pós-graduação em Bioética na Faculdade de Teologia de Florianópolis.

[2] BOFF, L., Habitar a terra, p. 25.

Partindo dessa constatação, pode-se afirmar que uma das tarefas da ética teológica é contribuir para o resgate de humanidade no atual contexto, vale dizer, a ética como ferramenta na construção de uma *ponte* que possibilite mais interação e compromisso entre povos e nações, em prol da humanização. Para isso, é imprescindível o resgate do *humano* a partir do reinventar o ser humano na trilha da perspectiva e do sonho: que todos sejam tratados humanamente!

Um dos pioneiros da bioética mundial, Van Rensselaer Potter, afirmou: "Somente pela combinação do conhecimento das ciências e das 'humanidades nas mentes humanas individuais' é que poderemos esperar construir uma 'ponte para o futuro'".[3] Em outras palavras, há que trabalhar a consciência de humanidade em cada indivíduo e em cada povo, caso queira-se seguir sonhando com as transformações sociais, políticas, ecológicas e econômicas necessárias para reverter a atual situação civilizacional. O que está em causa na atualidade não é apenas a sobrevivência da humanidade, e sim a persistência da humanidade em cada ser humano.[4]

A persistência *na* e *da* humanidade enfrenta a crueldade e a barbárie interiores que o ser humano traz consigo. A ética teológica, como resistência, deve amparar cada um para ser resiliente aos traços de barbárie (agressividade, intolerância, egocentrismo, insensibilidade, fundamentalismo, dogmatismo, ódio etc.) que se desenvolvem e consolidam no interior da estrutura psíquica. Ao mesmo tempo, a ética tem que favorecer a humanização da vida humana e social. Uma ética teológica que fomente a ética da religação, que exige cultivar a abertura ao outro, o promover o sentido

---

[3] POTTER, V. R., Bioética, p. 74.

[4] GUILLEBAUD, J.-C., O princípio de humanidade, p. 18-21.

de identidade comum e uma responsabilidade com a inclusão justa e humanizadora de todos e todas.

A atual civilização desperta e espanta quando deixa o sono iluminista e depara com a degradação da condição humana, a qual se espelha em várias destruições. É o ser humano convivendo a partir da justaposição e em permanente contraposição no que diz respeito ao seu lado luminoso e ao seu lado diabólico. Diante dessa realidade, é preciso "construir pontes. Criar uma terceira margem. Ultrapassar oposições. Importa assumir o dia-bólico e o sim-bólico num nível superior e includente. (...) O dia-bólico deve ser sempre visto em relação dialética com o sim-bólico e vice-versa, por mais que isso nos custe em termos de compreensão".[5] Viver o processo de humanização do ser humano não consiste em querer negar ou erradicar o dia-bólico, mas em contribuir para que a dimensão *demens* seja integrada de uma maneira que ajude a reforçar e conferir dinâmica ao sim-bólico – o problema é quando o dia-bólico se torna hegemônico.

Não é divinizando ou buscando um ser humano perfeito que se encaminha como se deve à conquista de um humanismo regenerado. A vida humana é vivida a partir de contradições e de sua complexidade.

> O humanismo regenerado, reconhecendo o *Homo complexus*, compreende que é preciso aliar razão e paixão incessantemente, que a afetividade humana pode conduzir ao amor ou ao ódio, à coragem ou ao medo, que a razão sozinha e gélida é desumana, que a técnica pode trazer o melhor e o pior, que a mente humana não parará de produzir mitos para se pôr a serviço deles, que o injustificado, o jogo e as paixões,

[5] BOFF, L., O despertar da águia, p. 17.

> mesmo em nossa civilização, em que o interesse econômico é hipertrofiado, não permitem que este reine absoluto.[6]

Tendo como pano de fundo o humanismo regenerado, a ética teológica não poderá deixar de propor caminhos reflexivos e práticos em vista da dignidade da vida humana. Não é possível querer humanidade desconsiderando a dignidade humana. Importante compreender o que se entende por dignidade humana:

> A dignidade humana não admite privilégios em sua significação. Não é um atributo outorgado, mas uma qualidade inerente, enquanto pessoa; é um *a priori* ético comum a todos os seres humanos. A dignidade é uma qualidade axiológica que não admite um mais ou menos. Não se pode ter mais ou menos dignidade, como não se pode ser mais ou menos pessoa. Ela serve para incluir todo ser humano, e não para excluir alguns que não interessam; não pode ser usada como critério de exclusão, pois seu significado é justamente de inclusão. Em sua significação práxica, a categoria ética de dignidade tem uma orientação preferencial para aqueles cuja dignidade está desfigurada ou diminuída na sua expressão. Nesse sentido, ajuda, por um lado, a corrigir possíveis reducionismos aos quais o ser humano pode ser submetido; por outro, a orientar a ação para a meta da humanização.[7]

---

[6] MORIN, E., É hora de mudarmos de via: as lições do coronavírus, p. 85.

[7] JUNGUES, J. R., O respeito à dignidade humana como fundamento de todo humanismo, p. 164. Jungues afirma: "No Concílio Vaticano II, a Igreja abriu-se ao mundo moderno, reformulou sua proposta numa nova linguagem e conseguiu fazer-se entender em seu humanismo. O documento que melhor expressa essa reconciliação foi a Gaudium et Spes, que trata da Igreja no mundo de hoje. Como não podia deixar de ser, o capítulo primeiro desse documento (n. 12-22) trata da 'Dignidade da pessoa', como fundamento de qualquer humanismo", p. 154.

A presente reflexão, partindo do que foi dito acima, trabalhará, em três momentos, o tema da superação da crise de humanidade em prol de uma vida humana com mais humanidade. No primeiro momento, debruçar-se-á sobre o contexto atual, no que este apresenta como falta de humanidade, ou melhor, no que tem contribuído para que a humanidade não seja mais permeada de humanidade. Uma humanidade que não regenera, a partir de um compromisso por vidas humanizadas, se degenera! Num segundo momento, procurar-se-á trabalhar a ética teológica orientada para uma política de humanidade. Política de humanidade atravessada por uma ética da religação alicerçada num conjunto de valores ou critérios fundamentais para uma vida humana humanizada. Por fim, a reflexão terá como objetivo apresentar uma abordagem da ética teológica por um caminho alternativo para uma humanidade com mais humanidade.

A reflexão tem como questão de fundo o aspecto do humano na experiência do ser humano. Não se aprofundará no que diz respeito aos aspectos sociais e políticos como lugar também de crise de humanidade.

1. O contexto de falta de humanidade e que provoca desumanidade

A gigantesca crise que atravessa a atual civilização e que atinge os seres humanos, a natureza, vale dizer, todos que habitam a Casa comum, deve-se a uma crise de humanidade que não consegue garantir o estado de humanidade. Todo desenvolvimento acumulado desde o século XX, a partir, por exemplo, da tecnologia, do processo democrático, da revolução cultural etc., apesar de ter levado, por um lado, a sociedade a cuidar melhor da vida, garantido, em certo sentido, o bem-estar, por outro lado, a tem conduzido a catástrofes em cadeia.

> A nave espacial Terra é propulsada por quatro motores incontrolados: ciência, técnica, economia, lucro, cada um deles alimentado por uma sede insaciável: a sede de conhecimento (ciência), a sede de poder (técnica), a sede de possuir, a sede de riquezas. Seus efeitos são ambivalentes. Sem dúvida, a ciência permitiu elucidações e suscitou aplicações benéficas, mas produziu armas de destruição em massa, principalmente nucleares, e possibilidades desconhecidas de manipulações de genes e de cérebros humanos. Ambivalente por natureza, a técnica dominou as energias naturais, mas também os seres humanos. A economia produziu, ao mesmo tempo, riquezas fantásticas e misérias infindáveis, sua falta de regulações dá livre circulação ao lucro, ele mesmo propulsado e propulsor de um capitalismo desenfreado, fora de qualquer controle, que contribui para a corrida rumo ao abismo.[8]

Para enfrentar essa ambivalência, urge uma *política da humanidade*, a qual tem como grande horizonte a destinalidade e a origem comum de todos e todas que habitam a Casa comum, a necessidade de se responsabilizar solidariamente com os mais vulneráveis e excluídos, a experiência do esperançar contra toda política necrófila. Sem o reconhecimento de nossa humanidade comum e o respeito às diferenças, sem sensibilidade humanitária e

[8] MORIN, E., A via para o futuro da humanidade, p. 34

reciprocidade com o outro, não é possível sonhar com um mundo com mais humanidade.

Desde a realidade micro (indivíduo, família, grupos por identidade afetiva etc.), há que se prosseguir um trabalho de conscientização e responsabilização visando ao compromisso com a política de humanidade.[9] Um compromisso, entre outros, sobre o qual a ética teológica deverá refletir, favorecendo uma prática consistente, que tem a ver com o surgimento, na nova era geológica, do antropoceno. *Antropoceno* revela o lado agressivo e destruidor dos seres humanos que põe em risco todo o sistema-vida (a vida humana, os ecossistemas que formam o planeta Terra e a atual civilização). Fala-se, inclusive, da radicalização do antropoceno, que se dá pela ocorrência de mortes em massa, ou seja, genocídio coletivo e ecocídio em escala mundial.

O Papa Francisco tem manifestado preocupação com a crise do *antropos*. Na Exortação apostólica *Evangelii Gaudium*, afirma:

> A crise financeira que atravessamos faz-nos esquecer que, na sua origem, há uma crise antropológica profunda: a negação da primazia do ser humano. Criamos ídolos. A adoração do antigo bezerro de ouro (cf. Ex 32,1-35) encontrou uma nova e cruel versão no fetichismo do dinheiro e na ditadura de uma economia sem rosto e sem um objetivo verdadeiramente humano. A crise mundial, que investe as finanças e a economia, põe a descoberto os seus próprios desequilíbrios e, sobretudo, a grave

[9] Não vou refletir sobre os níveis midi e macro. Ficarei mais na dimensão do pessoal, interpessoal, familiar e grupal.

> carência de uma orientação antropológica que reduz o ser humano apenas a uma das suas necessidades: o consumo.[10]

Na Encíclica *Laudato Si'*, o papa retoma a questão antropológica, procurando aprofundar a reflexão a respeito do antropocentrismo moderno e suas consequências. Francisco afirma:

> O antropocentrismo moderno acabou, paradoxalmente, colocando a razão técnica acima da realidade, porque este ser humano "já não sente a natureza como norma válida nem um refúgio vivente. Sem se pôr qualquer hipótese, vê-a, objetivamente, como espaço e matéria onde realizar uma obra em que se imerge completamente, sem se importar com o que possa suceder a ela". Assim, debilita-se o valor do mundo. Mas, se o ser humano não redescobre o seu verdadeiro lugar, compreende-se mal a si mesmo e acaba contradizendo a sua própria realidade. (...) Nos tempos modernos, verificou-se um notável excesso antropocêntrico, que hoje, com outra roupagem, continua minando toda a referência a algo de comum e qualquer tentativa de reforçar os laços sociais.[11]

[10] EG, n. 55. O papa, na EG, n. 53, ao tratar da economia da exclusão, afirma: "Não se pode tolerar mais o fato de se lançar comida no lixo, quando há pessoas que passam fome. Isto é desigualdade social. Hoje, tudo entra no jogo da competitividade e da lei do mais forte, em que o poderoso engole o mais fraco. Em consequência dessa situação, grandes massas da população veem-se excluídas e marginalizadas: sem trabalho, sem perspectivas, num beco sem saída. O ser humano é considerado, em si mesmo, como um bem de consumo que se pode usar e depois lançar fora. Assim teve início a cultura do 'descartável', que, aliás, chega a ser promovida. (...) Os excluídos não são 'explorados', mas resíduos, 'sobras'".

[11] LS, n. 115-116.

Compreender essa nova realidade antropológica exige aprofundar como as subjetividades são estruturadas a partir da racionalidade, da normatividade e do imaginário do projeto neoliberal.[12] Toda forma de existência humana tem sido domesticada e condicionada a enquadrar-se em um modelo existencial que responda ao modo neoliberal de compreender e atuar na atual civilização mundial, o que tem como consequência a exclusão dos vulneráveis e empobrecidos, a destruição da natureza, as pandemias, a violência social e estrutural, a insensibilidade social, a busca do interesse próprio, novas patologias sociais.

> O neoliberalismo define certa norma de vida nas sociedades ocidentais e, para além dela, em todas as sociedades que a seguem no caminho da modernidade. Essa norma impõe a cada um de nós que vivamos num universo de competição generalizada, intima os assalariados e as populações a entrar em luta econômica uns contra os outros, ordena as relações sociais segundo o modelo do mercado, obriga a justificar desigualdades cada vez mais profundas, muda até o indivíduo, que é instado a conceber a si mesmo e a comportar-se como uma empresa. Há quase um terço de século, essa norma de vida rege as políticas públicas, comanda as relações econômicas mundiais, transforma a sociedade, remodela a subjetividade.[13]

A subjetividade é estruturada a partir de uma ética do indivíduo que privilegia a competitividade, o sucesso, a força, o interesse próprio, o combate, a concorrência, o desinvestimento no outro. Isso para responder à concepção do indivíduo como uma empresa de si mesmo, que procura servir ao mercado negociando seus ser-

[12] CESARA, R., Contra a miséria neoliberal.

[13] DARDOT, P.; LAVAL, C., A nova razão do mundo, p. 16.

viços, o que promove uma conjunção entre o projeto pessoal e o projeto de uma empresa.

> Daí o interesse da identificação do sujeito como empresa de si mesmo e capital humano: a extração de um "mais-de-gozar", tirado de si mesmo, do prazer de viver, do simples fato de viver, é que faz funcionar o novo sujeito e o novo sistema de concorrência. Em última análise, subjetivação "contábil" e subjetivação "financeira" definem uma *subjetivação pelo excesso de si em si* ou, ainda, *pela superação indefinida de si.* Consequentemente, aparece uma figura inédita da subjetivação. Não uma "*trans-subjetivação*", o que implicaria mirar um além *de* si mesmo que consagraria um rompimento consigo mesmo e uma renúncia de si mesmo. Tampouco uma "*autossubjetivação*", pela qual se procuraria alcançar uma relação ética consigo mesmo, independentemente de qualquer outra finalidade, de tipo político ou econômico. De certa forma, trata-se de uma "*ultrassubjetivação*", cujo objetivo não é um estado último e estável de "posse de si", mas um além *de* si sempre repelido e, além do mais, constitucionalmente ordenado, em seu próprio regime, segundo a lógica da empresa e, para além, segundo o "cosmo" do mercado mundial.[14]

Quando se pensa em humanidade, surge a questão: como viabilizar um humanismo desde a experiência de um ser humano libertário, transcendente diante da lógica mercadocêntrica, solidário com as vidas excluídas, e que seja resistente diante do atual contexto permeado de seres humanos narcísicos, voltados para o próprio interesse, subjetivados como empresários de si, colonizados pelo viés econômico e que têm como um dos critérios para a vida a satisfação pessoal? Enfim, uma realidade na

[14] DARDOT, P.; LAVAL, C., A nova razão do mundo, p. 356-357.

qual a população passa por um processo de subjetivação sob a lógica de uma política econômica de mercado.

> Sob a racionalidade neoliberal, aparece o fenômeno da população fabricada para se tornar uma formação "ego-gregária": um coletivo marcado mais pelo egoísmo e pelo narcisismo, estimulados tanto pelo poder político quanto pelo poder econômico, do que por um legítimo individualismo, o que exigiria uma verdadeira autonomia, inexistente na subjetivação neoliberal.[15]

O individualismo com contornos narcísicos leva o ser humano a um desinteresse pela vida do outro e da coletividade. Por isso, falar de humanidade através de um processo de humanização da vida humana e defesa da Casa comum é, no mínimo, um projeto complicado e difícil de ser levado à frente.[16]

O projeto neoliberal implementa uma produção de subjetividades de controle, na qual o que importa é investir na estratégia de opor-se a uma democracia da soberania popular, em que se vive uma plena participação política. Ao contrário disso, privilegia-se e garante-se uma política econômica de mercado que promove a barbárie em relação aos mais pobres e excluídos, destrói os bens públicos e favorece as corporações e o agronegócio. Também se promove uma política do ódio, que irradia na sociedade o neofascismo, o racismo, a

[15] CESARA, R., Contra a miséria neoliberal, p. 136.

[16] "O egoísmo, incentivado pela racionalidade neoliberal, e a correlata preocupação exclusiva com os próprios problemas fazem com que as pessoas não se envolvam com o comum e se afastem do horizonte público. O espaço público fica reduzido à propaganda, à publicidade e à exposição pornográfica de vidas transformadas em mercadorias. As pessoas, condicionadas pela racionalidade neoliberal, são levadas à repetição das mesmas condutas e dos mesmos pensamentos, inofensivos aos olhos dos detentores do poder econômico, mas, ao mesmo tempo, estão isoladas, na medida em que tendem a perceber os outros como potenciais concorrentes ou inimigos". CESARA, R., Contra a miséria neoliberal, p. 138.

discriminação étnica, a perseguição de identidades afetivo-sexuais, o neofundamentalismo religioso e identitário.

A sociedade controla, divide e sujeita a maioria da população através do *apartheid* social, situação que nega o acesso aos imperativos básicos para uma vida digna e justa, enquanto uma minoria vive com garantias sociais, culturais e econômicas – usufruindo uma vida de bem-estar. Tudo contribuindo para uma (des)civilização que promove a desumanidade.

> Se a propensão é para nos retrairmos e nos fecharmos, é em parte porque não acreditamos mais no futuro. Tendo o tempo explodido e tendo a duração sido evacuada, a única coisa que conta agora é a urgência. A Terra estaria contaminada de vez. Não se espera mais nada a não ser o próprio fim. Além disso, a vida no limiar dos extremos está se tornando a norma, nossa condição comum. A concentração de capital em poucas mãos nunca atingiu níveis tão altos como hoje. Em escala mundial, uma plutocracia devoradora nunca deixou de atuar aqui e alhures para capturar e sequestrar os bens da humanidade e, em breve, a totalidade dos recursos da vida.
>
> Ao mesmo tempo, camadas inteiras da sociedade enfrentam o risco cada vez maior de uma desclassificação vertiginosa. Há não muito tempo, elas tinham a possibilidade de mudar de status e experimentar uma mobilidade ascendente. Agora, com a corrida ladeira abaixo, estão condenadas a lutar para reter e talvez assegurar o pouco que lhes resta. Em vez de atribuir a culpa por seus reveses ao sistema que os provoca, elas imputam, no entanto, a ameaça de pauperização que enfrentam a outros ainda mais infelizes que elas, já lesados em sua existência material, e exigem mais brutalidade contra aquelas e aqueles que foram despojados de quase tudo.[17]

[17] MBEMBE, A., Brutalismo, p. 24-25.

A ética teológica de perspectiva cristã, no compromisso em prol da humanidade, enfrenta o desafio de acompanhar o *homo individualis*, que vive um neoindividualismo de tipo desregulado, liberto de imposições coletivas e comunitárias, narcísico, que cultua a autonomização individual e vive na esfera do efêmero, da provisoriedade e do não definitivo; e o *homo economicus*, que busca seus interesses, vive a mercantilização das relações sociais, competitivo, empreendedor, endividado crônico, que exalta o sucesso e o combate, empresa de si mesmo. Além dessas categorias humanas, a sociedade está atravessada pela experiência de seres humanos excluídos, invisibilizados, preteridos, discriminados e violentados. Isso por questões sociais, étnicas, afetivo-sexuais, políticas, religiosas, econômicas e culturais, o que contribui para uma desumanização cruel.

Um fator determinante de muitas mudanças humanas e sociais diz respeito a um processo de secularização da ética. E, com isso, vive-se uma era do pós-dever, na qual:

> Longe de exaltar a observância dos preceitos superiores, faz deles um uso eufêmico e lança-os ao descrédito, deprecia o ideal da abnegação mediante o estímulo sistemático à satisfação das aspirações imediatas, à paixão pelo ego, à felicidade intimista e materialista. Nossas sociedades tornaram inúteis todos os valores inerentes ao sacrifício, sejam eles relacionados à aspiração da vida eterna ou a finalidades profanas. E como a cultura do cotidiano não é mais embebida pelos imperativos hiperbólicos do dever, mas sim pelo bem-estar e pela dinâmica dos direitos subjetivos, deixamos de reconhe-

> cer a necessidade de uma dependência de qualquer coisa que seja extrínseca a nós. (...) O encadeamento da história moderna levou à eclosão de uma estrutura de gênero inédito: as sociedades pós-moralistas.[18]

Terminando, não é possível seguir sonhando com mais humanidade para a humanidade sem enfrentar o contexto civilizacional atual. Contexto produzido por uma globalização da financeirização capitalista que atinge em cheio o *antropos*. Sem um trabalho responsável em relação ao antropos, a desumanização seguirá a passos largos. E é com essa preocupação que, a seguir, se refletirá sobre uma política de humanidade.

2. A ética teológica pela religação e a política de humanidade

O grande dilema da atual civilização diz respeito *ao como* reverter essa crise de humanidade que exclui a grande maioria dos seres humanos empobrecidos e em situação vulnerável, que descuida dos seres vivos e de toda a natureza terrenais e que compromete o equilíbrio do sistema Terra, que garantiria o futuro da vida. Vive-se uma crise civilizacional globalizada, apesar da existência de algumas "ilhas" de iniciativas em

[18] LIPOVETSKY, G., A sociedade pós-moralista, p. xxix. O autor afirma que sociedade pós-moralista é "sociedade que repudia a retórica do dever rígido, integral e estrito e, paralelamente, consagra os direitos individuais à autonomia, às aspirações de ordem pessoal, à felicidade... Sociedade que, em suas camadas mais profundas, deixou de estar baseada nas exortações ao cumprimento integral dos preceitos, e que só procura acreditar nas normas indolores da existência ética. (...) Nenhuma aceitação do dever heroico, mas reconciliação entre o coração e a festa, entre a virtude e o interesse, entre os imperativos do futuro e a qualidade de vida no presente". LIPOVETSKY, G., A sociedade pós-moralista, p. xxx.

prol de alternativas e de mobilização antissistema,[19] para sair desta crise neste grande mar de destruição. Segue-se na trilha da esperança de que um mundo melhor é possível, apesar de improvável!

Para esse "sonho-aposta", entre outras coisas, é importante trabalhar, na ética teológica, a perspectiva de uma ética da religação e, ao mesmo tempo, abrir-se para pressupostos que ajudariam na busca de uma "transição paradigmática" em que se cuidaria da vida *na* e *da* Terra.

A ética da religação aponta para uma experiência de abertura ao outro, de inclusão do outro, e promove o sentimento de identidade comum e compreensão do outro. Não é mais possível que a humanidade siga excluindo e se des-solidarizando com os discriminados e ofendidos, desrespeitados e desumanizados. A separação que diminui, marginaliza, descuida e até assassina tem que ser vencida. O diabólico não pode triunfar sobre os vitimados.

> O diabo (*diabolus*) é o separador. O diabo está necessariamente em cada um de nós, pois somos todos indivíduos separados uns dos outros. Mas somos passíveis de religação. A disjunção, ou separação sem religação, permite o mal; o bem é religação na separação. O excesso de separação verifica-se quando não há religação. (...) O excesso de separação é perverso entre seres humanos quando não é compensado pela união e pela solidariedade, a amizade e o amor. Nossa civilização separa mais do que liga. Estamos em *deficit* de religação e essa se tornou uma necessidade vital. (...) A religação é um imperativo ético primordial que comanda os demais imperativos em relação ao outro, à comunidade, à sociedade, à humanidade.[20]

[19] SANTOS, B. de S., O sistema e o antissistema, p. 11-37.

[20] MORIN, E., O método, p. 104

A dinâmica correlacional (pessoal, social, cultural, política, religiosa, afetiva) focada no paradigma da religação não procederá sem que haja alguns elementos necessários e fundantes. Entre esses elementos, podem-se destacar alguns comportamentos e atitudes, como:

a) *Fomentar a exclusão da exclusão* – o outro, preferencialmente os descuidados e invisibilizados da sociedade, não pode ficar fora de um processo de humanização e da própria humanidade. Não se promoverá humanidade degradando o ser humano, maltratando os seres vivos, destruindo o que dá vida à Casa comum. No que diz respeito ao ser humano, o pensador Morin afirma: "A ética para outro opõe-se a todas as exclusões de grupos, índex, anátemas, às excomunhões que excluem o desviante da comunidade e, enfim, ao desprezo que exclui o outro da espécie humana. A ofensa, o desprezo e o ódio excluem; excluir a exclusão exige aversão pela ofensa, ódio pelo ódio, desprezo pelo desprezo".[21] Enquanto a civilização mundial estiver excluindo pessoas, povos, continentes, será impossível conquistar a humanidade.
b) *Experienciar o amor* – se o mundo deve viver um processo civilizacional no resgate da defesa e na promoção de humanidade, isso só ocorrerá na experiência do amor. O fenômeno social com humanismo não ocorrerá sem o fundamento do amor. Se não vivo a aceitação do outro, não é possível o fenômeno social humanizador da vida.

[21] MORIN, E., O método, p. 105.

> O central na convivência humana é o amor, as ações que constituem o outro como um legítimo outro na realização do ser social que tanto vive na aceitação e respeito por si mesmo quanto na aceitação e respeito pelo outro. (...) O amor não é um sentimento, é um domínio de ações nas quais o outro é constituído como um legítimo outro na convivência. A justiça não é um valor transcendente ou um sentimento de legitimidade: é um domínio de ações no qual não se usa a mentira para justificar as próprias ações ou as do outro.[22]

O mundo sofre de insuficiência, perversões, cegueiras de amor, o que dificulta vivenciar a humanidade. E se amor é a experiência fundamental para que ocorra a religação entre os seres humanos e dos seres humanos com toda a realidade, então, é imprescindível vivenciar a ética do amor. Caso contrário, a desumanização seguirá construindo o caos. Há que ser sábio no amor para saber acolher e conviver na tolerância, escutar com o coração e dialogar francamente.

c) *A interdependência na solidariedade* – assumir um compromisso com a humanidade para todos os seres viventes da Casa comum implica também vivenciar uma interdependência desde o ser solidário. Primeiro, há que compreender que o ser humano, por natureza, é um nó de relações que se distribuem por todos os lados, e que ninguém está fora da relação. Mas essa necessária interdependência não pode descartar como opção consciente a solidariedade. A solidariedade está na base da humanidade. Negar a solidariedade é uma forma de negar a humanidade, sobretudo para os vulneráveis, excluídos e invisíveis da sociedade.

22 MATURANA, H., Emoções e linguagem na educação e na política, p. 32-33.

> A sociedade vive e subsiste porque seus cidadãos comparecem como seres cooperativos e solidários, superando conflitos de interesses para ter uma convivência minimamente humana e pacífica. Essa solidariedade não vigora apenas entre os humanos. É constante cosmológica com a qual todos os seres convivem, envolvidos em redes de relações de reciprocidade e de solidariedade, de forma que todos se entreajudam para viver e coevoluir. Também o mais fraco, com a colaboração dos outros, subsiste e tem o seu lugar no conjunto dos seres e coevolui.[23]

d) *O cuidado necessário e essencial* – o cuidado se dá pela relação protetora, defensora e promotora da vida. Sem o cuidado necessário, é impossível seguir sustentando a vida na Casa comum. Se hoje a vida de todos os seres viventes está ameaçada, é porque o cuidado essencial está falhando. O cuidado deve ser entendido como um paradigma que promove um novo modo de se correlacionar, de habitar a Terra e de organizar as relações do sistema-vida, do sistema-sociedade e do sistema-planetário. O pensador Leonardo Boff reflete:

> O cuidado é a precondição necessária para que algo possa existir e subsistir; é a disposição antecipada de toda prática e de toda a ação. Sem ele, as coisas não irrompem para a existência, como a lógica do universo o comprova; a prática deixa de ser construtiva e expressão da liberdade para ser apenas atos inconsistentes e atabalhoados. O cuidado é uma forma de amor, e o amor é uma concretização do cuidado essencial. O ser humano, para superar as contingências da

[23] BOFF, L., Covid-19, p. 141.

> *condition humaine*, precisa ser cuidado e, assim, garantir sua humanidade. Ele também precisa cuidar do outro para se humanizar e, ao exercer sua liberdade, mostrar as possibilidades que esconde dentro de si e, destarte, expandir sua humanidade.[24]

Essas atitudes apresentadas são fundamentais quando se continua apostando no sonho-aposta de mais humanidade. Sem cidadãos ativos e solidários, responsáveis e amorosos, é praticamente impossível sustentar humanidade nas sociedades. Não obstante, essas atitudes não são suficientes para garantir o processo de mais humanidade para a humanidade. Por isso, urge seguir introduzindo mudanças sociais que repercutirão em transformações possíveis e recomendáveis. Entre essas mudanças, pode-se destacar:

a) *Garantir a democracia participativa* – a humanização que garanta a humanidade tem que ser processada dentro da democracia. Democracia como "processo de transformação de relações de poder desigual em relações de autoridade partilhada. (...) A democracia tem de existir, muito além do sistema político, no sistema econômico, nas relações familiares, raciais, sexuais, regionais, religiosas, de vizinhança, comunitárias";[25] e, ainda, "temos o direito a ser iguais quando a diferença nos inferioriza; temos o direito a ser diferentes quando a igualdade nos descaracteriza".[26] Sem o processo democrático participativo, não será possível

[24] BOFF, L., O cuidado necessário, p. 64-65.

[25] SANTOS, B. de S., A difícil democracia, p. 79-80.

[26] SANTOS, B. de S., A difícil democracia, p. 155.

conquistar a humanidade justa e libertadora para todos. Democratizar a sociedade é um imperativo urgente para garantir os direitos humanos e sociais e dar sustentação a uma justiça mínima em todos os níveis da vida humana e societária.

b) *Trabalhar pela desmercantilização* – a atual sociedade de mercado mercantiliza tudo, vale dizer, tudo se compra e tudo se vende, inclusive valores éticos, políticos e religiosos. A vida só tem valor se for uma boa mercadoria para o mercado. Corpos envelhecidos, deficientes, pobres podem ser descartados! Se a atual civilização despertar para a necessidade de mais humanidade para a humanidade, deverá trabalhar para a desmercantilização. "Desmercantilizar significa mostrar que usamos, produzimos e trocamos mercadorias, mas que não somos mercadorias nem aceitamos relacionar-nos com os outros e com a natureza como se fossem apenas mercadorias. Somos cidadãos antes de sermos empreendedores ou consumidores e, para o sermos, é imperativo que nem tudo se compre e nem tudo se venda, que haja bens públicos e bens comuns, como água, saúde, educação."[27] Também urge trabalhar por uma desfinanceirização da vida. Do contrário, a humanidade seguirá presa à política hegemônica que contribui para a exclusão e morte dos vulneráveis, empobrecidos e excluídos.

[27] SANTOS, B. de S., A difícil democracia, p. 180.

c) *Assumir a descolonização* – as pessoas e a sociedade são colonizadas a partir da política hegemônica dominante, o que implica pensar a partir da lógica do dominador, do excludente. A colonização pela política hegemônica contribui para a *naturalização* do racismo, do fascismo social e político, do patriarcalismo, do sexismo que discrimina o não heterossexual, das desigualdades sociais e étnicas etc. "Descolonizar significa erradicar das relações sociais a autorização para dominar os outros sob o pretexto de que são inferiores: porque são mulheres, porque têm uma cor de pele diferente ou porque pertencem a uma religião distinta."[28] É impossível garantir humanidade para o mundo desconsiderando o problema da neocolonização. Enfim, há que des-pensar as várias naturalizações e denunciar as técnicas, as entidades e as instituições que as reproduzem: igrejas, partidos políticos, escolas, meios de comunicação, relações interpessoais, livros etc.

d) *Viver a cidadania na experiência do cidadão-sujeito* – a cidadania deve ser uma meta, um processo histórico-social e um compromisso permanente em qualquer sociedade, caso se queira seguir sonhando e buscando sem trégua mais humanidade na atual civilização. Importa ser sujeito alternativo, rebelde e utópico que luta pela cidadania terrenal, ecológica, político-participativa.[29] Não se pode ser mero ator

[28] SANTOS, B. de S., A difícil democracia, p. 180-181.

[29] BOFF, L., Concluir a refundação ou prolongar a dependência, p. 158-159.

social que cumpre seus papéis sociais e políticos. Para ser sujeito alternativo e transformador, há que participar no âmbito da sociedade como ator social que manifesta empoderamento, participação política responsável e organização, em direção a uma sociedade mais justa e humanizada.

3. Caminho para um humanismo regenerado

No atual momento civilizacional, a humanidade se defronta com um problema fundamental, entre outros, que é a necessidade de melhorar os seres humanos nas suas capacidades de compaixão, solidariedade, tolerância e fraternidade. Não se pode renunciar ao compromisso de reinventar o ser humano para que ele trate com mais humanidade os semelhantes e todos os seres da Casa comum. A barbárie cruel, em vários âmbitos da sociedade, tem levado a uma desumanização sem precedente.

O humanismo regenerado pensa que se pode desenvolver no ser humano o que há de melhor, apesar das ambiguidades, instabilidades e vulnerabilidades.

> O humanismo regenerado, reconhecendo o *Homo complexus*, compreende que é preciso aliar razão e paixão incessantemente, que a afetividade humana pode conduzir ao amor ou ao ódio, à coragem ou ao medo, que a razão sozinha e gélida é desumana, que a técnica pode trazer o melhor e o pior, que a mente humana não parará de produzir mitos para se pôr a serviço deles, que o injustificado, o jogo e as paixões, mesmo em nossa civilização, em que o interesse econômico é hipertrofiado, não permitem que este reine absoluto.[30]

[30] MORIN, E., É hora de mudarmos de via, p. 85.

O humanismo regenerado precisa regenerar a aspiração da humanidade por um mundo que dê sustentabilidade à esperança de um mundo melhor, ou seja, com mais humanização. Nenhuma conquista no campo da regeneração é definitiva ou irreversível, porque ela pode descambar para a degeneração.

Como a humanidade está sofrendo e segue, cada vez mais, ameaçada – pela pauperização e exclusão de bilhões de seres humanos, pela proliferação de armas nucleares, pelo fundamentalismo em várias áreas do pensamento, pela degradação da biosfera, pela destruição da natureza, pelas guerras –, promover e defender o que resta de vida na Casa comum é um imperativo impostergável e fundamental. E, considerando essa realidade, o humanismo regenerado precisa encontrar vias para dar sustentabilidade a um planeta que reproduz e viabiliza a vida. A nova aventura para o ser humano é buscar garantir a realização da humanidade em Humanidade.

Não se pode titubear diante dos desafios para garantir um mundo mais humanizado. Um dos desafios é acolher a *condição humana* e promover uma decisão na qual prevaleça a orientação para a humanização.

> Somos seres que vivem na tensão de sermos simultaneamente *sapiens* e *demens*, portadores de inteligência e justa medida, e seres de violência e de falta de medida; em nós vige o *sim-bólico* (o que une) e o *diabólico* (o que divide), egoísmo e solidariedade, dimensão do *eros* (pulsão de vida) e *thánatos* (pulsão de morte). Essas polarizações não representam uma distorção da criação. (...) Em outras palavras, depende de cada um de nós decidir sobre o que vai triunfar em si; se a luz ou as sombras, se o sim-bólico ou o dia-bólico.[31]

[31] BOFF, L., Habitar a Terra, p. 81-82.

Também há que renunciar todo *poder* que exerce a dominação e a exclusão, sobretudo sobre os mais vulneráveis, no âmbito dos seres humanos e dos seres da natureza. Esse modelo de poder destrói as PONTES entre as pessoas e os povos e desumaniza cruelmente a humanidade, preferencialmente, os sempre vencidos.[32]

Apesar de a atual civilização vivenciar a incerteza num futuro mais humanizado e justo, há que cultivar os *princípios da esperança.*[33] Entre os princípios, destaco os seguintes: o princípio da regeneração. A humanidade sempre apresentou forças geradoras e regeneradoras, ao mesmo tempo que desperta forças retrógradas e desintegradoras. Há que seguir resgatando e fortalecendo as forças criadoras e regeneradoras que garantam a vida no planeta Terra. Outro princípio é o da aspiração e da esperança de que outro mundo é possível e necessário, vale dizer, é fundamental "tomar partido e fazer apostas" por uma realidade mais humanizada – ponte para uma vida mais feliz para toda a humanidade.

Outro desafio é assumir o projeto de uma *democracia socioecológica*. Para conquistar essa democracia, é imprescindível

> construir uma nação autônoma, capaz de democratizar a cidadania; mobilizar a sociedade inteira para erradicar, em curto prazo, a pobreza absoluta; projetar um tipo de desenvolvimento sustentável a partir de uma sociedade sustentável, desenvolvimento que se faça com a natureza, e não contra ela, visando ao suficiente e decente para todos, e não à acumulação para poucos.[34]

32 BOFF, L., Habitar a Terra, p. 82.

33 MORIN, E., É hora de mudarmos de via, p. 93-94.

34 BOFF, L., Brasil: concluir a refundação ou prolongar a dependência, p. 193.

Refletir e sonhar, crer e lutar, esperançar e comprometer--se por uma humanidade permeada de mais humanidade não pode limitar-se ao reconhecimento da igualdade de direitos e da qualidade plena de humanidade para todos os seres humanos, mas implica, também, a consciência ética e política da responsabilidade para com todos os seres vivos que habitam a Casa comum e a consciência coletiva e planetária da destinalidade de todos os humanos nesta grande arca de Noé, na qual ocorre o dilema: ou se salvam todos ou ninguém! Por isso, que sejamos todos e todas "retaguardas de humanidade", numa civilização atravessada de muita desumanidade, e "vanguardas de humanidade", que não cansam de esperar e lutar por um mundo menos violento e injusto.

Referências bibliográficas

BOFF, Leonardo. **Brasil**: Concluir a refundação ou prolongar a dependência? Petrópolis: Editora Vozes, 2018.

BOFF, Leonardo. **Concluir a refundação ou prolongar a dependência?** Petrópolis: Editora Vozes, 2018.

BOFF, Leonardo. Covid-19. **A Mãe Terra contra-ataca a humanidade**: Advertências da pandemia. Petrópolis: Editora Vozes, 2020.

BOFF, Leonardo. **Habitar a terra**: Qual o caminho para a fraternidade universal? Petrópolis: Editora Vozes, 2022.

BOFF, Leonardo. **O cuidado necessário**. Petrópolis: Editora Vozes, 2012.

BOFF, Leonardo. **O despertar da águia**: O dia-bólico e o sim-bólico na construção da realidade. Petrópolis: Editora Vozes, 1998.

CESARA, Rubens. **Contra a miséria neoliberal**. São Paulo: Autonomia Literária, 2021.

DARDOT, Pierre; LAVAL, Christian. **A nova razão do mundo**: Ensaio sobre a sociedade neoliberal. São Paulo: Editora Boitempo, 2016.

FRANCISCO, PP. **Carta Encíclica Laudato Si'**: Sobre o cuidado da Casa Comum. São Paulo: Loyola, 2015.

FRANCISCO, PP. **Exortação Apostólica Evangelii Gaudium**: Sobre o anúncio do evangelho no mundo atual. São Paulo: Paulinas, 2013.

GUILLEBAUD, Jean-Claude. **O princípio de humanidade**. Aparecida, SP: Ideias & Letras, 2008.

JUNGUES, José R. O respeito à dignidade humana como fundamento de todo humanismo. In: OSOWSKI, Cecília (Org.). **Teologia e humanismo social cristão**: Traçando rotas. São Leopoldo: Editora UNISINOS, 2000.

LIPOVETSKY, Gilles. **A sociedade pós-moralista**: O crepúsculo do dever e a ética indolor dos novos tempos democráticos. Barueri: Editora Manole, 2005.

MATURANA, Humberto. **Emoções e linguagem na educação e na política**. Belo Horizonte: Editora UFMG, 1998.

MBEMBE, Achille. **Brutalismo**. São Paulo: Edições N-1, 2021.

MORIN, Edgar. **É hora de mudarmos de via**: As lições do coronavírus. Rio de Janeiro: Editora Bertrand Brasil Ltda., 2020.

MORIN, Edgar. **A via para o futuro da humanidade**. Rio de Janeiro: Editora Bertrand Brasil, 2013.

MORIN, Edgar. **O método**. Porto Alegre: Editora Sulina, 2005.

POTTER, Van R. **Bioética**: Ponte para o futuro. São Paulo: Editora Loyola, 2016.

SANTOS, Boaventura de Sousa. **A difícil democracia**: Reinventar as esquerdas. São Paulo: Editora Boitempo, 2016.

SANTOS, Boaventura de Sousa. O sistema e o antissistema. In: SANTOS, Boaventura de Sousa et alii. **O sistema e o antissistema**: três ensaios, três mundos no mesmo mundo. São Paulo: Editoria Autêntica, 2021, p. 11-37.

9

Inteligência artificial, pontes para qual futuro?

Márcio Fabri dos Anjos[1]

Introdução

As pontes que construímos espelham paradoxalmente nossas limitações e nossas capacidades. Primeiro nossas limitações, pois, sem elas, para que serviriam as pontes? Mas, admitida a limitação, descobrimos as capacidades. E então surgem outras perguntas: como construir pontes? Que pontes construir? Qual a finalidade das pontes? Para onde nos levam? Esta inusitada introdução em um texto acadêmico visa sugerir várias questões antropológicas que estão subjacentes ao pensar na chamada "inteligência artificial" como uma ponte. Fazendo um balanço sobre os usos do desenvolvimento tecnológico, a partir das descobertas sobre o DNA (1951) e dos desvarios da II Guerra Mundial (1939-1945), Potter postulou que a humanidade pensasse urgentemente em uma "ponte para o futuro", à qual deu o nome de "Bioética".[2] Imaginou-a, primeiro, na superação da fragmentação do saber

[1] Professor emérito na PUC-SP; membro da RedBioética/UNESCO; membro do Comitê de Bioética do H. Sírio Libanês; ex-presidente da Sociedade Brasileira de Teologia e Ciências da Religião. Doutor em Teologia; licenciado em Filosofia; especializado em Bioética.

[2] POTTER, V. H., Bioethics, bridge to the future, 1971.

através da interdisciplinaridade; abriu-se, depois, para uma visão de "globalidade" das relações; e, a seguir, agregou o realce sobre a necessidade de visitar o "profundo" do ser e do existir humano. Nessa simples menção, transparece a densidade do sentido de "ponte", com referência ao entrelaçado de toda atividade humana necessariamente envolvente de sua essência, seus modos interativos de ser e agir, seus poderes e limitações. Em sua condição limitada, ao manejar com inteligência as relações com outros seres humanos e não humanos, o ser humano faz um esforço em se projetar no ser e no existir. Sua ação e os meios que emprega levam as marcas de sua inteligência. Realiza-se e se faz agindo; os instrumentos que usa são um prolongamento de sua inteligência associado ao si mesmo; e pode-se, assim, dizer que toda instrumentalização representa uma mudança em quem a utiliza. Essas observações, embora genéricas, são particularmente relevantes para nosso tema, porque um dos alertas mais graves que pesam na questão da inteligência artificial é o risco de inverter o lugar do ser humano nesse processo, de tal modo que os instrumentos substituam os seres humanos que os fizeram. A artificialidade é, portanto, sem dúvida, um grande e necessário recurso, mas, ao mesmo tempo, um grande risco. É como uma "ponte", mas para onde nos leva?

Para desdobrar de modo mais compreensivo o fluxo que nos traz aos tempos tecnológicos da artificialidade, vale fazer breve recordação de etapas em que a revolução do conhecimento humano foi provocando uma verdadeira transformação no próprio ser humano. E, após esclarecer minimamente alguns dados técnicos do que se chama hoje de inteligência artificial, passamos às questões éticas relacionadas aos desafios de fazer dela uma efetiva ponte a serviço da humanidade.

1. Da revolução do conhecimento à grande transformação

Diante de muitos indícios históricos, há que descartar a pretensão de sermos a única civilização de alto nível tecnológico na história da humanidade. Mas o fato de estarmos nela é um grande privilégio de que estamos usufruindo, junto com uma enorme responsabilidade, pois um auge de poder humano, sempre suscetível a ambiguidades, representa também sempre alto risco de colapso e autodestruição. Por isso, a evolução tecnológica tem sido acompanhada pelo pensamento multidisciplinar, para entender seus processos e impactos em nosso mundo. A ampla bibliografia a esse respeito escapa a qualquer tentativa de síntese, mas algumas obras, como "Do renascimento à pós-modernidade", de G. Hottois,[3] oferecem preciosas indicações, não por serem um tratado de história das tecnociências, mas por analisarem, através de grandes expoentes do pensamento, a evolução dos impactos na compreensão e condução dos caminhos da humanidade. A revolução do conhecimento, chamada de "ciência moderna" por G. Ockham no século XIV, seria um marco referencial dessa revolução, ao argumentar contra a validade de conceitos universais, diante da variedade e particularidade dos seres. Esse pensador traz para a Filosofia o intenso direcionamento na busca por novos conhecimentos centrados nas particularidades dos seres, sua "fenomenologia". Foi uma verdadeira mudança nos paradigmas do conhecimento. Descola-se o eixo do conhecimento através da essência dos seres para se concen-

[3] HOTTOIS, G., Do renascimento à pós-modernidade, p. 69-70.

trar nas formas pelas quais aparecem. Os fenômenos e suas causas atraem, consequentemente, as atenções, e as descobertas das causas geram a crise de interpretações, a começar pelas religiosas, particularmente bíblicas.[4]

Daí por diante, tudo se torna passível de pesquisa científica, e o conhecimento fenomenológico vai se apossando do conceito de Ciência, ou seja, o saber é o científico.[5] Vendo as incidências provocadas por essa revolução nas formas de conhecimento, especialmente enquanto o próprio ser humano é afetado no seu íntimo, G. Bataille, em "Uma teoria da religião",[6] desenhando a "religião" como conjunto de convicções às quais os seres humanos se "religam", aponta três grandes eixos que, articulados, quais engrenagem em movimento na produção da vida, propiciam as grandes transformações dos tempos modernos: produção de conhecimentos tecnocientíficos, novas formas de relações (humanas-ambientais), novos horizontes de sentidos e significados. Há tempo venho aproveitando esta sugestiva chave de compreensão para rever, entre outros, os conceitos de religião e espiritualidade, bem como compreender melhor a relação entre a téchne, a arte criativa do fazer, e os sentidos de "ser humano".

1.1. Das formas de produzir às formas de ser

A esse ponto se entende melhor que, provocadas pela radical mudança no foco dos conhecimentos, as grandes transformações ocorrem numa inseparável conexão entre as

[4] HOTTOIS, G., Do renascimento à pós-modernidade, p. 69-70.
[5] JAPIASSU, H., Ciências: Perguntas impertinentes, 2011.
[6] BATAILLE, G., Uma teoria da religião, 1996.

novas formas de agir e produzir e as formas de ser humano. Em sua etimologia latina, o termo "indústria" conceitua o empenho humano em fazer, realizar e, no sentido moderno, "produzir". Embora a dimensão fabril, envolvendo metais, seja, à primeira vista, polarizante, o conceito de indústria é amplo para todas as materializações que expressam as realizações humanas em sociedade, pelo que se torna plenamente cabível falar em "indústrias culturais".[7] Ou seja, "indústria" é um conceito que pode aplicar-se a empreendimentos de produção nas mais diferentes linhas. Compreende-se também que toda indústria emprega resultados (produtos) de realizações (indústrias) anteriores, em vista de produções em sua área específica. Dessa forma se dá o desenvolvimento tecnológico e econômico.

Note-se que no sentido primeiro de "econômico" está seu direcionamento de coordenadas para o bem-viver, através de trocas em sociedade (mercado) de produtos das realizações (indústrias) humanas. Nesse sentido, as indústrias são excelentes pontes para o desenvolvimento econômico. Foram mesmo consideradas como o principal fator do desenvolvimento econômico no Brasil antes de 1930.[8] Mas, nas grandes transformações, o sentido de "economia" vai sendo cada vez mais polarizado pela concentração dos meios de produção e de seus produtos, de modo a desfigurar o sentido primeiro da economia como organização do bem-viver coletivo.[9] Uma

[7] CARONE, I., Indústria cultural e indústrias culturais: alguns apontamentos, p. 9-17; MIÈGE, B., As indústrias culturais e mediáticas: uma abordagem socioeconômica, p. 41-54.

[8] MARSON, M. D., A industrialização brasileira antes de 1930, p.753-785, especialmente p. 754.

[9] POCHMANN, M., Desigualdade econômica no Brasil, 2015.

geopolítica global se impõe e se torna mais aguda, na medida em que os algoritmos favorecem maior efetividade nos poderes de controles mundiais,[10] e, em grande parte, explica a desistência no Brasil de se investir na industrialização.[11] Assim, as revoluções industriais são um lugar antológico para entender como transcorre a marcha das transformações e quais direções a humanidade vem tomando em seu desenrolar. Esboçam uma complexa construção da liberdade humana no desenvolvimento dos conhecimentos que, ao mesmo tempo que produzem instrumentos e produtos através de crescentes tecnologias, com o ápice atual na inteligência artificial, mudam o si mesmo humano. Vejamos alguns traços da evolução industrial.

1.2. No espelho das revoluções industriais

Costuma-se indicar quatro passos expressivos no processo de industrialização, chamados de "revoluções industriais", das quais a quarta é celebrada como auge da automação, trazida exatamente pela inteligência artificial em seu sentido específico.[12] A **primeira** consistiu na substituição do trabalho manual, com marco referencial no primeiro tear mecânico, atribuído a Edmund Cartwright, em 1785, abrindo a corrida da mecanicização na indústria, com um destaque para máquinas a vapor. A **segunda** corresponde a inovações tecnológicas associadas à descoberta da "eletricidade, a transformação

[10] GRUMBACH, S., L'Impire des Algorithimes, 2022.

[11] POCHMANN, M., A grande desistência histórica e o fim da sociedade industrial, 2021.

[12] SAKURAI, R; ZUCHI, J. D., As Revoluções Industriais até a Indústria 4.0, p. 480-491.

do ferro em aço, o surgimento e modernização dos meios de transporte, o avanço dos meios de comunicação, o desenvolvimento da indústria química e de outros setores".[13] Essa fase abriga o "fordismo", iniciado com a primeira esteira de montagem, que, nos anos de 1940, mereceu a genial crítica social de Charles Chaplin no conhecido filme "Tempos modernos". O impacto social tomava proporções mundiais pelo favorecimento político-econômico de países como Estados Unidos, Alemanha, Japão e França, capazes de investir nessas tecnologias para se tornarem "líderes globais de tecnologia".[14]

A **terceira** revolução industrial já é chamada de "Revolução Técnico-Científica e Informacional". Colocada "no final da década de 1960, ficou conhecida por revelar o primeiro controlador lógico programável, que permitiu a programação digital de sistemas de automação".[15] Grandes avanços na automação, robôs, nanotecnologias, telefonia móvel, uso de energia atômica, biotecnologia e a globalização da economia são alguns exemplos dessa fascinante corrida tecnológica. Fascinante pelos atrativos de recursos e interesses econômicos propulsores, mas, por outro lado, dolorosa pela concentração de poder econômico, pela deterioração das relações de emprego e trabalho e pela acentuação do individualismo, em todas as áreas do tecido sociocultural. Não cabem aqui referências, por não ser este o foco, e, também, pela quase impossível possibilidade de revisão bibliográfica do inumerável quadro de pensadores que oferecem suas análises sobre esta etapa do processo. Veremos melhor isso nas tendências dos tempos atuais.

[13] SAKURAI, R; ZUCHI, J. D., As Revoluções Industriais até a Indústria 4.0, p. 483.

[14] SAKURAI, R; ZUCHI, J. D., As Revoluções Industriais até a Indústria 4.0, p. 483.

[15] PASQUINI, N. C., As Revoluções Industriais: Uma Abordagem Conceitual, p. 29.

A **quarta** revolução industrial – Indústria 4.0 –, como as anteriores, está em fase de instalação por um processo de adequação e incorporação do conjunto de tecnologias avançadas no ambiente industrial. Vem merecendo a atenção de muitos autores que procuram compreendê-la como processo, suas realizações e consequências.[16] Uma busca acadêmica utilizando o descritor Indústria 4.0 revela imediatamente a quantidade de bibliografia a respeito. Esta fase leva tempo pela necessidade básica do ajuste social econômico das indústrias às melhorias, em especial quanto à rapidez, à precisão e à efetividade na produção. Seu tempo de instalação é variável nos diferentes países, mas, por sua própria dinâmica, se mostra muito mais rápida que as outras revoluções. Sua principal representação é a inteligência artificial, constituída por sistemas arquitetados para aprenderem sem programação. Mas esse artifício é chamado "inteligente" exatamente por selecionar e articular os diferentes recursos para produzir. Por isso, a Indústria 4.0 tem seus pilares básicos na internet que relaciona pessoas e coisas; na segurança técnica das informações, pois qualquer falha nesse sentido pode levar a enormes danos; nos *big data*, que são estruturas de coleta e organização de dados em vista de informações relevantes e facilitadas por comunicação em "nuvens"; em instrumentos de computação de altíssima velocidade para acesso aos dados em nuvens; em robótica avançada que permita utilização dos dados e mesmo interferências a distância; em novos materiais menores, mais resistentes, menos dispendiosos, recicláveis. Em cada

[16] SCHWAB, K., A quarta revolução industrial, 2016.

um desses recursos, a inteligência artificial pode adentrar-se em busca de melhores desempenhos.[17] Por exemplo:

> A inteligência artificial, robótica e *blockchain* [um bloco de dados conexos em determinada área] vêm também sendo utilizados para monitorar fauna e flora, poluição, certificação de origem e controle de cadeias de fornecimento. [...] o Walmart monitora com *blockchain* a cadeia de carne de porco produzida na China; [...] e a plataforma Provenance usa as novas tecnologias para tornar cadeias produtivas mais transparentes, por exemplo, evitando a compra de atum pescado com trabalho escravo.[18]

Essa referência permite imaginar as inúmeras áreas e formas para monitoramento e controle interferente nos espaços socioambientais em que vivemos. Um monitoramento permite, por exemplo, identificar com precisão o local em que se necessita socorro, de modo que um drone leve imediatamente as primeiras ajudas. Mas pode também se prestar a monitoramentos para interferências invasivas e violentas, trazendo, portanto, muitos motivos de entusiasmo e celebração, mas também muitas inquietações éticas.

2. Estruturas e inquietações éticas sobre inteligência artificial

Para entender a razão de preocupações éticas sobre a inteligência artificial, vamos, primeiro, esclarecer minimamente alguns pontos centrais de sua estruturação e, em seguida,

[17] SAKURAI, R.; ZUCHI, J. D., As Revoluções Industriais até a Indústria 4.0, p. 488.

[18] MAGALHÃES, R; VENDRAMINI, A., Os impactos da quarta Revolução Industrial, 2018.

anotar algumas inquietações imediatas, principalmente quanto ao futuro da humanidade.

2.1. Esclarecendo termos e conquistas técnicas

O termo "inteligência artificial" remonta a 1955 e

> foi cunhado por John McCarthy, cientista da Universidade de Dartmouth, juntamente com o cientista cognitivo Marvin Minsky, da Universidade de Harvard, o engenheiro computacional Nathaniel Rochester, da IBM, e o matemático Claude Shannon, do Bell Telephone Laboratories.[19]

Essa intuição, entretanto, vai se realizando com os avanços das tecnologias, e não podemos dizer que esteja finalizada nos tempos atuais. Já existem várias obras e documentos relacionando sua estruturação atual e os impactos de sua implementação. Um raro estudo que associa tecnologia e teologia é aqui bem sugestivo. Pierre Giorgini, professor e pesquisador em engenharia genética (Univ. Lille, França), e Thierry Magnin, doutor, professor e pesquisador em ciências físicas e doutor em teologia (Univ. Cat. Lion, França), escreveram a obra *Vers une civilisation de l'algorithime? Un regard chrétian sur un défi éthique*,[20] na qual podemos encontrar conceitos-chave, impactos na própria episteme das ciências, benefícios e riscos de amplo espectro. Serve, portanto, como referência básica para as sintéticas informações que anotamos a seguir. Dada

[19] SGARBOSA, P.; H. DEL VECHIO, G., Inteligência Artificial e suas Implicações: como os dispositivos inteligentes e assistentes virtuais influenciam o cotidiano das pessoas, p. 193.

[20] GIORGINI, P.; MAGNIN, T. Vers une civilisation de l'algorithime? Un regard chrétian sur un défi éthique, 2021.

a novidade de vários termos referentes a processos bastante complexos, cujo detalhamento não cabe aqui, oferecemos ao menos uma ideia genérica que permita a aproximação a questões éticas no tema.

Antes da "inteligência artificial", estão os algoritmos, que lhe abrem caminho. "Os algoritmos [...] em seu sentido mais amplo, são procedimentos codificados que, com base em cálculos específicos, transformam dados em resultados desejados."[21] Os "dados" são ocorrências em áreas de interesse, que são coletadas e analisadas por um sistema classificatório chamado de *Big Data Analysis*. A tarefa humana nesse sentido é feita por alguém modelador chamado *designer*, numa analogia com o desenhista que faz imagem, o *design* do que se deseja. Aos interesses que presidem a coleta e análise se chama de *bias*, ou viés desejado. Os algoritmos não são um programa digital, mas, antes, um método de associar dados de diferentes procedências. Dada a condição humana de não conseguir, na prática, fazer em grande escala, diretamente através de recursos mentais, a coleta e a aplicação dos filtros de seu viés desejado, a busca de mecanismos instrumentais que possam executar esses serviços se mostra, com clareza, nas primeiras máquinas de calcular e computadores. Do ponto de vista técnico, a rapidez na produção de resultados e a confiabilidade do processo estimulam as pesquisas por melhorias que determinam as chamadas "revoluções industriais", como vimos. Abreviando a história do desenvolvimento tecnológico, nesse sentido, em um primeiro passo, as máquinas são "ensinadas" a executar tarefas predeterminadas; e, em um passo mais avançado, chamado de

[21] GILLESPIE, T., A relevância dos Algoritmos, p. 97.

"aprendizado profundo" (*deep learnig*),[22] "ensinam-se" as máquinas a reajustar os mecanismos e programas diante de novas ocorrências, para manter ou corrigir o viés, o que as habilita a descobrir as necessidades e se autoprogramarem. Uma espécie de algoritmo "bioinspirado" em organismos vivos que se adaptam e se dão novos rumos constantemente. Com isso, consegue-se "ensinar" as máquinas a se corrigirem e se adaptarem até mesmo para o reconhecimento de emoções humanas e, rapidamente, interagirem como se fossem humanas. Essas máquinas "não executam algoritmos totalmente predeterminados em árvores de decisão. Elas são capazes de imitar as estratégias de milhares de especialistas e ir buscar o modo como resolvem um problema em uma dada situação".[23] Os avanços atuais são de tal proporção que as máquinas já podem dialogar entre si, em linguagem incompreensível aos humanos, para se reajustarem.

Chegamos, assim, a mecanismos e máquinas chamados de "inteligentes", com inúmeras aplicações, notadamente na robótica, em diferentes áreas. Na saúde, por exemplo, intervenções cirúrgicas de alta precisão, como no campo neurológico, já são feitas com muito sucesso por robôs. De modo geral, a precisão, a eficiência e a rapidez são maiores nas máquinas do que nos próprios seres humanos. Enquanto a ação se faz por instrumentos como o microscópio, o ser humano é o agente principal. Mas a vitória de um computador sobre Kasparov, em 1997, numa partida de xadrez, mostrou como máquinas "inteligentes" de aprendizado "profundo" podem

[22] KASPAROV, G., Deep Thinking. Where Machine Intelligence Ends and Human Creativity, 2017; GIORGINI, P.; MAGNIN, T., Vers une civilisation de l'algorithime? p. 111.

[23] GIORGINI, P.; MAGNIN, T., Vers une civilisation de l'algorithime? p. 111.

aprender e processar possibilidades e alternativas com muito mais rapidez que os humanos.

2.2. Preocupações éticas em torno da inteligência artificial

Essas conquistas são tão admiráveis quanto amedrontadoras. Estamos vivendo a fase de um "tremendo" desenvolvimento tecnológico, no sentido original da expressão, pois faz tremer as bases do humano, com o agravante de apresentar-se como algo fascinante e salvador em nossas fragilidades. A UNESCO vem desenvolvendo um projeto internacional na elaboração de uma recomendação sobre a ética da inteligência artificial, que começa com uma expressiva verificação sobre:

> Las repercusiones positivas y negativas profundas y dinámicas de la inteligencia artificial (IA) en las sociedades, el medio ambiente, los ecosistemas y las vidas humanas, en particular en la mente humana, debido en parte a las nuevas formas en que su utilización influye en el pensamiento, las interacciones y la adopción de decisiones de los seres humanos y afecta a la educación, las ciencias sociales y humanas, las ciencias exactas y naturales, la cultura y la comunicación y la información.[24]

Dentro dessa gama enorme de preocupações éticas, selecionamos, em três grandes categorias, algumas ênfases para exemplificar melhor os impactos aludidos pela UNESCO.

[24] UNESCO, Recomendación sobre la ética de la Inteligencia Artificial, 2021.

2.2.1. Uma subversão nos fundamentos da ciência e do conhecimento

O uso de algoritmos traz uma mudança epistêmica para as ciências ao abandonar a busca das causas para concentrar-se na maior incidência de ocorrência dos fenômenos. E, mesmo quando os algoritmos buscam fatores mais interferentes em um processo, sua lógica ainda é descritiva da interferência, não uma pesquisa causal. A hipótese de inconsistência que tem estimulado o desenvolvimento das ciências se desloca para a vigilância sobre a confiabilidade dos processos que analisam recorrências segundo os interesses visados. Arrisca-se, portanto, desvincular o conhecimento da consciência crítica necessária à responsabilidade social, um desafio percebido há tempo.[25] As repercussões desse processo nos programas de educação formal são impactantes em nosso contexto brasileiro, sem falar na educação informal que se efetiva nas atitudes da vida cotidiana familiar e social.

2.2.2. Abalos na condição do humano

O destaque à mudança epistêmica se soma a possíveis abalos em fundamentos da própria condição humana. Esse fato aparece em termos como "transumano" e "pós-humano", expressões que Lécourt considera pouco consistentes, pois tudo que o ser humano faz no uso de sua liberdade é humano, e sua liberdade vai a tal ponto que pode, inclusive, autodestruir-se.[26] Sob esse ponto de vista, o risco que esta-

[25] HABERMAS, J., Comunicação, opinião pública e poder, p. 187-200.

[26] LÉCOURT, D., Bioética e Liberdade, p. 58.

mos presenciando pode ser, então, comparado a uma opção latente de detentores coletivos do poder pelo suicídio da humanidade, através de uma delegação das decisões a máquinas "inteligentes" que ditem as formas de proceder. Em outros termos, nos encontramos à beira de um abismo pelo desejo de poder ilimitado, enquanto o humano é, por constituição, um ser histórico, interdependente, carente de inter-relações para garantir o essencial do humano. O reconhecimento dessa sua condição de ser integra as condições de sua liberdade moral, sob pena de se autodestruir.

A condição humana começava a ser vista como ameaçada pela entrada de tecnologias, quando, por exemplo, se levantava a hipótese de que a velocidade poderia desintegrar o ser humano. Essa inquietação, desfeita no âmbito físico, persiste hoje diante do interesse tecnológico em abreviar ao máximo o tempo da produção de bens e resultados. Verifica-se, com isso, um atropelo da marcha da "natureza" biológica dos seres em geral e do próprio ser humano. Isso significa renunciar à sabedoria presente no desenrolar temporal das evoluções biológicas, para impor uma pretensiosa sabedoria tecnológica. Está em jogo a "temporalidade"[27] do humano e também a "confiabilidade" relacional, sendo gradativamente transferida para os instrumentos. Os seres humanos, agentes que se servem de instrumentos para sustentar suas competências, tendem a se tornar "assessores" do que estavam sendo seus instrumentos, uma inversão mais perceptível em se tratando de "inteligências artificiais" que superam o ser humano na agilidade de prever e na precisão para interferir.[28]

---

[27] GIORGINI, P.; MAGNIN, T., Vers une civilisation de l'algorithime? p. 102.

[28] GIORGINI, P.; MAGNIN, T., Vers une civilisation de l'algorithime? p. 265-266.

2.2.3. Inteligências artificiais e riscos ao bem-viver socioambiental

Nesta categoria, ao dizer "inteligências artificiais", queremos chamar a atenção para os diferentes vieses dos algoritmos direcionados a objetivos precisos em áreas selecionadas. Os poucos exemplos já apontados acima, no tópico da Indústria 4.0, somados aos campos de incidência mencionados nos considerandos da UNESCO, nos parecem suficientes para sugerir os inúmeros campos de usos e abusos das aplicações de inteligência artificial. Anotamos apenas duas ênfases éticas:

- Note-se que a possibilidade de maior precisão e eficiência exige, da parte dos que as utilizam, maior consciência quanto aos interesses visados e às áreas sobre as quais se atua e suas consequências. Isso acende também um sinal de alerta sobre a possibilidade de projetos para incidências nacionais e mesmo internacionais que parecem estar em curso.[29] Uma exemplificação disso pode ser o uso da inteligência artificial para influenciar eleições nacionais.[30]
- Além dessa possibilidade nas áreas políticas, o desmonte dos programas de educação que estamos vendo no Brasil parece compor a cesta estratégica de instalação de poderes políticos e econômicos. O uso de algoritmos, com o viés de levantar características da personalidade e preferências emocionais, se presta aos meios de entrar na interioridade das pessoas,

[29] HERNÁNDEZ MENDOZA, A., Geopolítica y pedagogía, p. 16-32.

[30] BASTOS, E.A.V.; FIGUEIREDO, F. F.; COUTO, J.V. L.A., Algoritmos, inteligência artificial e novas formas de "fazer política", p. 175-193.

direcionar suas preferências, reforçando-as numa direção; seca a capacidade de analisar, criticar, propor; muda sonhos em ilusões capazes de perverter até a interpretação das formas de viver o humanismo. Um modo sutil e adocicado de dominar as mentes,[31] em um espaço amplo a que acorrem incontáveis pessoas que se comunicam nas redes sociais.[32]

3. Inteligência artificial: ponte para um futuro humanista?

Esta visita rápida e sumária aos meandros dos algoritmos e da inteligência artificial serve, aqui, para se ter uma ideia dos desafios éticos às pessoas que, com suas organizações, aspiram viver esta fase civilizatória como ponte para um futuro mais humanitário.

3.1. Um mutirão mundial

Notam-se, nos diferentes países, particularmente na União Europeia, muitos esforços para inibir abusos e defender os direitos das pessoas e os interesses sociais do bem-viver nos meios digitais. São esforços que se manifestam à opinião pública e circulam também nas redes e jornais. As expressões enfáticas de Maria Ressa, filipina que recebeu o prêmio Nobel da paz em 2021, são amostra viva dessa atenção ética, ao perguntar "se as pessoas realmente querem viver

[31] NASCIMENTO, R. R. S., Dominando Corações e Mentes: uma abordagem psicossocial da geopolítica, p. 1-15. Ver também: SGARBOSA, P.; DEL VECHIO, H., Inteligência artificial e suas implicações, p. 193.

[32] SANTAELLA, L. Inteligência artificial & redes sociais, p. 176.

num mundo onde se pode manipular todas as pessoas ou onde a democracia é destruída e não vivemos numa realidade compartilhada". E, sem temer seu contexto autoritário, conclui: "aposto minha liberdade nisso, na ideia de que podemos fazer alguma coisa".[33] Não há espaço aqui para conferir a pouca agilidade legislativa brasileira na decisão de avançar nessa direção, com índices muito baixos de proteção a esse respeito, haja vista ampla disseminação de falsas notícias.

Retomemos, a esse respeito, alguns dados da *Recomendación* da UNESCO, cuja verificação inicial foi mencionada mais acima. Esse documento visa ser uma recomendação de "instrumento normativo internacional" para garantir incentivos aos muitos serviços à educação, mas também, particularmente, *los esfuerzos destinados a atenuar los riesgos de información errónea, desinformación y discurso de odio, así como los daños causados por el uso indebido de los datos personales*. A recomendação relembra os muitos tratados, documentos, tomadas de posições organizacionais que, desde a Declaração dos Direitos Humanos, em 1948, vêm especificando esses direitos nas diversas interfaces da convivência social. Sem a autoridade para determinar regras internacionais, recomenda aos Estados membros que adotem *medidas adecuadas, en particular las medidas legislativas o de otra índole que puedan ser necessárias*, e divulguem os conteúdos desta recomendação em todos os espaços sociais, *para que el desarrollo y la utilización de esas tecnologías se guíen tanto por una investigación científica sólida como por un análisis y*

[33] RESSA, M., Plataformas de internet estão destruindo a democracia no mundo (Entrevista). Jornal Folha de São Paulo, ano 102, p. !4. Veja também KAUFMAN, D. Desmistificando a Inteligência Artificial, 2022.

una evaluación éticos.[34] A valiosa e provocativa contribuição da recomendação merece uma leitura e análise, para as quais não temos aqui o espaço necessário. Nela se encontram detalhamentos sobre as áreas e setores básicos da convivência social em âmbitos nacionais e internacionais.

O Papa Francisco tem participado intensamente dessa preocupação ética a respeito da inteligência artificial, pelas formas potentes de implantar globalmente um "paradigma" de onipotência dos seres humanos sobre os outros seres, a natureza e seus próprios semelhantes: "A vida passa a ser uma rendição às circunstâncias condicionadas pela técnica, entendida como o recurso principal para interpretar a existência".[35] O Papa coloca o dedo no epicentro do dinamismo inspirador que falta à humanidade: "uma ética sólida, uma cultura e uma espiritualidade que lhe ponham realmente um limite e o contenham dentro dum lúcido domínio de si".[36] Essas mínimas referências mostram a percepção do Papa sobre um problema agudo que envolve a humanidade e merece atenção especial. Suas iniciativas vão além dos espaços eclesiais, como no convite a cientistas internacionais e dirigentes para um congresso, em fevereiro de 2019, sobre formas de levar ética aos algoritmos, uma "algor-ética", em sua expressão. Somou-se, assim, às preocupações éticas de grandes entidades, que se fizeram presentes por seus representantes: o presidente da FAO (Fundo das Nações Unidas para a Agricultura e Alimentação), o vice-presidente da IBM, o presidente da Microsoft, a ministra governamental da Inovação da Itália, em sintonia com o Parlamento Europeu. Ao

---

[34] UNESCO. Recomendación sobre la ética de la Inteligencia Artificial, 2021.

[35] LS, n. 106-114.

[36] LS, n. 106.

final do Congresso, selou-se um compromisso ético em torno de seis princípios – transparência, inclusão, responsabilidade, imparcialidade, confiabilidade, segurança com privacidade – para realizar essa tarefa em âmbito global. O documento foi chamado de *Call for na AI Ethics*.[37] Em sua mensagem ao final do Congresso, o Papa afirma que "a *algor-ética*, ética algorítmica, pode ser uma ponte para garantir que os princípios sejam inscritos nas tecnologias digitais, através de um diálogo transdisciplinar eficaz"; uma ponte que leva também ao diálogo em busca da dignidade humana, pois, "além disso, no encontro entre diferentes visões de mundo, os direitos humanos são um importante ponto de convergência para a busca de um terreno comum".[38] Dentre esse e outros encontros, alguns estudos têm sido publicados, como, em 2021, a obra *Robotics, AI and Humanity,* de livre acesso.[39]

Conclusão

Concluindo esta sumária introdução, vemos que a questão proposta de início encontra, nas palavras do Papa Francisco, um duplo sentido possível de ponte na inteligência artificial: Ponte que leva os avanços tecnológicos dos algoritmos a nutrir a onipotência egoísta e devastadora do *outro* ambiental e de seus semelhantes; e ponte para consolidar o encontro da humanidade na busca pelo respeito mútuo em meio às diferenças e na partilha dos bens ambientais em vista do bem-viver.

---

[37] PONTIFICIAL ACADEMY FOR LIFE, Call for an IA Ethics.

[38] PONTIFICIAL ACADEMY FOR LIFE, Call for an IA Ethics.

[39] VON BRAUN, J.; ARCHER, M. S.; REICHBERG, G. M.; SÁNCHEZ SORONDO, M. (Eds.). Robotics, IA and Humanity: Science, Ethics and Policy, 2021.

Nas entrelinhas dos acenos feitos à história evolutiva das formas de produção industrial, vale também supor que não chegamos ao fim da história. Mas estamos, sim, em meio a uma crise extremamente aguda nos paradigmas da convivência. Uma ponte que leva, através do fascínio e da sede de poder, a um suicídio coletivo da humanidade, primeiro pela rapidez e eficiência em devastar o ambiente vital em que habitamos e em destruir gradativamente os próprios semelhantes, e, em seguida, transferir integralmente para máquinas a pérola mais sagrada do humano, que é sua inteligência criativa. A outra ponte possível leva a uma empolgante busca e consolidação de princípios e valores que garantem o mútuo respeito, horizontes comuns nas diferenças, sob a guia da esperança pelo bem-viver. É um grande dilema da liberdade moral.[40] Vivemos num paradigma global em dores de parto.

Referências bibliográficas

ANJOS, M. F. Bioetica en Clave de Libertad y Liberación. In: UNESCO. **Manual de Educación en Bioetica II. Paris:** UNESCO, 2022, p. 99-111. Disponível em: <https://unesdoc.unesco.org/ark:/48223/pf0000381858.locale=en>. Acesso em 25 jul. 2022.

BASTOS, E. A. V.; FIGUEIREDO, F. F.; COUTO, J. V. L. A. Algoritmos, inteligência artificial e novas formas de "fazer Política": análise da influência da IA nos processos eleitorais democráticos na contemporaneidade. **Revista Direito e Justiça**, v. 21, n. 41, p. 175-193.

BATAILLE G. **Uma teoria da religião**. São Paulo: Ática, 1996.

[40] ANJOS, M. F., Bioetica en Clave de Libertad y Liberación, p. 99-111.

CARONE, I. Indústria cultural e indústrias culturais: alguns apontamentos. **Impulso**, v. 23, n. 57, p. 9-17, 2013.

FRANCISCO, PP. **Carta Encíclica Laudato Si'**: Sobre o cuidado da Casa Comum. São Paulo: Loyola, 2015.

GILLESPIE, T. A relevância dos Algoritmos. **Parágrafo**, v. 6, n. 1, p. 95-121, 2018.

GIORGINI, P.; MAGNIN, T. **Vers une civilisation de l'algorithime?** Un regard chrétian sur un défi éthique. Montrouge: Bayard, 2021.

GRUMBACH, S. **L'Impire des Algorithimes**. Une géopolitique du controle à l'ère de l'anthropocène. Paris: Dunod, 2022.

HABERMAS, J. Comunicação, opinião pública e poder. In: COHN, G. **Comunicação Indústria Cultural**. São Paulo: EDUSP, p. 187-200, 1971.

HERNÁNDEZ MENDOZA, A. Geopolítica y pedagogía: las TIC como instrumento de las guerras complejas frente a sus resistencias. **Revista ProPulsión**, v. 1, n. 1, p. 16-32, 2020.

HOTTOIS, Gilbert. **Do renascimento à pós-modernidade**. Uma história da filosofia moderna e contemporânea. São Paulo: Ideias e Letras, 2008.

JAPIASSU, H. **Ciências**: Perguntas impertinentes. São Paulo: Ideias e Letras, 2011.

KASPAROV, G. **Deep Thinking**: Where Machine Intelligence Ends and Human Creativity. New York: Public Affairs, 2017.

KAUFMAN, D. **Desmistificando a Inteligência Artificial**. Belo Horizonte: Autêntica, 2022

LÉCOURT, Dominique. **Bioética e Liberdade**. São Paulo: Ideias e Letras, 2007.

MAGALHÃES, R; VENDRAMINI, A. Os impactos da quarta Revolução Industrial. **GV-Executivo**, v. 17, n. 1, 2018.

MARSON, M. D. A industrialização brasileira antes de 1930: uma contribuição sobre a evolução da indústria de máquinas e equipamentos no estado de São Paulo, 1900-1920. Estudos Econômicos, v. 45, n. 4a, p. 753-785, 2015.

MIÈGE, B. As indústrias culturais e mediáticas: uma abordagem socioeconômica. **Matrizes**, n. 1, p. 41-54, 2007.

NASCIMENTO, R. R. S. Dominando Corações e Mentes: uma abordagem psicossocial da geopolítica. **Revista de Geopolítica**, v. 13, n 2, p. 1-15, 2022.

PASQUINI, N. C. As Revoluções Industriais: Uma Abordagem Conceitual**.** **Revista Tecnológica**, v. 8, n. 01, 2020.

POCHMANN, M. **A grande desistência histórica e o fim da sociedade industrial**. São Paulo: Ideias e Letras, 2021.

POCHMANN, M. **Desigualdade econômica no Brasil**. São Paulo: Ideias e Letras, 2015.

PONTIFICIAL ACADEMY FOR LIFE. **Call for an IA Ethics**. Disponível em: <https://www.ihu.unisinos.br/categorias/596692-apelo-de-roma-por-uma-etica-da-inteligencia-artificial>. Acesso em: 25 jun. 2022.

POTTER, V. H. **Bioethics, bridge to the future**. New York: Prentice-Hall, 1971.

RESSA, M. Plataformas de internet estão destruindo a democracia no mundo. Disponível em: <https://exame.com/tecnologia/como-a-internet-esta-matando-a-democracia/>. Acesso em: 25 jul. 2022.

SAKURAI, R; ZUCHI, J.D. As Revoluções Industriais até a Indústria 4.0. **Interface Tecnológica**, ano 15, n. 2, p. 480-491, 2018.

SANTAELLA, L. **Inteligência artificial & redes sociais**. São Paulo: EDUC-SP, 2021.

SCHWAB, K. **A quarta revolução industrial**. São Paulo: Edipro, 2016.

SGARBOSA, P.; H. DEL VECHIO, G. Inteligência Artificial e suas Implicações: como os dispositivos inteligentes e assistentes virtuais influenciam o cotidiano das pessoas. **Interface Tecnológica**, v. 17, n. 2, p.193-205, 2020.

UNESCO. **Recomendación sobre la ética de la Inteligencia Artificial**. Informe de la Comisión de Ciencias Sociales y Humanas. Paris, 2021. Disponível em: <https://es.unesco.org/artificial-intelligence/ethics>. Acesso em: 25 jul. 2022.

VON BRAUN, J.; ARCHER, M. S.; REICHBERG, G. M.; SÁNCHEZ SORONDO, M. (Eds.). **Robotics, IA and Humanity: Science, Ethics and Policy**. Switzerland: Ed. Springer, 2021.

10

A soberania latino-americana em questão

Quem decide acerca das riquezas naturais dadas por Deus para que tenhamos vida?

Emilce Cuda[1]

Introdução

O presente trabalho é uma reflexão teológica a partir da realidade latino-americana. O leitor não encontrará aqui um tratado teológico de aspecto filosófico, nem uma crítica socio-política, tampouco uma pastoral assistencial. Sequer encontrará um convite ao dever-ser. Trata-se de uma contribuição ao que é possível fazer, dado que – como diz o Papa Francisco – é urgente nos unirmos para nos salvarmos.

Para isso, como diz o santo Padre, primeiro a unidade e, em seguida, a estratégia. Por isso mesmo, penso que propor cruzar fronteiras não seja uma estratégia na qual estou segura de que possa advir alguma unidade. Ao contrário, arrisco um caminho inverso: construir fronteiras. Soa provocador e, por isso mesmo, é arriscado, mas por que não nos animamos a pensar as coisas de modo diferente daquele no qual elas nos são apresentadas? Não estou tão segura de que o conceito de

---

[1] Doutora em Teologia Moral Social. Secretária da Pontifícia Comissão para a América Latina. Santa Sé.

"cruzar fronteiras" provenha de uma leitura evangélica, mas sim da ideia de unidade, que aparece com mais frequência na parábola do Jovem Rico, por exemplo. No discurso social do magistério, o verbo não é "cruzar", senão "integrar", isto é, integrar as periferias ao centro; um modo distinto de nos referirmos às zonas fronteiriças.

Considero que a causa do clamor da terra e dos pobres na América Latina obedece ao fato de termos muitas fronteiras internas, mas muito poucas fronteiras externas. Uma canção popular argentina chamada O tropeiro vai, de Atahualpa Yupanqui, diz: "as mágoas e as vaquinhas vão embora pelo mesmo caminho". Isso significa que não existem fronteiras para a pilhagem sistemática das riquezas naturais que Deus doou a esses povos para que tenham vida em abundância (Jo 10,10).

Eu os convido a pensar o oposto, na intenção de reformarmos o próprio exercício de pensar juntos. Vocês verão que surgem mais perguntas do que respostas, que falam de um bom filósofo. Todavia, surgem também respostas, que falam de um político. Não temam! Como dizem os anjos, quando eles aparecem nas Escrituras, não temam as respostas políticas, porque o contrário é a falta de política, e isso se denomina "violência". Eu lhes trago três boas notícias para pregarmos o Evangelho: (I) Cristo ressuscitou e venceu a morte; (II) as riquezas naturais existem para que todos tenham vida em abundância; (III) a política não é uma palavra má, ela é a forma mais alta de caridade. Que tal se pensarmos teologicamente, sem metafísica, como diria Fernando Pessoa em Tabacaria? E se nós a fizermos, a pergunta seria: como a política pode proteger as nossas riquezas para que os nossos povos tenham vida a curto prazo?

1. Perguntas

1.1. Quais fronteiras?

Hoje falamos do desafio de cruzar fronteiras nas múltiplas e mais variadas direções. Falamos em cruzar fronteiras geográficas, políticas, sociais, culturais, idiomáticas, religiosas. Poucas vezes falamos em cruzar fronteiras interdisciplinares, por exemplo, fazendo com que a teologia dialogue com as ciências sociais, com as ciências naturais ou com as outras disciplinas humanistas. Porém, isso vem ocorrendo durante as últimas décadas, recebendo pouco assombro ou condenação, ainda que nem sempre se trate realmente de cruzar fronteiras. Ao contrário, muitas vezes, trata-se simplesmente de um diálogo entre "primos", isto é, ocorre dentro das mesmas fronteiras sociais, econômicas, ideológicas, eclesiais ou culturais: seja porque é praticado entre os indivíduos e comunidades situados em um mesmo ponto de vista social, cultural, eclesial e econômico, dentro de uma mesma fronteira; seja porque, em seu esforço de entender a crise para atuar de maneira profilática, prevendo o conflito, esqueceram que existe uma fronteira e, como consequência, não se sentam à mesa desse suposto diálogo social com todos os setores que estão do outro lado dessas fronteiras que pretendem cruzar.

No plano eclesial, seguimos falando em "paróquias". Pergunto-me qual é a fronteira de uma paróquia, considerando a grande mobilidade física dos corpos por causa de desemprego, ascensão social, migração forçada por motivos econômicos, ambientais e bélicos. A paróquia segue presencial ou caminha a firmes passos para a virtualidade? As fronteiras das comunidades religiosas são geográficas, sociais ou culturais? Caso contrário, não levamos a sério a pergunta: qual fronteira nós cruzaremos?

1.2. Que linguagem?

Mais difícil é cruzar as fronteiras da linguagem. Às vezes, cruzamos a fronteira da linguagem da palavra, com a crítica, com o não político, com o contra-hegemônico, mas não é a única maneira. Presentes também estão a linguagem da matemática, da música, das belas artes, da arte popular, da tecnologia, do vestuário, dos corpos, do modo de comer, do gênero, entre muitas outras. Por que é difícil cruzar as fronteiras da linguagem? Porque, em primeiro lugar, devemos aprender essas outras linguagens, para que a comunicação proveniente do diálogo social sobre a crise seja possível. Essas outras linguagens, distintas da palavra falada ou escrita, dizem muito acerca das necessidades reais e dos sonhos populares. Devemos estar conscientes de que nem todos nós falamos a mesma linguagem no momento que cruzamos as fronteiras; por isso mesmo, nem sempre entendemos o que é reclamado ou sonhado. Isso ocorre porque nem todos nós entendemos a mesma coisa quando dizemos "branco", como explica Ranciere.[2] A mística renana é um exemplo de como é possível não se entender o que se diz, e essa foi a tarefa sublinhada por Mestre Eckhart.[3]

No começo da modernidade, por exemplo, surgiram as universidades, quando terminou a peste e passamos para a economia de subsistência, do encastelamento ao modo produtivo feudal, isto é, da produção de excedentes destinada ao comércio para além da aldeia. A burguesia nascente necessitava aprender outras linguagens para poder cruzar as fron-

[2] RANCIÈRE, J., El desacuerdo, 1996.

[3] LIBERA, A., Pensar en la edad media, 2000.

teiras comerciais da própria aldeia. Ela necessitava aprender não só outros idiomas para visitar outros povos, mas também a linguagem dos números, a fim de convertê-los em moeda, e a da geometria, para parcelar a terra. Assim nasceram os centros modernos de estudo, a fim de satisfazer a necessidade de cruzar as fronteiras do mercado interno do mero intercâmbio.[4] Como podemos ver, cruzar fronteiras já foi posto em prática através dos séculos. O comércio burguês não só cruzou fronteiras geográficas, mas também culturais, religiosas, idiomáticas, com o único intuito de iniciar processos de acumulação primitiva de renda.

De fato, nesta última etapa do modo de produção capitalista, chamada de capitalismo financeiro, o ato de cruzar fronteiras viu-se aprimorado exponencialmente, graças aos avanços tecnológicos. Certamente, a capacidade de cruzar todo tipo de fronteira e, inclusive, de construir todo tipo de ponte já está "realizada" e é conhecida como "globalização". A globalização é a arte de cruzar fronteiras sem derrubá-las, quer dizer: construir pontes. Bem, agora, as pontes comunicam ou isolam?

1.3. Qual cruz?

Quisera eu poder refletir sobre o "ato de cruzar". Isso implica perguntar e responder, o que acontece sempre quando analisamos ética ou moralmente o ato humano: o quê, quem, quando, onde, como e para quê cruzamos uma fronteira. Trata-se do pentiádico de Kenneth Burke. Nesse caso concreto, na atualidade, quando a teologia moral social pretende pôr em marcha o desafio

[4] ROMERO, J. L., La Edad Media, 1975.

de cruzar fronteiras, e reduzir tudo à Doutrina Social da Igreja, deveríamos nos perguntar antes: (I) que fronteira devemos cruzar? E proponho que cruzemos a fronteira da "soberania sobre as riquezas naturais"; (II) quem deve cruzar essa fronteira? Penso que deveriam ser, por exemplo, os cientistas, desenvolvendo novos modos de extração de riqueza que respeitem a dignidade das pessoas e do planeta; (III) quando e onde? Em "nossa América", a Pátria Grande; (IV) como? Conseguindo a transferência científico-tecnológica Norte-Sul e Sul-Sul; (V) para quê? Para que nossos povos tenham "vida em abundância" (Jo 10,10).[5]

2. Estado da questão

A América do Sul e a América Central são continentes ricos, habitados por povos empobrecidos. Isso, traduzido em termos econômicos, em estratégias de mercado, se diz de outro modo: a América Latina é um continente com grandes "vantagens comparativas" e escassas "vantagens competitivas".[6] Abundam as riquezas naturais tanto como a miséria. Porém, São Paulo nos diz que, "onde abundou o pecado, superabundou a graça (Rm 5,20). Difícil crer nisso na Pátria Grande. Pelo contrário, parece que, onde abundou a graça da criação divina, superabundou a desgraça do capitalismo extrativista. Sem dúvida, a América Latina é o continente da esperança. Mas qual esperança: a divina ou a rentista? Esperança para quem: para os povos que "estão na terra", como diria Kusch,[7] ou para as corporações financeiras?

---

[5] DOCUMENTO DE APARECIDA, Texto conclusivo da V Conferência Geral do Episcopado latino-americano e do Caribe, n. 13.

[6] PORTER, M., Ventaja Competitiva, 1988.

[7] FRESI, A., Estar con lo sagrado, 2019.

O continente foi dado por Deus Pai, todo-poderoso, criador do céu e da terra, segundo professamos no credo,[8] para que nossos povos "tenham vida em abundância", segundo nos diz o Papa Bento em seu discurso inaugural na Conferência de Aparecida.[9] Isso significa que Deus, em sua infinita providência, não só nos deu a vida, mas, ademais, nos deu os meios, isto é, as riquezas naturais continentais, para sustentá-la de maneira digna. Ele o fez porque somos seus filhos, e ele nos ama. A criação não veio com defeitos; há riqueza para todos, sempre e quando não se converte em renda por meio de divisas.

As riquezas naturais são suficientes para todos. Contudo, em nosso continente, no dia de hoje, 46% das pessoas estão desempregadas, permanecendo abaixo da linha de pobreza; a desnutrição infantil avança, os jovens abandonam o ensino médio, e as famílias não têm teto. Qual é a causa disso tudo? Segundo o meu modo de ver, a causa se encontra no que as fronteiras foram cruzadas. Cruzaram-se as fronteiras legais e morais, e a consequência é que esses povos não têm vida. Cruzou-se a fronteira dos direitos civis, por meio de mais de duzentas ditaduras cívico-militares em cem anos, durante o século XX. Cruzou-se a fronteira legal dos direitos laborais, com a revogação dos direitos sindicais, como no Brasil, durante o governo Temer. Cruzou-se a fronteira subsidiária com o impedimento das leis e tribunais laborais em vários países do continente, e com a aceitabilidade dos novos modos de atividades laborais sem proteção social. Cruzou-se a frontei-

[8] RATZINGER, J., Los fundamentos del Cristianismo, 1968.

[9] DOCUMENTO DE APARECIDA, Texto conclusivo da V Conferência Geral do Episcopado latino-americano e do Caribe, p. 7-8.

ra quando o crime apresenta-se mascarado como trabalho, e o trabalhador que trabalha por conta própria se disfarça de empreendedor, ou quando os trabalhadores informais se autopercebem como monoempresas. Cruzou-se a fronteira democrática quando os Estados negaram-se a reconhecer como trabalho aquelas atividades laborais do cuidado. Cruzou-se a fronteira do pudor quando os corpos aparecem em situação de vulnerabilidade por causa da prostituição, das drogas, do álcool, dos jogos de azar e do trabalho infantil. Cruzou-se a fronteira do capitalismo produtivo quando os países da periferia se endividaram acima de suas possibilidades reais de saldar essa dívida. Cruzou-se a fronteira da nobreza humana quando se começou a praticar o extrativismo sobre as riquezas naturais, sobre os trabalhadores e sobre as investigações científico-tecnológicas. Tudo é suscetível de ser consumido, de padecer o extrativismo até o esgotamento: minerais, petróleo, trabalho, cérebros, corpos. Cruzou-se a fronteira quando se patenteou o solo da Amazônia.

Cruza-se a fronteira da responsabilidade social quando todo um continente abandona o Haiti a sua própria sorte; e quando os trabalhadores empregados rejeitam que os Estados, mediante políticas públicas – fiscais, financeiras, sanitárias e educativas –, garantam as condições de vida digna àqueles que permaneceram desempregados estruturalmente, isto é, aqueles descartados do sistema produtivo. Cruza-se a fronteira da identidade pessoal e coletiva quando se impede, a qualquer preço, o momento da unidade na diferença – que não é o mesmo do que a unidade idêntica dos totalitarismos, mas sim a identidade por equivalência das democracias.

Senhoras e senhores, irmãs e irmãos, colegas e amigos, o problema é que já se cruzaram todas as fronteiras. Pelo contrário: não será o momento de impor limites? Não são, por acaso, os limites morais e legais uma fronteira para proteger a dignidade? Não são os limites um sinal de maturidade diante da infinita desintegração que impede a unidade? Não é o limite a lógica da constituição da consciência? O que fazemos, então: seguimos cruzando fronteiras? Quais são as fronteiras que ainda restam para cruzarmos? Parece que já transgredimos tudo, e digo isso não desde a moral ideal, mas a partir dos resultados reais; senão como explicar tanta miséria em meio a tanta abundância?

Senhoras e senhores, cruzamos ou freamos o tráfico? Às vezes, é importante deter-se e escutar, porque, de tanto falar, não nos damos conta de que as palavras foram apropriadas e ressignificadas. Cuidado! Pôr limites não é necessariamente cair no autoritarismo, pelo contrário, é a contenção necessária para não nos rendermos ao neofascismo. O liberalismo extremo é o contrário da política, da unidade; é o individualismo, a atomização, a infinita multiplicação. A política supõe a organização, a fronteira da contenção, a unidade que é povo ou comunidade. Isso não é o fascismo.

3. Respostas

3.1. Muros e pontes

Curiosamente, ao mesmo tempo que as fronteiras da dignidade foram cruzadas, outras se levantaram. O vocábulo "fronteira", hoje, não se identifica com proteção, senão com impedimento, com "muro": uma parede tanto física como legal. Levantam-se fronteiras de ladrilhos para que os trabalhadores desempregados não passem de um país ao outro, de um continente ao outro, de um bairro ao outro. Levantam-se fronteiras sob a forma de barreiras de entrada econômica para que produtos industrializados não passem dos países periféricos para os países do centro. Levantam-se fronteiras sob a forma de barreiras migratórias – internas e externas –, para imobilizar os corpos improdutivos.

Vistas desse modo, as fronteiras, hoje, são muros legais impossíveis de cruzar. Também se levantam fronteiras ecológicas para que os países que vivem de suas riquezas naturais não possam fazê-lo mais, salvo mediante a aquisição de maquinários de transição, que são impossíveis de comprar sem se endividar ainda mais. Levantam-se fronteiras tecnológicas para que o solo possa produzir alimentos com sementes modificadas. Levantam-se fronteiras idiomáticas quando só se traduzem textos dos idiomas de países avançados para os idiomas de países da periferia, mas não ao revés. Levantam-se barreiras sanitárias quando são patenteados os avanços farmacológicos produzidos com o trabalho colaborativo acumulado entre vários países e gerações.

Porém, nunca se construíram pontes mais resistentes do que agora; pontes que podem chegar alto e longe. Essas duas características juntas eram impensáveis para a engenharia civil. Contudo, atualmente, essas pontes altas, largas e resistentes podem ser construídas. São as pontes do capital: moedas digitais; voos comerciais; educação virtual; serviços médicos virtuais. No entanto, não são pontes acessíveis a todos, mas somente a alguns poucos. A fim de cruzar essas pontes, faltam garantias estatais para a obtenção de crédito com taxas controladas, tecnologia avançada, alta conectividade, instrução cibernética, vacinas, vistos, educação de qualidade, domínio dos idiomas hegemônicos, liquidez. Por essas pontes resistentes, que cruzam fronteiras invioláveis, as nossas riquezas desaparecem – vacas, trigo, petróleo, água, gás, cobre, lítio –, todas convertidas em renda, e, em seguida, a fuga de divisas. Por essas pontes, vai embora a água convertida em soja, carne de porco e azeite. É curioso que, enquanto uns permanecem imobilizados nas fronteiras, outros adquirem cada vez mais a capacidade de manobra para cruzar fronteiras tão sofisticadas, que até se tornam invisíveis aos olhos. Por essas pontes que cruzam fronteiras, vão embora nossas vacas e os nossos sonhos: "as mágoas e as vaquinhas vão embora pelo mesmo caminho".

3.2. Um exército sem armas

Nós, teólogos especializados em Doutrina Social da Igreja, não somos economistas, nem engenheiros, nem advogados, nem químicos, nem banqueiros, nem linguistas. Somos cristãos comprometidos, que pregamos o Evangelho, batizando e fazendo do mundo um lugar mais habitável.[10] Somos teólogos convencidos de que a busca da justiça social concreta é parte constitutiva da pregação cristã.[11]

Como teólogos moralistas sociais, distintamente dos eticistas não confessionais, além de contarmos com as virtudes cardeais, contamos, também, com as virtudes teologais para curar

[10] FRANCISCO, PP., Constitución Apostólica Praedicate Evangelium sobre la Curia Romana y su servicio a la Iglesia y al Mundo, Roma, 19 de marzo de 2022.

[11] SCANNONE, J. C., La ética social del Papa Francisco, 2018.

o mundo. Isto nós somos: curandeiros, como o nosso fundador. O credo cristão professa que, com o batismo, recebemos a graça sob a forma das virtudes teologais. Essas são a fé, o amor e a esperança. À diferença das virtudes cardeais, que supõem o caminho do esforço para sedimentar a consciência, as virtudes teologais – como todo dom – não supõem nenhum trabalho virtuoso para obtê-las; são um presente gratuito de Deus Pai.

A fé nos permite crer em Deus e ser conscientes da dignidade que isso nos concede, a nós mesmos e ao nosso próximo, a quem consideramos irmão por ser também filho de um mesmo pai. Por isso, a fé, socialmente falando, converte-se em fortaleza diante do medo que ela produz no outro, no diferente, e torna-se "confiança" a nível comunitário. O amor de Deus, em nós, converte-se em "justiça social". A esperança na vida eterna torna-se o dínamo que nos "mobiliza" e leva-nos a nos unirmos para nos salvarmos, gerando a temperança, que nos permite dominar a paixão que produz a ameaça de morte.[12]

As virtudes teologais requerem as virtudes cardeais para se colocarem em prática. Elas não são instrumentos de salvação individual, mas de salvação coletiva, e isso requer prática comunitária. As virtudes teologais são gratuitas, mas as virtudes cardeais, que permitem a essas virtudes "construir um mundo mais habitável",[13] não o são. As virtudes teologais requerem o exercício da justiça, da fortaleza e da temperança até que elas se tornem um hábito na consciência e permitam atuar naturalmente. Se isso não acontece, as virtudes teologais ficam inoperantes, como os talentos que caem para fora do caminho, ou em terreno árido, ou entre os espinhos (Lc 8,4-15).

[12] FRANCISCO, PP., Catequesis Sociales: Curar el mundo, Roma, 2020.

[13] SÍNODO DE LA SINODALIDAD, Vademecum, Roma, 2021.

As virtudes teologais são as armas sobrenaturais que fazem do povo de Deus "um exército sem armas" – como disse o Papa Francisco aos movimentos populares em sua carta na Páscoa de 2020,[14] Desse modo, o caminho virtuoso, isto é, a bem-aventurança, converte-se em caminho de salvação. As virtudes teologais não são magia, não são poderes automáticos que prescindem da liberdade e da habitualidade da consciência. A graça supõe a natureza humana virtuosa, habituada a buscar o bem e a rechaçar o mal; disso se trata o discernimento.

A teologia moral social, mais do que ética ou política, é teologia. Isso quer dizer que deve poder dar razões dessa moral teológica que denominamos de *sensus fidei*. Dito de outro modo, ocupar-se da injustiça social não se trata somente de pensamento crítico, tampouco de ideologias construídas em laboratórios acadêmicos como "experimentando a vida".[15] Trata-se de um "fazer" teológico e teologal na pastoral teológica.[16] Esse "fazer" consiste em evangelizar, em pregar o Evangelho. Este é pregado de dois modos inseparáveis: batizando, anunciando a ressurreição, e fazendo do mundo um lugar mais habitável. Ambos são faces de uma mesma moeda e requerem as virtudes teologais, tanto quanto as virtudes cardeais. Requerem a graça sobrenatural, tanto quanto a habitualidade da consciência, em relação à natureza e/ou à cultura.

Mas, agora, o que isso tem a ver com cruzar fronteiras? Bem, a primeira fronteira que devemos cruzar é aquela das tentações

[14] FRANCISCO, PP., Carta do Papa Francisco aos movimentos populares, 12 de abril de 2020.

[15] FRANCISCO, PP., Exhortación post-sinodal Christus Vivit, Roma, 2019.

[16] CUDA, E., Para leer a Francisco: teología, ética y política, 2016.

que impedem o hábito virtuoso da justiça, da fortaleza e da temperança, virtudes indispensáveis a uma vida comunitária, pois parece um povo com uma só alma: a unidade. A graça não é magia, é dom que respeita o livre discernimento da vontade humana.

3.3. Unidade como limite constitutivo do Reino

A unidade é o contrário da divisão. A unidade é a fronteira do amor. O medo, o egoísmo e a debilidade são a condição de possibilidade da infinita multiplicação da consciência. Sem o hábito virtuoso da fortaleza, a fim de não ter medo do diferente; da justiça, a fim de praticar a misericórdia; da temperança, a fim de resistir à tentação; da identidade, enquanto unidade pessoal e comunitária, é impossível a construção da unidade. Ela é o resultado da imposição de limites à infinita multiplicidade. A unidade é virtuosa, enquanto a divisão é viciante. O amor, como unidade, é a lógica da constituição da consciência comunitária. O amor é a fronteira, o limite. Aqui a unidade emerge da capacidade de traçar uma linha de fronteira diante da infinita divisão. Por que falar do amor como fronteira? Acaso a capacidade de amar não é infinita? Porque não se obtém a unidade por meio da multiplicação progressiva na qual se dissolve toda a possibilidade de identidade comunitária, mas o contrário. Trata-se da redenção, da salvação, isto é, da marcha à ré, da conversão para alcançar o universo: como um em direção a (caminhar juntos). Unidade que não é uma totalidade encerrada em si, como a dos fundamentalismos fundacionais, mas tampouco é a mera disponibilidade do infinitamente disperso, tal como no pós-fundacional. Trata-se de que "o todo é superior à parte", um dos quatro princípios de Bergoglio.[17]

[17] EG, n. 222-237.

Unidade é soberania. Soberano é quem decide, quem impõe limites, quem demarca a fronteira, quem diz "aqui estou na terra", e, simplesmente com seu estar, encerra um território. Quem é soberano, é pessoa, é sujeito. Nesse sentido, um povo na unidade é soberano se decide acerca do bem e do mal a respeito da vida digna comunitária. Esse território que delimita a decisão soberana somente de estar na terra nem sempre é a terra no sentido literal. A delimitação dos territórios muda à medida que ocorrem as mudanças tecnológicas qualitativas. É como se passasse da terra para o mar, do mar para o ar, e do ar para a virtualidade. Como se pode ver, toda mudança supõe uma constante, e essa constante, no desenvolvimento tecnológico, é precisamente a mudança. Ela não nasce do nada, mas supõe a natureza e o seu desenvolvimento como resultado do trabalho comunitário colaborativo, intergeracional e intercultural, a partir dos bens criados e dados para que todos tenham vida. Quem toma a decisão de dizer "aqui estou" traça a fronteira e delimita o seu campo de missão.

Voltando à nossa América, rica, mas empobrecida, perguntamo-nos o que fazer para deixar este mundo "um lugar mais habitável". De acordo com o que foi dito anteriormente, e com a nossa missão de pregar o Evangelho, trata-se de buscar a conversão, cuidando da criação. A consciência de sermos filhos de Deus, do acesso universal aos bens criados, da solidariedade, da subsidiariedade e da opção preferencial pelos e "com" os pobres[18] já é uma fronteira ao consumo extrativista e explorador do planeta e das pessoas. O saque supõe pontes legais e morais. Se há saques, há pontes. Se isso ocorre, significa que uma consciência social justa, forte e ca-

[18] FT, n. 5.

lorosa tornou-se vulnerável, isto é, "foi feita de ponte", assim se fala nas periferias, "você me fez de ponte", que quer dizer "você passou por cima de mim, sem me consultar e em detrimento do meu bem-estar". É necessária a constituição de uma consciência cristã comunitária capaz de impor limites morais e legais à infinita multiplicação da riqueza meramente financeira, à custa da vida digna de milhões de pessoas. Isso supõe, primeiro, a graça; em seguida, a natureza virtuosa. A ausência de limites é uma desgraça.

Retomar o controle coordenado e soberano de nossas riquezas para que tenhamos vida é, ao mesmo tempo, cruzar e construir uma fronteira que delimite o bem comum, para que nossos povos tenham vida. As mesmas pontes que se abrem para uns, isolam a outros. As pontes vão de um ponto ao outro, mas também deixam sem comunicação todo aquele que permanece abaixo da ponte. Sendo assim, a mesma ponte converte-se em fronteira vital para uns e em fronteira mortal para outros – que hoje são uma imensa maioria. Os que se salvaram estão cruzando a ponte; aqueles que não, vivem debaixo de uma ponte.

Como todos sabemos, a causa primeira é, ao mesmo tempo, a causa última. A riqueza natural e seu desenvolvimento tecnológico é a causa da vida digna, só que, nas condições atuais, isso significa vida boa para uns e vida ruim para outros. Isso recebe um nome: "injustiça social", porque a riqueza existe, contudo ela está concentrada. E isso não é um imaginário construído de costas para a realidade. Thomas Piketty explicou,[19] por meio do estudo dos impostos, ao longo de mais de um século, comparando vários países, os proces-

[19] PIKETTY, T., El capital en el siglo XXI, 2017.

sos de concentração de renda; e qualquer um de nós, caminhando pelas periferias latino-americanas, pode ver, ouvir e tocar as consequências miseráveis desses processos de acumulação. Como cristãos, é impossível não se comover diante do sofrimento injusto dos seres vivos em geral. Por isso, o Papa Francisco, atendendo ao clamor dos pobres e da terra, promulgou a sua encíclica social *Laudato Si'*, denunciando a crise ecológica e socioambiental, que adquiriu a dimensão de crise civilizatória desde o momento em que a causa é o sistema econômico que mata.

Conclusão: o que fazer?

Quem decide sobre a riqueza? Como impedir que a riqueza seja percebida, legislada e guardada como recurso? A solução está na divisão ou na unidade? O atual pontífice nos diz que é na unidade: "ou nos unimos ou afundamos". O que significa unir-se? Sem chegar a respostas extremas, bélicas, inconsequentes, poderíamos pensar em nos unirmos mediante um diálogo acadêmico para começar a obter uma transferência científico-tecnológica Norte-Sul. Começar por capacitar os nossos pesquisadores, os nossos professores, os nossos dirigentes, por meio de um diálogo social no âmbito universitário, que é aquele no qual nos movemos, conhecemos e operamos. Porém, requer-se tomar, em primeiro lugar, a decisão de se unir para impor limites na drenagem moral das riquezas.

Desde a divisão social do trabalho operada ao final do século XIX, os países centrais dedicam-se à produção tecnológica, protegida social, financeira e belicamente, enquanto aos países periféricos, restou-lhes apenas vender as suas riquezas naturais. Se isso fosse feito em condições moralmente justas, nem a natureza, nem as pessoas padeceriam a exploração e o extrativismo. Parece quase impossível que, a curto e médio prazos, a América Latina possa desenvolver vantagens competitivas, isto é, científico-tecnológicas, a fim de alcançar um desenvolvimento industrial avançado. E a longo prazo, como disse Maynard Keynes, estamos todos mortos. Por conseguinte, segundo os economistas da escola heterodoxa latino-americana, a solução imediata é viver de nossas riquezas naturais, aquelas que Deus nos deu para que tenhamos vida, mas cuidando do planeta, cuidando das pessoas, mediante garantias sociais universais e acordos regionais coordenados visando ao desenvolvimento por meio de técnicas de transição justa, sem nos endividarmos, sem nos enfrentarmos, sem nos desconhecermos.

Alguém pensará que isso não tem a ver com a competência da disciplina teológica. Pode ser, se se entende por teologia a interpretação do Evangelho e a tradição mediante, exclusivamente, a mediação da filosofia. Mas, se também se considera parte do fazer teológico específico da teologia moral social o cuidar do mundo, nesse caso, os teólogos têm muito a contribuir. Não se trata de pensar processos de engenharia, mas de "pôr a mesa" do diálogo, para que todos os atores possam discernir o que é bom e o que é mau, não em si mesmo, mas em relação à vida digna, isto é, para aquilo que Jesus Cristo veio: "para que tenham vida em abundância".

Referências bibliográficas

CUDA, Emilce. **Para leer a Francisco**: teología, ética y política. Buenos Aires: Manantial, 2016.

DOCUMENTO DE APARECIDA. **Texto conclusivo da V Conferência Geral do Episcopado latino-americano e do Caribe**. São Paulo: CNBB; Paulus; Paulinas, 2007.

FRANCISCO, PP. **Exortação Apostólica Evangelii Gaudium**: sobre o anúncio do evangelho no mundo atual. São Paulo: Paulinas, 2013.

FRANCISCO, PP. **Carta Encíclica Fratelli Tutti**: Sobre a Fraternidade e a Amizade Social. São Paulo: Paulus, 2020.

FRANCISCO, PP. **Catequesis Sociales**: Curar el mundo, Roma, 2020. Disponível em: <https://www.vatican.va/content/francesco/es/audiences/2020/documents/papa-francesco_20200930_udienza-generale.html>. Acesso em: 27 jul. 22

FRANCISCO, PP. **Constitución Apostólica Praedicate Evangelium**: sobre la Curia Romana y su servicio a la Iglesia y al Mundo, Roma, 19 de marzo de 2022. Disponível em: <https://www.vatican.va/content/francesco/es/apost_constitutions/documents/20220319-costituzione-ap-praedicate-evangelium.html>. Acesso em: 27 jul. 22.

FRANCISCO, PP. **Exhortación post-sinodal Christus Vivit**. Roma, 2019. Disponível em: <https://www.vatican.va/content/francesco/es/apost_exhortations/documents/papa-francesco_esortazione-ap_20190325_christus-vivit.html>. Acesso em: 27 jul. 22.

FRANCISCO, PP. Carta do Papa Francisco aos movimentos populares. 12 de abril de 2020. Disponível em: <https://www.vatican.va/content/francesco/pt/letters/2020/documents/pa-

pa-francesco_20200412_lettera-movimentipopolari.html>. Acesso em: 27 jul. 22.

FRESI, Ariel. **Estar con lo sagrado**: Kusch y Scannone en dialogo sobre pueblo, cultura y religión. Buenos Aires: CICCUS, 2019.

LIBERA, Alain de. **Pensar en la edad media**. Buenos Aires: Anthropos, 2000.

PIKETTY, Thomas. **El capital en el siglo XXI**. Buenos Aires: Fondo de Cultura, 2017.

PORTER, Michael. **Ventaja Competitiva**. México: Editorial Continental, 1988.

RANCIÈRE, Jacques. **El desacuerdo**. Buenos Aires: Nueva Visión, 1996.

RATZINGER, Joseph. **Los fundamentos del Cristianismo**: lecciones sobre el credo, Madrid: Sígueme, 1968.

ROMERO, Jose Luis. **La Edad Media**. México: Fondo de Cultura Económica, 1975.

SCANNONE, Juan Carlos. **La ética social del Papa Francisco**. Buenos Aires: Agape, 2018.

SÍNODO DE LA SINODALIDAD. **Vademecum**, Roma, 2021. Disponível em: <https://press.vatican.va/content/salastampa/it/bollettino/pubblico/2021/09/07/0541/01166.html>. Acesso em: 27 jul. 22.

11

Ser Pontífice:

Um desafio para a teologia moral contemporânea

Fabrício Veliq[1]

Introdução

Pontífice, esse termo tão conhecido para a teologia cristã, muitas vezes tem seu significado esquecido. Pontífice é a pessoa fazedora de pontes. Com essa pequena definição, começo este texto.

Quando falamos de pontes, é comum pensarmos em dois ambientes que estão separados de alguma forma e que, por isso, necessitam de algo que os ligue, dando acesso a ambos os lados, de maneira que os que estão de um lado possam transitar para o outro. Nesse sentido, poderíamos pensar nas pontes como elementos conciliadores que levam e trazem diferentes pessoas, perspectivas, visões de mundo etc.

No entanto, ainda que tenham tal característica, nem todas as pontes são fáceis de construir ou até mesmo atravessar. Qualquer pessoa que já passou por grandes pontes construídas

---

[1] Doutor em Teologia pela FAJE. Doutor em teologia com certificação nas áreas de teologia, estudos religiosos e direito canônico pela Katholieke Universiteit Leuven - Bélgica. Atualmente, atua na UFMG em função administrativa e como professor de Teologia no Centro Loyola.

sobre o mar e olhou para baixo possivelmente se perguntou como é possível uma estrutura tão grande estar sobre a água. Provavelmente, tais pontes exigiram um longo tempo de planejamento e muitos cálculos para virem a existir enquanto projeto, sem contar o tempo necessário para as perfurações, construção e testes para saber se tais pontes aguentariam o peso a que estavam se propondo. Tudo feito, agora a ponte pode ser liberada, trazendo credibilidade e facilidade de trânsito para os diversos veículos que transitarão sobre ela.

Se, por um lado, temos as pontes que são seguras, por outro, temos aquelas que nos causam muita insegurança quando decidimos seguir por elas. São pontes que não passam muita confiança de que aguentarão o peso sobre elas, ou até mesmo que restringem a quantidade de pessoas ou objetos que podem transitar em determinado momento, visto que não foram preparadas para isso. No entanto, em muitos casos, tais pontes são os únicos meios para atravessar certas localidades, de maneira que se faz necessária a coragem para seguir em frente.

Essas pontes podem parecer fáceis de construir, dada a simplicidade que muitas vezes mostram em seus arranjos. Contudo, na maioria das vezes, pensamos em como tais pontes foram construídas, quem teve a ideia de colocar isso em prática e como determinada população acredita na ponte, usando-a como meio de passagem no dia a dia; não raras vezes, consideramos tais pessoas muito corajosas, por se colocarem em uma situação de tanto risco a nossos olhos.

As pontes nos dão a pensar, se quisermos parafrasear o famoso texto de Paul Ricoeur. Quando falamos a respeito de uma teologia moral que quer estabelecer pontes, automaticamente, podemos deduzir que temos dois lados separados, de tal forma que não é possível chegar a um deles a não ser por meio da construção de algum elo. Nesse sentido, assumimos que, em termos de teologia moral, mesmo estando dentro de uma sociedade, em diversos assuntos, nos colocamos em um lugar distante, de maneira que somente uma ponte poderia fazer com que os dois lados se conectassem.

Talvez este seja o primeiro momento necessário: reconhecer que há uma distância que não gostaríamos que estivesse lá. Afinal, para que as pontes, se não há distância a ser encurtada?

No entanto, outro ponto ainda se torna fundamental. Para que uma ponte seja construída entre dois lugares, faz-se necessário que ambas as localidades desejem essa aproximação e esse acesso ao outro. Do contrário, a ponte que deveria aproximar, feita sob a imposição de um lado mais forte ou com mais recursos, se torna objeto de revolta, e tal aproximação desejada por um lado jamais se concretizará.

A teologia moral, dessa forma, se vê diante de uma tarefa complexa, visto querer estabelecer pontes com as diversas realidades da dinâmica social contemporânea. Contudo, não deve abster-se de fazer isso, uma vez que toda teologia deve, se quiser ser uma teologia útil, estar atenta aos sinais do seu tempo.

Que teologia fazer diante de uma sociedade na qual a xenofobia, o racismo, a aporofobia, a LGBTQIA+fobia se mostram como uma dura realidade? Voltar nosso olhar e nossa escuta para essa realidade, a fim de compreender quais questões são colocadas para a teologia, antes que se saia dando respostas para perguntas que não foram ouvidas, é, portanto, fundamental.

1. Alguns pedregulhos do local

1.1. A aporofobia e a xenofobia

É sempre salutar a definição dos termos, antes de falarmos algo sobre eles. Embora alguns termos já sejam conhecidos, muitas vezes, não se tem muita clareza do que eles significam. Xenofobia é um termo já consolidado; aporofobia, por outro lado, já soa um pouco estranho para alguns ouvidos. LGBTQIA+fobia, então, para muitas pessoas, não parece nem ser uma palavra, fazendo pouco sentido para elas.

Adela Cortina[2] nos dá uma boa explicação sobre a origem dessas palavras, que, infelizmente, fazem cada vez mais parte de nossa sociedade. Algo que todas têm em comum é o termo “fobia”. Essa palavra, que tem origem grega, quer dizer medo ou aversão, como nos mostra quando unida a outras palavras: sempre terá o sentido de “ter medo de” ou “ser averso a” alguma coisa ou alguém. No caso da xenofobia, temos a junção de dois termos gregos: “xénos”, que quer dizer estrangeiro, e “fobia” que tem o significado que expusemos acima. Dessa forma, a aversão ao estrangeiro é o que define o termo “xenofobia”. Quando olhamos para a palavra “aporofobia”, também encontramos a junção de dois vocábulos gregos: “aporo”, significando pobre, e “fobia”, ou seja, aporofobia quer dizer possuir aversão ao pobre. Com isso em mente, fica claro deduzir o que o termo LGBTQIA+fobia quer dizer: aversão às pessoas que pertencem a uma dessas siglas.

[2] CORTINA, Adela. Aporofobia: a aversão ao pobre. Um desafio para a democracia. Tradução de Daniel Fabre. São Paulo: Editora Contacorrente, 2020.

Quando pensamos em xenofobia, é comum imaginarmos a relação que países do norte global possuem com os do sul global. Dentro desse imaginário, temos a ideia de que tal aversão seria somente pelo fato de que determinadas pessoas não fazem parte de determinada terra, e, justamente por isso, a presença delas em um lugar que não lhes pertence seria causa de desconforto ou de violência contra a pureza de determinada nação.

No entanto, Cortina nos mostra uma outra faceta dessa realidade. Analisando as diferentes relações estabelecidas pelos espanhóis com turistas, dispostos a gastar em seu país, e com aquelas pessoas que chegam ao país como refugiados políticos, ela traz uma indicação muito importante:

> Não é um sentimento de *xenofobia,* porque o que produz a rejeição e a aversão não é que venham de fora [os estrangeiros], que sejam de outras raças ou etnias, não incomodam os estrangeiros pelo fato de serem estrangeiros, mas incomoda, isso sim, que sejam pobres, que venham a complicar a vida dos que, bem ou mal, vão se defendendo, que não tragam, aparentemente, recursos, mas sim problemas. É o pobre que incomoda, o sem recursos, o desamparado, o que parece que não pode trazer nada de positivo ao PIB do país ao qual chega ou no qual vive há muito tempo, o que, aparentemente, pelo menos, não trará mais do que complicações. É o pobre que, segundo dizem os despreocupados, aumentará os custos da saúde pública, tomará o trabalho dos nativos, será um potencial terrorista, trará valores muito suspeitos, removerá, sem dúvidas, o "bem-estar" de nossas sociedades, nas quais indubitavelmente há pobreza e desigualdade, mas incomparavelmente em menor grau do que sofrem os que fogem das guerras e da miséria.[3]

[3] CORTINA, A., Aporofobia: a aversão ao pobre, p. 18.

A aversão ao pobre como base para pensar a xenofobia se mostra uma excelente chave hermenêutica de leitura da sociedade atual, principalmente em nossos dias, marcados por inúmeras guerras, refugiados políticos e ambientais, que se tornam estrangeiros contra a própria vontade, para tentarem a sorte em algum país que oferecerá melhores condições para si e seus familiares.

O caso dos Estados Unidos, sob o governo de Donald Trump, pode ser um bom exemplo desse tipo de raciocínio, bastando lembrar seu lema: "Fazer a América grande novamente", bem como sua proposta de criar um muro na fronteira com o México, impedindo que pessoas entrassem no país. Posturas essas que revelam a temática da aporofobia e da xenofobia de uma forma muito clara.

Quando olhamos para o Brasil, tal realidade também se mostra. A aversão ao pobre e sua exclusão se fazem presentes diariamente nos diversos corpos periféricos. Quando, ainda, olhamos para as cores dessas pessoas, vemos a pele negra como a predominante, o que somente revela e desmascara o racismo estrutural sobre a qual nossa sociedade está construída.

No que tange à xenofobia, embora possamos pensar que tal realidade não existe no país, lembremo-nos do tratamento que venezuelanos e haitianos receberam quando recém-chegados ao país devido aos diversos conflitos políticos que atingiram essa região. Pessoas foram humilhadas e algumas até mesmo mortas. E isso não pelo fato de serem de outro país. Possivelmente, se fossem norte-americanas ou europeias, tais pessoas não seriam fustigadas da forma que foram. Isso mostra que a conexão entre xenofobia e aporofobia não está assim tão distante de nós.

Tal situação deve ser vista como uma outra face da violência, a violência econômica que assola não somente brasileiros e brasileiras, mas grande parcela da população mundial, chegando ao absurdo de se constatar que 1% da população do planeta possui mais riqueza do que os 99% restantes.

Ladislau Dowbor traz um exemplo bastante elucidativo:

> A lógica é simples: quem recebe salário médio ou baixo paga comida e transporte, quem tem alta renda compra casas para alugar, ações e outras aplicações financeiras que rendem. Isso leva a um processo de acumulação de fortuna, ainda mais quando passa de pai para filho, criando castas de ricos. Um exemplo simples ajuda a entender o processo de enriquecimento cumulativo: um bilionário que aplica um bilhão de dólares para render módicos 5% ao ano está aumentando a sua riqueza em 137 mil dólares por dia. Não dá para gastar em consumo essa massa de rendimentos. Reaplicados, os 137 mil irão gerar uma fortuna anda maior. É um fluxo permanente de direitos sobre a produção dos outros, recebido sem tirar as mãos do bolso.[4]

Tal desigualdade, exacerbada por um capitalismo de matriz neoliberal, a nosso ver, mostra-se como a grande responsável pelo aumento da pobreza no mundo, legitimação de tal status quo e, consequentemente, alimentação a essa cultura de aversão ao pobre.

Que a religião tem um papel importantíssimo nisso não podemos negar. Ela, não raras vezes, tem sido usada para engrossar as fileiras da xenofobia e da aporofobia, bastando, para chegar a essa conclusão, observar como as religiões de matrizes africanas são ainda tratadas no país, sendo consideradas como demoníacas por muitas pessoas que se dizem cristãs.

Tal atitude, além de racista, escancara o grande desafio que, enquanto teologia, precisamos enfrentar para valorizar nossas raízes, em vez de considerar de valor somente o que vem de solos europeus ou norte-americanos.

---

[4] DOWBOR, L., A era do capital improdutivo, p. 26.

1.2. A LGBTQIA+fobia

A violência contra os homossexuais é ainda um problema no Brasil. Oliveira e Mott[5] mostram, em seu relatório, o dado alarmante de que, no ano de 2019, 329 LGBTQIA+ tiveram morte violenta no país. Tal número, por sua vez, ainda se mostra como uma redução se comparado aos anos de 2017, com 445 mortes, e de 2018, com 329, o que somente ressalta a importância que tal tema tem quando pretendemos falar a respeito de qualquer assunto dentro da esfera pública brasileira.

É sabido que não é somente o Estado que regula os comportamentos de seus cidadãos. Ainda que estejamos, a rigor, em um Estado Democrático de Direito, há diversas outras forças que cooperam para o comportamento discriminatório em relação às pessoas LGBTQIA+.

Uma dessas forças é, sem dúvida, o discurso religioso, que, mesmo que muitas vezes não se faça presente em algumas esferas de poder, ainda exerce grande influência em seus adeptos. Tendo isso em vista, é importante apontar o relatório elaborado pelo The International Lesbian, Gay, Bisexual, Trans and Intersex Association,[6] no qual se percebem tanto penas de morte quanto censuras em relação ao comportamento homossexual, em sua maioria nos países nos quais a religião exerce um papel preponderante, senão único, na sociedade.

Ao mesmo tempo, porém, tal relatório também pode passar uma visão um tanto quanto errônea a respeito do que realmente acontece em diversos países. Tomando como exemplo o Brasil, embora o relatório aponte que tanto o casamento com pessoas do mes-

[5] OLIVEIRA, J. M. D. de; MOTT, L. (Orgs.), Mortes violentas de LGBT+ no Brasil, p. 12.
[6] ILGA World, 2019.

mo sexo quanto a adoção de filhos e filhas por casal do mesmo sexo são uma possibilidade – o que pode dar a ideia de que há relativa tranquilidade para casais homoafetivos viverem suas vidas no país –, a realidade com a qual iniciamos nosso capítulo revela justamente o contrário. O mesmo relatório do Grupo Gay da Bahia aponta que, a cada 26 horas, morre uma pessoa LGBTQIA+, seja assassinada, seja vítima de LGBTQIA+fobia, o que torna o Brasil o campeão de crimes contra pessoas pertencentes às minorias sexuais.[7]

Esses pequenos dados nos dão um panorama que merece ser considerado. É possível perceber que, infelizmente, o tema da sexualidade ainda se mostra como algo conturbado em diversos ambientes religiosos. Mesmo que vários esforços sejam feitos na atualidade, os traços de uma teologia fundamentalista e rigorista permanecem em diversos meios teológicos mais conservadores e fundamentalistas.

Tais meios geralmente se utilizam dos discursos da verdade e do medo para fazerem valer suas posições na sociedade. Veliq mostra como tais discursos são fontes da intolerância religiosa, visto que, enquanto o discurso da verdade absoluta torna o diferente inaceitável, o discurso do medo exclui o outro pela ignorância, uma vez que:

> Tememos o que desconhecemos, e isto, provavelmente, porque, aquilo que desconhecemos, não o dominamos e, se não dominamos, não sabemos o que pode sair dali e, não sabendo o que pode sair dali, é melhor não mexer com aquilo e considerá-lo como algo indevido e, em casos mais extremos, até mesmo errado, repulsivo e digno de morte.[8]

[7] OLIVEIRA, J. M. D. de; MOTT, L. (Orgs.), Mortes violentas de LGBT+ no Brasil, p. 13.
[8] VELIQ, F., Da intolerância ao diálogo: um caminho necessário, p. 131.

2. Tentativas de melhora do solo: a questão da sexualidade

Assim como, para a construção de pontes físicas, se fazem necessários o desbravamento e a limpeza do local onde elas serão construídas, na construção de pontes teológicas, tal processo também se torna importante. Nesse sentido, há diversas pessoas refletindo sobre o tema da sexualidade e, principalmente, sobre o tema da diversidade afetivo-sexual a partir da teologia cristã. Longe de um rigorismo ou de um pensamento fundamentalista, tais iniciativas, como mostrado por Élio Gasda, tomam por base a ideia de que a sexualidade integra a personalidade do indivíduo, de maneira que não deve ser reduzida a uma mera questão biológica. Da mesma forma, o autor nos mostra que, nesta maneira teológica de pensar, se tem plena consciência de que a sexualidade é uma realidade dinâmica, densa, profunda e diversa. Sendo diversa, é da ordem da relação e, por isso mesmo, estabelece-se como orientação, rompendo fronteiras e questionando o *status quo* heteronormativo.

> A sexualidade é uma realidade dinâmica, tem a mesma densidade e profundidade que a própria pessoa. É diversidade afetivo-sexual porque a sexualidade é da ordem da relação. (...) É uma orientação, ou seja, não é algo que se possa mudar de acordo com a vontade. Pessoas não optam por serem heterossexuais, homossexuais, bissexuais, transexuais ou assexuais. A visibilização das afetividades-sexuais rompe as fronteiras da heteronormatividade. A orientação heterossexual deixa de ser normativa em relação às demais orientações. A afetividade heterossexual, homossexual ou bissexual são dimensões intrínsecas objetivamente ordenadas da pessoa considerada em termos

> físicos, afetivos, psicológicos e espirituais. O desejo da pessoa de se relacionar se realiza num complexo de relacionamentos que extrapolam o ato sexual. Atos e comportamentos sexuais verdadeiramente humanos são todos aqueles em concordância com a orientação afetivo-sexual e que, portanto, favorecem a partilha mais profunda do eu com o outro em amor.[9]

Nessa esteira, os estudos de gênero, as teologias feministas e as teologias queer têm lançado novas luzes sobre o tema das diversidades afetivo-sexuais e sobre o tema da pobreza. Neste ponto, faz-se importante perceber a estreita conexão entre uma teologia das diversidades afetivo-sexuais e uma teologia que se ocupa com o lugar do pobre na sociedade contemporânea.

Para além da Teologia da Libertação, que tinha como ponto de partida o lugar do pobre numa sociedade de exclusão, a partir de um viés socioeconômico, essas teologias nos convidam a não cairmos em uma falsa dicotomia entre o "pobre" e os grupos vulneráveis, tais como mulheres, comunidade LGBTQIA+, indígenas, quilombolas etc. Em suas palavras:

> Há uma falsa dicotomia entre o "pobre" e os grupos vulneráveis. A privatização de terras e a privatização de corpos fazem parte de um único sistema. A luta pelo direito à terra, por exemplo, e a luta pela autonomia sobre o próprio corpo, quando vistas do ponto de vista da teologia queer, não podem ser separadas como se uma fosse resultado de trabalhadores sérios e a outra uma revolta histérica e burguesa. O projeto de uma sociedade justa e igualitária passa, necessariamente, pelo rompi-

[9] GASDA, E., Prefácio, p. 7.

> mento com o sistema heterocêntrico em todas as formas de reprodução do capital.[10]

Na esteira de uma Teologia *Queer*,[11] por sua vez, pensar uma Igreja afirmativa das diferenças mostra-se também como desafio, uma vez que tal Igreja, "lançando mão da Teologia *Queer, é aquela que se fundamenta em uma epistemologia queer no intuito de romper com os binarismos a partir da transgressão da cis-heteronormatividade".*[12]

Essas novas perspectivas, por sua vez, mostram-se como "fissuras na ilusão da norma",[13] pelas quais se torna possível vislumbrar novas facetas possíveis para falar a respeito das diversas realidades afetivo-sexuais, bem como buscar estabelecer pontes que falem da relação de Deus com a humanidade, fora de uma mera dogmática, que muitas vezes não faz sentido para a sociedade contemporânea.

---

[10] DENTZ, R., Sexualidade, liberdade e a tradição cristã, p. 18.

[11] Aqui, fazem-se importantes os apontamentos feitos por: FREIRE, Ana Ester Pádua. Igreja afirmativa das diferenças, p. 147 e 158: "Os Estudos Queer são um campo teórico de produção de saberes corporificados, que, conforme Seidman (1996), refletem sobre os processos de categorização social que organizam a sociedade sexualizando corpos, desejos, atos, identidades, relações sociais, conhecimentos, cultura e instituições sociais. O queer, como perspectiva teórica, contribui para a criação de uma epistemologia que também seja queer, ou seja, um método de compreensão dos fenômenos que parta da consideração da cultura no processo de generificação dos corpos. Na estrada do conhecimento que prevê a norma, a obviedade e a certeza, a epistemologia queer prefere os desvios e celebra as encruzilhadas" (p. 147). Nesse sentido, "a Teologia Queer, diferentemente de outras tradições interpretativas libertárias – que tratam de questões econômicas, políticas, mas não da emergência de outras minorias –, lembra a luta pela cidadania religiosa de dissidentes sexuais e de gênero na construção da história do Sagrado com base em suas experiências, o que resulta em uma nova compreensão religiosa" (p. 158).

[12] FREIRE, A. E. P., Igreja afirmativa das diferenças, p. 165.

[13] OLIVEIRA, J. V. da F., Glory Hole: experiência religiosa de jovens católicos LGBT+, p. 26.

3. Que diremos, pois, à vista destas coisas?

Essa pergunta, feita por Paulo em sua carta aos Romanos, ainda deve fazer-nos refletir. Afinal, como perguntamos anteriormente, como fazer teologia num ambiente em que imperam a xenofobia, a aporofobia, a LGBTQIA+fobia, o racismo e tantas outras exclusões que observamos em nosso dia a dia?

Quando pensamos, então, na teologia moral, ou na ética teológica, esta tem um papel fundamental, uma vez que a pergunta ética por excelência é: "Como devo agir na sociedade?". Levando isso para o lado teológico cristão, podemos reformular tal questão e perguntar: "Como nós, pessoas cristãs, devemos agir, tendo por exemplo a pessoa de Jesus de Nazaré?". Essa pergunta, por si só, deveria abalar todas as famosas certezas dogmáticas tão alardeadas por fundamentalistas de plantão.

Ao mesmo tempo, deve, também, servir de alerta para nós, teólogos e teólogas que pensam uma teologia moral contemporânea, visto que a base de nosso pensamento moral está em um sujeito que sempre foi um péssimo exemplo de moral, tendo sido até mesmo condenado por um governo tirânico por ir, justamente, contra a ordem estabelecida por aquele reino.

Com isso em mente, ao pensarmos uma contribuição para a teologia moral contemporânea, devemos voltar, de alguma forma, a olhar para o passado, para, a partir daí, poder pensar o nosso próprio tempo. Sugerir olhar para o passado, contudo, não tem a ver com uma ideia saudosista, como se as formulações de antigamente fossem melhores do que as atuais. Ao mesmo tempo, também não quer dizer jogar tudo que é antigo fora, como se não tivesse qualquer valor. Nesse sentido, o conselho de Johan Konings se mostra fundamental:

> É comum se ouvir que a transmissão da fé precisa de uma nova linguagem. Está certo, mas na situação atual isso não basta. Os termos novos devem fazer surgir o sentimento fundamental da mensagem de sempre. É preciso redescobrir as próprias raízes na narrativa antiga, para fazer ecoar o mesmo sentido na vida de hoje com palavras novas e adequadas.[14]

Olhar para o passado, aqui, quer dizer olhar para o galileu que viveu no século I e que, com sua fala simples e seu gesto de amor acolhedor, colocou-se como disponível e acessível a quem quisesse conhecê-lo, para, assim, dar a conhecer o próprio Pai, o que implica que "não devemos aplicar uma imagem preconcebida de Deus a Jesus, mas ouvir e contemplar Jesus e depois dizer: assim é Deus".[15]

Olhando para o passado, podemos pensar que contribuições teríamos para nosso tempo. A meu ver, talvez um dos pontos mais fundamentais para a teologia moral contemporânea seja aprender a ouvir. Com o passar do tempo, nós, teólogos e teólogas, nos ocupamos em escrever e discursar sobre o que se deve e não se deve fazer. O campo específico da moralidade, então, talvez seja aquele em que mais nos envolvemos e mais temos algo a dizer.

Contudo, esquecemo-nos, constantemente, de ouvir o nosso tempo, ouvir o que a sociedade tem falado para nós, quais perguntas têm sido feitas e quais questões têm sido inquietantes para a nossa geração. Como estamos, muitas vezes, tão preocupados em falar, não são raras as vezes em que damos respostas a perguntas não feitas, como se já soubéssemos todas as questões da humanidade

[14] KONINGS, J., Ser cristão: fé e prática, p. 16.
[15] KONINGS, J., Ser cristão: fé e prática, p. 17.

e bastasse buscar no manual de teologia moral mais próximo a resposta para alguma questão.

Enquanto nos mantivermos surdos para as diversas vozes de nosso tempo, a teologia cristã, mesmo tendo muito a contribuir, não desejará ser ouvida pela sociedade, visto trazer respostas prontas, em uma postura não dialogal com o grupo no qual está inserida.

"Ouve, ó Israel!" O chamado que consta em Deuteronômio 6,4 ainda se faz presente em nosso tempo. Como teólogos e teólogas, somos chamados e chamadas a ouvir o nosso tempo, reconhecendo que não temos respostas para muitas questões. Estamos engatinhando em várias delas, tais como a questão tecnológica, o metaverso, as diversidades afetivo-sexuais etc.

As diversas iniciativas para teologias que abordem a temática das diversidades afetivo-sexuais, propostas de uma teologia em saída, fomentada pelo papa Francisco; o esforço de vários teólogos e teólogas para pensar teologias contextuais, decoloniais, que falem a partir de baixo, dos pobres da terra; o fomentar de teologias de diálogo inter-fé e inter-religioso, bem como iniciativas da unidade cristã que fortalecem o diálogo ecumênico na contemporaneidade, nos mostram que tais pontes estão em construção.

Ainda que não estejam sendo construídas na velocidade com que gostaríamos, o valor dessas pequenas construções é inestimável, visto que conectam pessoas que, muitas vezes, foram afastadas por uma moralidade sem amor e uma teologia soberba.

Olhar para o presente, dessa forma, demanda coragem de nossa parte para repensarmos a própria ética teológica, que não deve ser calcada em preciosismos históricos e dogmáticos, mas no amor que, aos olhos de Jesus, é muito mais importante do que a dogmática.

Como a teologia pode fazer isso? O primeiro passo é ouvir o que a sociedade tem dito, quais suas perguntas, para, a partir daí, fazer também as suas e, a partir dessa atitude dialogal, poder novamente ser considerada uma voz digna de ser ouvida na sociedade contemporânea, uma vez que sua preocupação não estará em dizer quem está certo e errado, mas, antes, em mostrar, por meio de ações, quem é Jesus de Nazaré, o subversivo em quem baseamos toda nossa ética.

Conclusão

Construir pontes, ou, em outras palavras, ser um pontífice, não é algo simples. São diversas as fronteiras da contemporaneidade que necessitam ser interligadas. Ainda que possa levar tempo para construir algumas dessas pontes, não se deve desistir de tal tarefa.

Falar do lugar do pobre e dos vulneráveis sempre foi um mote teológico. Hoje, porém, o leque dos excluídos se torna cada vez maior, dentro de um sistema que os oprime e os violenta cada vez mais. Criar as pontes, portanto, é uma tarefa urgente e necessária. A teologia moral tem muito a contribuir na criação dessas pontes, principalmente se começar a ouvir o que a sociedade tem a dizer, estando disposta a repensar a sua própria forma de se expressar na contemporaneidade.

Recuperar o chamado a ouvir, feito ao povo bíblico, e voltar-se ao exemplo humilde de Jesus é, talvez, o grande desafio para uma teologia moral tão acostumada a ditar o certo e o errado, o que se deve e não se deve fazer, quem está e quem não está de acordo com a vontade de Deus, muitas vezes destruindo completamente pontes, ao invés de construí-las.

Estaríamos nós, teólogos e teólogas cristãs, dispostos a nos tornar pontífices humildes, a exemplo de Jesus?

Referências bibliográficas

CORTINA, Adela. **Aporofobia**: a aversão ao pobre. Um desafio para a democracia. Tradução de Daniel Fabre. São Paulo: Editora Contacorrente, 2020.

DENTZ, René. Sexualidade, liberdade e a tradição cristã. In: VELIQ, Fabrício (Org.). **Experiências de diversidade afetivo-sexual e de gênero**: perspectivas de diálogo. Rio de Janeiro: Metanoia, 2021, p. 10-24.

DOWBOR, Ladislau. **A era do capital improdutivo**: por que oito famílias têm mais riqueza do que a metade da população do mundo? São Paulo: Autonomia Literária, 2017.

FREIRE, Ana Ester Pádua. Igreja afirmativa das diferenças: proposta para uma eclesiologia queer. In: VELIQ, Fabrício (Org.). **Experiências de diversidade afetivo-sexual e de gênero**: perspectivas de diálogo. Rio de Janeiro: Metanoia, 2021, p. 145-168.

GASDA, Elio. Prefácio. In: VELIQ, Fabrício (Org.). **Experiências de diversidade afetivo-sexual e de gênero**: perspectivas de diálogo. Rio de Janeiro: Metanoia, 2021.

KONINGS, Johan. Ser cristão: fé e prática. 5ª ed. Petrópolis: Vozes, 2009.

OLIVEIRA, João Victor da Fonseca. Glory Hole: experiência religiosa de jovens católicos LGBT+. In: VELIQ, Fabrício (Org.). **Experiências de diversidade afetivo-sexual e de gênero**: perspectivas de diálogo. Rio de Janeiro: Metanoia, 2021, p. 25-49.

OLIVEIRA, José Marcelo Domingos de; MOTT, Luiz (Orgs.). Mortes violentas de LGBT+ no Brasil, 2019. In: **Relatório do Grupo Gay da Bahia**. Salvador: Editora Grupo Gay da Bahia, 2020, p. 12-18.

VELIQ, Fabrício. Da intolerância ao diálogo: um caminho necessário. In: **Identidade**. v. 24, n. 1, p. 126-136, 2019. Disponível em: <http://revistas.est.edu.br/index.php/Identidade/article/view/394>. Acesso em: 22 de jul. 2022.

12

Fraternidade aberta:

Um convite a amar além das fronteiras

Mário Marcelo Coelho[1]

Introdução

O compromisso de amor é constante e insistente na assembleia cristã; sublinha-se seu caráter essencial, afirmando que não é possível ser cristão autêntico quando não se vive o amor, que não se pode testemunhar nenhum apostolado eclesial sem uma vida amorosa pessoal e comunitária, pois, como canta Padre Zezinho, "lá no céu só vão entrar os amorosos. Os que amaram como Deus mandou amar. Quem lutou pra ver feliz outras pessoas. Eternamente lá no céu irá morar".

O amor *agápe*, gratuito, oblativo, o amor de Deus por nós, é o mais perfeito e foi revelado por Jesus, em forma de oração, ao pedir pelos Seus discípulos, para que amassem uns aos outros, como as Três Pessoas da Trindade se

[1] Doutor em Teologia Moral pela Academia Alfonsiana de Roma/Itália; professor da Faculdade Dehoniana – Taubaté/SP; presidente da Sociedade Brasileira de Teologia Moral (2022-2024); membro do Grupo Interdisciplinar de Peritos (GIP) da Comissão Episcopal Pastoral para a Doutrina da Fé da Conferência Nacional dos Bispos do Brasil (CNBB); pós-doutorando em Teologia Moral (PUC/SP); membro do Grupo de Pesquisa PHAES – Pessoa Humana, Antropologia, Ética e Sexualidade. E-mail: mariomarceloscj@gmail.com

amam: "Não rogo só por estes, mas também por aqueles que, graças à sua palavra, hão de acreditar em Mim, para que todos sejam um. Como Tu, ó Pai, estás em Mim e Eu em Ti, sejam também eles uma só coisa, para que o mundo creia que Tu Me enviaste" (Jo 17,20-21).

Nesse sentido, o cristão deve inserir-se nesse movimento de amor divino, doando-se aos irmãos, com Cristo e como Cristo. O fiel cristão deve ser profeta do amor de Deus em Jesus Cristo, ministro da reconciliação dos homens e do mundo.

Com isso, pode-se dizer que assumir o paradigma da fraternidade, a partir de uma relação pautada pelo amor, implica a interconectividade entre os elementos de um conjunto, "onde ao mesmo tempo que cada um é respeitado no seu valor, o todo é mais que a parte, sendo também mais do que a simples soma delas".[2]

A esse respeito, então, entende-se que o não fechamento do sistema sobre si mesmo, buscando o "essencial duma fraternidade aberta, que permite reconhecer, valorizar e amar todas as pessoas independentemente da sua proximidade física, do ponto da terra onde cada uma nasceu ou habita",[3] isto é, a inexistência de comunidades em estado fechado, é essencial "para que a humanidade renasça com todos os rostos, todas as mãos e todas as vozes, livre das fronteiras que criamos".[4]

Sendo assim, pela fraternidade e pela amizade social, o amor deixa de ser uma experiência somente entre dois seres que, mutuamente, se atraem, para ganhar uma expressão so-

[2] FT, n. 145.
[3] FT, n. 1.
[4] FT, n. 35.

cial e um compromisso moral que não exclui ninguém. Não há fronteiras que nos impeçam de amar como irmãos e irmãs, na esperança de que "já não existam 'os outros', mas apenas um 'nós'".[5]

1. Fraternidade aberta, amor a Deus e ao próximo

A relação de amor entre as três pessoas da Santíssima Trindade deve iluminar a nossa relação com todos os irmãos e irmãs, e, também, com aqueles que julgamos fora de nossas relações de família, de amizade, de afetos, de grupos sociais etc.

Compreende-se que o amor se define como virtude teologal, uma vez que consiste no amor perfeito e total, pelo qual amamos a Deus em si mesmo e por si mesmo, e amamos o próximo em Deus e por causa de Deus.[6] Isso significa que o amor verdadeiro exige a prática da justiça, com a forma e o rigor que convém a essa virtude: "Se eu não tiver amor, eu não sou nada" (1Cor 13,2).

Desse modo, a primeira conotação do amor-caridade é a fraternidade aberta, um amor que envolve as pessoas estimadas por elas mesmas, pelas suas histórias, unidas na busca da felicidade recíproca e do diálogo como forma de comunhão. Isso porque o cristão vê o próximo como ele é, sem imaginação, disfarces nem fantasias, isto é, com suas fraquezas, suas falhas e, também, suas qualidades e promessas de realização. Além disso, ele toma o partido de Deus, que é o partido da verdade, do respeito, da misericórdia, da procura do bem da pessoa amada.

[5] FT, n. 35.
[6] CEC, n. 1822.

2. A importância da fraternidade para cruzar pontes

Com a Encíclica do Papa Francisco *Fratelli Tutti*, o termo "fraternidade" tornou-se conteúdo de muitas reflexões, debates, estudos e controversas. O Pontífice sabe que vivemos em um mundo onde estamos todos contra todos e que, nesse contexto, marcado pela competição, pela construção de muros, pelo individualismo e pela indiferença, não basta sermos solidários; é preciso que sejamos fraternos, ou seja, avançar da solidariedade para a fraternidade, com "a consciência de que ou nos salvamos todos, ou não se salva ninguém".[7]

Para tanto, é preciso compreender que a característica marcante do ser de Deus é o amor; a atividade mais específica de Deus é amar. Deus é liberdade pura de amor, a Sua essência é o amor, pois "Deus é amor" (1Jo 4,8), e nós fomos criados na superabundância de vida e amor de Deus. Esta é a finalidade de sermos criados: nós queremos nos realizar no amor.

Aquele que permanece no amor, permanece em Deus e Deus permanece nele (1Jo 4,16). Na inseparabilidade do amor a Deus e ao próximo e na prioridade psicológica do amor fraterno, amar verdadeiramente o próximo é viver a opção fundamental por Deus. Nisto consiste a importância da ética-teológica, das religiões: a construção da fraternidade, de pontes e da amizade social, a partir do amor, visto que, da fraternidade religiosa, pode surgir uma fraternidade aberta e universal.

[7] FT, n. 32 e 137.

O amor cristão conhece três relações (1Jo 4,19-5,4): o amor de Deus para conosco; o nosso amor para com Deus e o nosso amor para com os irmãos. Sobre o amor a Deus e o amor aos irmãos, estes estão intimamente ligados: "Quem ama a Deus, ame também o seu irmão" (1Jo 4,21). Logo, o verdadeiro amor a Deus manifesta-se no amor aos irmãos, pois "aquele que não ama o seu irmão, a quem vê, não pode amar a Deus, a quem não vê" (1Jo 4,20).

Nessa perspectiva, Santo Agostinho formulou muito bem a estreita relação entre os mandamentos de amar a Deus e amar aos irmãos (Mc 12,29-31; Mt 22,34-40; Lc 10,25-28):

> Que ninguém diga: Não sei o que amar. Que ele ama o seu irmão e assim amará o próprio amor. De fato, ele conhece melhor o amor que o faz amar, do que o irmão que ele ama. Ele pode então conhecer Deus melhor do que o seu irmão; muito melhor, porque Deus é mais presente; muito melhor, porque é mais íntimo; muito melhor, porque está mais certo. Abraça o Deus de amor, e abraçarás Deus por amor.[8]

Portanto, o amor cristão tem a sua origem em Deus, porque "Ele nos amou primeiro" (1Jo 4,19), como verdadeiros filhos e filhas. Pertence-nos, agora, corresponder ao amor e gerar amor. Ademais, não foi o homem que alcançou a Deus com o seu amor, mas, ao contrário, Deus veio ao nosso encontro, em Jesus. Vale destacar, assim, que, com a encarnação, Jesus solidariza-se com os homens, faz-se irmão. Ao encarnar-se na plenitude dos tempos, Cristo, em obediência ao Pai, prestou o seu serviço em prol da humanidade. Se amamos os outros, temos a prova real de que Deus nos alcançou.

[8] AGOSTINHO, De Trinitate, VIII, 8, 12.

À vista disso, a fraternidade aberta reconhece e expressa a dignidade de todas as pessoas, consideradas irmãos e irmãs, iguais e de plenos direitos. Assim sendo, é a fraternidade que nos torna reciprocamente uns responsáveis pelos outros, visto que por ela as pessoas não podem mais basear suas vidas sobre as coisas, mas sobre as relações de amor que mantêm em comunhão umas com as outras. Isso porque a fraternidade nos impede de sermos indiferentes, diante da gritante necessidade dos irmãos e irmãs que sofrem por vários motivos, da enorme disparidade econômica entre pobres e ricos, da indiferença globalizada com os mais vulneráveis. Logo, a fraternidade resulta do amor e provoca mudança interna nas pessoas, enquanto o sentimento de irmandade, fruto desse amor que vem de Deus, caracteriza-se por um modo de se colocar diante do outro que gere relações de reciprocidade e amor social. Só entenderá isso quem se deixar renovar a cada dia pela força do Evangelho e pela abertura ao Espírito.

Por fim, o amor fraterno deve ser entendido na sua abertura a todos, não compactuando com as várias formas atuais de descartar ou ignorar os outros, porque a fraternidade cristã é uma forma concreta de amar, uma vez que vai além de qualquer tipo de barreira ou discriminação. Precisa de rostos concretos, do fazer-se dom de si mesmo aos outros e de uma maior capacidade de acolher os outros; isso significa voltar a atenção para o outro e, portanto, procurar o seu bem gratuitamente.

3. A lógica de Deus

É preciso ter o "o olhar de Deus", pois "Deus não olha com os olhos, Deus olha com o coração. E o amor de Deus é o mesmo para cada pessoa".[9] Sendo assim, "somos desafiados a retornar às nossas fontes para nos concentrarmos no essencial: a adoração de Deus e o amor ao próximo".[10] A partir da afirmação do Papa Francisco, compreende-se que a fraternidade é uma construção ética, não é espontânea, não é uma imposição da natureza, é um valor basilar das relações. Isso quer dizer que a fraternidade é uma categoria próxima que ultrapassa todas as barreiras do egoísmo, da indiferença, do individualismo etc. Além disso, a fraternidade é a identidade fundante de cada pessoa, enquanto filho e filha de um Deus que é Pai e comunga a todos. Deus é comunhão. Pertencemos a um mundo em que todos estamos interconectados, por meio desse laço da fraternidade.

Todavia, hoje, sentimo-nos tristes, com medo, deprimidos e frustrados, porque a violência, os homicídios, os roubos e o terrorismo marcam com sangue e sofrimento a vida de tantos dos nossos irmãos e irmãs, ou porque os pobres e os excluídos são esquecidos e colocados à margem do caminho, ou, ainda, por parecer que a sociedade globalizada se constrói com egoísmo, com indiferença e com exclusão. Percebe-se, então, que vivemos em uma realidade fragmentada, excludente, necessitada de recuperação do laço humano de fraternidade.

Nesse sentido, nota-se que a realidade que está diante de nós nos desafia, ainda mais, a assumir a mesma lógica de Deus, lógica de benevolência, de misericórdia, de perdão, de amor sem limites, e a não olhar para os outros homens e mulheres como inimigos que merecem ser destruídos, mas como irmãos e irmãs que precisamos amar, respeitar e dialogar.

[9] FT, n. 281.

[10] FT, n. 282.

Qualquer pessoa ferida com quem nós cruzarmos pelos caminhos da vida tem direito ao nosso amor fraterno, à nossa misericórdia, ao nosso cuidado. Lembremo-nos da pergunta inicial que levou Jesus a contar a "Parábola do Bom Samaritano" (Lc 10,25-37): "O que fazer para alcançar a vida eterna?". A conclusão é óbvia: amar a Deus e amar o próximo. Mas "quem é o meu próximo?". É qualquer um que necessita de nós; o "próximo" é qualquer irmã, irmão caído nos caminhos da vida que padece e que, para se levantar, necessita da nossa ajuda e do nosso amor. Por essa razão, Jesus conclui ordenando aos seus seguidores: "Vai e, também tu, faze o mesmo" (Lc 10,37).

Vale destacar, também, que o amor, quando verdadeiro, não se pergunta de onde o outro vem, mas reconhece que pode assumir como própria a fragilidade do outro, fazendo-se próximo, decidindo colocar-se no caminho do outro. Nessa perspectiva, a preocupação não é saber "quem é o meu próximo", mas sim "fazer-se próximo". Fazer-se próximo é construir pontes e ter a coragem para atravessá-las. O Bom Samaritano "atravessa" a estrada para ir ao encontro do que estava à margem.

Logo, ser fraterno é ser irmão e irmã, é ter compaixão; é ver o irmão com os olhos do coração; é ver, a partir das entranhas, o próximo que padece, mover-se em direção a ele e fazer algo para aliviar o seu sofrimento, como Cristo, que se identificou com os pequenos e com os pobres, aos quais anunciava a Boa-Nova: "Em verdade vos digo: todas as vezes que fizestes isto a um destes meus irmãos mais pequeninos, foi a mim que o fizestes" (Mt 25,40).

4. O futuro da fraternidade: desafios morais num mundo desnudado pelo novo coronavírus

A pandemia provocada pelo novo coronavírus[11] desnudou outras "doenças" que foram reveladas ao mundo; entre elas, estão a enorme desigualdade econômica entre pobres e ricos, a indiferença globalizada com os mais vulneráveis, a sujeição do humano à economia e às leis do mercado, as várias modalidades de manipulação, o uso político do destino das pessoas e da humanidade, que estão entre os grandes pecados da humanidade. Em virtude disso, aumentou-se o horizonte de incertezas, medos, angústias, ansiedades, visto que as pessoas vislumbravam, em seu horizonte, a perspectiva de morrer. Isso porque a morte ficou mais "próxima".

A esse respeito, o jornal "Folha de São Paulo" trouxe a seguinte reportagem:

> Uma das análises mais enfocadas para explicar mudanças causadas pela pandemia é que o coronavírus acelerou tendências e reforçou extremos, e a máxima vale para o movimento do dinheiro. A desigualdade de renda, crescendo, se acentuou, e os bilionários, que ocupam o ponto mais alto da pirâmide social, ficam ainda mais bilionários. Em 2020, segundo Índice de Bilionários da Bloomberg, a fortuna total dos 500 mais ricos do mundo cresceu 31% em comparação ao ano anterior. A quantia adicionada de US$ 1,8 trilhão (R$ 9,8 trilhões) foi a maior desde a criação do indicador, há oitos anos. "Em momentos de crise, quem ganha é quem já está ganhando", diz Pedro Belisário, professor do Departamento de

[11] Referencio aqui a partir de março de 2020, quando o isolamento social foi assumido no Brasil.

> Direção Financeira do ISE Business School. "O que vemos é que não houve 'perda de posição'; os bilionários ficaram mais ricos." A dinâmica da pandemia acentuou desigualdades e favoreceu a concentração de renda. Os mais favorecidos foram os consumidores com melhores coberturas de internet e equipamentos mais sofisticados. Ou seja, quem tem mais dinheiro para ter acesso aos melhores sistemas e melhores equipamentos. Em países que concentram consumidores de alta renda, as compras virtuais contribuíram para a aquisição de itens de luxo. O efeito se deu não apenas sobre o resultado operacional das empresas, mas também no valor de mercado das companhias, contribuindo para turbinar o patrimônio de quem tem mais ações dessas empresas.[12]

Com base no texto acima, pode-se afirmar que a pandemia proporcionou o agravamento da mistanásia social, ou seja, da condição de desigualdade humana que afeta sujeitos vulneráveis socialmente, em decorrência de fatores violadores do direito às condições dignas de vida, que poderiam ser evitados através de um sistema social équo e investimentos, causando mortes precoces e injustas decorrentes da falta de recursos sociais.[13]

Isso quer dizer que se trata da morte de muitos que, antes de sua morte física, praticamente já estavam "mortos socialmente", numa sociedade que descarta as pessoas, principalmente as mais vulneráveis, socialmente falando, as mais pobres e miseráveis. A grande maioria das vítimas da mistanásia são pessoas pobres, vítimas da exclusão social e econômica, pessoas que levam uma vida precária, desprovidas dos cuidados de saúde e que morrem prematuramente. Consiste na morte como fruto do descaso frente à vida.

[12] LEMOS, A., Hábitos de ricos na pandemia, 24 abr. 2021.

[13] GOMES, R., COVID-19: Algunas lecciones, n. 15-25.

Diante das consequências brutais da pandemia na vida das pessoas, sobretudo dos mais pobres, reforçou-se, em cada pessoa de boa vontade, a convicção anunciada pelo Papa Francisco: "Ou nos salvamos todos, ou não se salva ninguém".[14] Isso porque a "salvação" ou a "destruição" de um influencia o destino de todos,[15] isto é, existe uma solidariedade que independe e ultrapassa todo e qualquer individualismo.

A esse respeito, pode-se destacar como um vírus, algo invisível aos nossos olhos, foi capaz de abalar o sentimento de onipotência de pessoas, instituições e nações que acreditavam numa invencibilidade resultante da supervalorização do poder e do dinheiro. Em virtude disso, a proposta moral para o futuro é a que o Papa Francisco anuncia com *parresia*, uma renovada fraternidade e amizade social entre os povos e as pessoas. O convite é para avançarmos da solidariedade para a fraternidade, visto que a fraternidade provoca mudança interna nas pessoas, suscita um sentimento de irmandade carregado de amor, que nos torna reciprocamente responsáveis uns pelos outros.

Desse modo, a garantia do nosso futuro está na fraternidade e na cooperação. Por isso, é necessário lutar contra toda forma de ódio, xenofobia, aporofobia, segregação, desconfiança e desunião, porque, sem a confiança, a justiça social e a fraternidade aberta, não poderemos deter as diversas epidemias. Além disso, cada crise representa, também, uma oportunidade, e, nesta, é preciso reconhecer o perigo da indiferença.

[14] FT, n. 137.

[15] FT, n. 66.

A crise suscitada pela pandemia do coronavírus revelou que a maior batalha está sendo travada dentro da própria humanidade. Quanto maiores forem a desunião e a desconfiança entre os seres humanos, maiores serão os malefícios para a humanidade como um todo, pois, como afirma Yuval Noah Harari, historiador e filósofo, "quando os humanos brigam, os vírus se duplicam".[16]

Com a atual crise, a responsabilidade social aumentou também, consideravelmente, o revigoramento de valores, como a fraternidade, a cooperação e a empatia, de modo que as pessoas e os grupos, agora, questionam o modelo de sociedade baseado no individualismo, no consumismo, na exploração e no lucro a qualquer custo.

Entendemos que a "salvação" da sociedade passa pela política, pela economia, pelos modelos de negócios, pelas relações sociais, pela cultura, pela psicologia social, pela religião e pela relação com a cidade e o meio ambiente. Nesse sentido, percebe-se que é urgente o resgate do valor concedido às pessoas, aos povos, no impacto ambiental, ao passo que se faz necessário repensar a sociedade individualista do consumo e valorizar o que é essencial.

Logo, o que pode destruir a humanidade não é o vírus – deste a ciência, possivelmente, terá o controle –, mas é o ódio, a segregação, a ganância, a ignorância e a desconfiança nas pessoas, nos povos e na ciência, além da culpabilização de países, grupos étnicos e religiosos.

Assim sendo, o mundo que queremos no futuro, a forma que daremos ao futuro da humanidade dependerá de nossas decisões no presente. Isso porque a segurança de um futuro

[16] HARARI, N., In the Battle Against Coronavirus, 2020.

realizado está ligada às decisões que tomamos no presente. Precisamos desenvolver nossa capacidade de fraternidade global e compaixão, ajudar os necessitados, os mais vulneráveis, bem como discernir a verdade e o bem a ser praticado, a fim de reconhecer o melhor caminho para atingir esse bem.

Nessa perspectiva, sabe-se que não foi por acaso que Francisco escolheu a parábola do Bom Samaritano para ilustrar o que entende por amor fraterno:

> Ao amor, não lhe interessa se o irmão ferido vem daqui ou dacolá. Com efeito, é o amor que rompe as cadeias que nos isolam e separam, lançando pontes; amor que nos permite construir uma grande família onde todos nos podemos sentir em casa. Amor que sabe de compaixão e dignidade.[17]

Quanto à categoria "próximo", esta ultrapassa todas as barreiras, supera o ódio, a discriminação, a indiferença, promove a fraternidade. Para o cristão, "viver indiferentes à dor não é uma opção possível",[18] por isso precisamos promover uma Igreja curadora samaritana e que seja hospital de campanha.

Compreende-se, então, que se torna cada vez mais urgente a necessidade de construir pontes, reconstruir o mundo com as alteridades que deem sentido à identidade pessoal e dos crentes. Uma sociedade que não se encerra em sua própria comunidade, mas em uma relação horizontal, além-fronteiras. Por isso, a fraternidade que vai além da mera solidariedade, do assistencialismo, é aquela que caminha junto à igualdade de condições, constrói pontes e vai ao encontro do outro.

[17] FT, n. 62.

[18] FT, n. 68.

Afirma o Papa Francisco que, "a partir da intimidade de cada coração, o amor cria vínculos e amplia a existência, quando arranca a pessoa de si mesma para o outro. Feitos para o amor, existe em cada um de nós 'uma espécie de lei de 'êxtase': sair de si mesmo para encontrar nos outros um acrescentamento de ser'".[19]

Tendo como base o que foi dito até aqui, ressalta-se, ainda, que o compromisso pela fraternidade é de todos sem exceção, pois "ser o dono do mundo ou o último 'miserável' sobre a face da terra não faz diferença alguma: perante as exigências morais, todos somos absolutamente iguais".[20]

Ao encontro do que foi afirmado anteriormente, o Papa Francisco escreve na *Evangelii Gaudium* que "a Igreja deve ser o lugar da misericórdia gratuita, onde todos possam sentir-se acolhidos, amados, perdoados e animados a viverem segundo a vida boa do Evangelho".[21] Dessa maneira, o fiel cristão pode ser o facilitador dessa perspectiva moral na reflexão inscrita no próprio coração do homem pela comunhão trinitária.

A comunidade cristã é, portanto, o "espaço teologal" da vivência exodal da fraternidade, ao passo que, como cristãos, somos tocados pelo movimento "de saída", movidos para sermos instrumentos de fraternidade e construtores de pontes.

Nesse sentido, através da sua solidariedade para com os homens, Jesus revela o amor de Deus e inaugura um mundo novo que encontrará a sua plena realização quando, por Jesus, Deus for tudo em todos. Com isso, somos convidados a uma

[19] FT, n. 88.

[20] FT, n. 209.

[21] EG, n. 114.

adesão total e alegre à pessoa de Jesus e ao Seu amor, fazendo do Seu caminho o nosso caminho. Nesse amor de Cristo, encontraremos a certeza de alcançar a fraternidade humana e a força para lutar por ela.

Sendo assim, em nosso caminho, somos convidados a ser profetas do amor e ministros da reconciliação/fraternidade dos homens e do mundo em Cristo; construtores de pontes e da fraternidade como novo jeito de servidores da humanidade. Isso porque a fraternidade é um dom de Deus expresso num encontro com o Seu amor gratuito e generoso que nos regenera em criaturas novas e nos encoraja a sair e ir ao encontro das pessoas.

A nossa trajetória de vida ético-cristã começa com o *Ecce Venio* do amor e da oblação, acontece pelo *Fiat* de uma aberta adesão ao projeto do Pai e busca pelo *Sint Unum* da comunhão, da fraternidade e da amizade social. Nesse projeto de fraternidade, nós podemos ver claramente um dos aspectos da vida moral, sendo servidores da fraternidade, colaborando na construção de um mundo mais fraterno, humanizado e capaz de reconhecer e respeitar os direitos humanos. Para Coelho, "a promoção da vida humana é o valor moral básico, ou seja, o critério referencial para a avaliação ética dos comportamentos".[22]

A missão de construtores de pontes nos coloca num mundo que se agita num imenso esforço de libertação de tudo quanto lesa a dignidade do homem ou ameaça a realização das suas mais profundas aspirações: a verdade, a justiça, o respeito, o amor, a liberdade. Em razão disso, a nossa missão,

[22] COELHO, M. M., Ecologia, Bioética e Biodireito, p. 62.

em união com Cristo, será vivida na fraternidade e no amor social, particularmente pelos descartados de nossa sociedade.

Pode-se dizer, então, que a fraternidade que brota do mandato divino, que se solidariza com todos os miseráveis, não pode ser uma simples teoria ou discurso devocional, mas deve ser uma verdadeira renovação de toda a vida cristã, porque a fraternidade e a amizade social são formas atuais e prospectivas de vivermos a dinâmica do *sint unum*. Portanto, afirma o Papa Francisco:

> Aqui está um segredo da existência humana autêntica, já que a vida subsiste onde há vínculo, comunhão, fraternidade; e é uma vida mais forte do que a morte, quando se constrói sobre verdadeiras relações e vínculos de fidelidade. Pelo contrário, não há vida quando se tem a pretensão de pertencer apenas a si mesmo e de viver como ilhas: nestas atitudes prevalece a morte.[23]

Por conta disso, Jesus "sonha" com comunidades fraternas, uma sociedade feita de irmãos que se acolham mutuamente e cuidem uns dos outros, de modo "que todos sejam um" (Jo 17,21). Esforcemo-nos para fazer de nossa sociedade autênticos lares de vida evangélica, especialmente pelo diálogo, pela acolhida, pela hospitalidade e pela partilha.

Quando se fala em "Ecologia Integral", pensa-se, também, no local do homem (ecologia humana), como parte integrante da natureza[24] em vários sentidos fundamentais: no relacionamento do ser humano com seu ambiente vital (ambiência), que tem os pobres como modelo paradigmático de

[23] FT, n. 87.

[24] LS, n. 5 e 15.

saber administrar os poucos recursos;[25] e, consequentemente, no relacionamento do homem com o problema da habitação.[26]

A falta de preocupação em medir os danos à natureza e o impacto ambiental das decisões é apenas o reflexo evidente do desinteresse em reconhecer a mensagem que a natureza traz inscrita nas suas próprias estruturas. Quando, na própria realidade, não se reconhece a importância de cada pessoa, sobretudo dos marginalizados, dificilmente se saberá escutar os gritos da própria natureza.

Além disso, "se o ser humano se declara autônomo da realidade e se constitui dominador absoluto, desmorona-se a própria base da sua existência, porque, 'em vez de realizar o seu papel de colaborador de Deus na obra da criação, o homem substitui-se a Deus, e deste modo acaba por provocar a revolta da natureza'".[27] Assim, perde-se a compreensão de que tudo está interligado,[28] ou seja, carece-se de uma concepção integral do homem e da criação.

Tudo está interligado, como afirma Coelho:

> Toda organização do meio ambiente acontece através de diferenciações e reorganizações num processo dinâmico onde todos os organismos vivos emergem como uma única sociedade. O meio ambiente é uma teia de relações complexas que vão se reorganizando. A natureza sempre trabalha e vai moldando de forma não linear, mas complexa, todas as ordens do ser. O universo se expande autocriando-se.[29]

---

[25] LS, n. 148.

[26] LS, n. 152.

[27] LS, n. 117.

[28] LS, n. 16.

[29] COELHO, M. M., Ecologia, Bioética e Biodireito, p. 57.

Conclui-se, então, que ninguém pode ficar fora do banquete, pois:

> O Evangelho possui um critério de totalidade que lhe é intrínseco: não cessa de ser Boa-Nova enquanto não for anunciado a todos, enquanto não fecundar e curar todas as dimensões do homem, enquanto não unir todos os homens à volta da mesa do Reino. O todo é superior à parte.[30]

É hora de cruzar pontes. Cruzar pontes exige coragem para entrar em um espaço liminar e esperar que você seja bem-vindo do outro lado. Também estar disposto para acolher quem chega do outro lado. Precisamos cruzar algumas pontes. Eu cruzo pontes para aprender com outras pessoas sobre suas experiências. Eu cruzo pontes para acessar recursos. Eu cruzo pontes para superar o individualismo. Eu cruzo pontes para sair, não sair por sair, mas para ir ao encontro, sobretudo dos que estão à beira do caminho.

Considerações finais: Uma proposta

A partir do que foi refletido, destaca-se que a pandemia impôs mais uma lacuna aos pobres, que é a exclusão digital. Sobre isso, afirma o filósofo francês Pierre Lévy, pensador da área de tecnologia e sociedade: "Toda nova tecnologia cria seus excluídos".[31]

Isso porque dados revelam que, dentre as consequências da pandemia, destaca-se, também, o aumento da desigualdade social, devido à exclusão digital ou, como preferem, ao

[30] EG, n. 237.

[31] LÉVY, P., Cibercultura, p. 242.

apartheid digital ou infoexclusão (significado mais amplo, ou seja, todo e qualquer tipo de exclusão informacional à qual uma pessoa ou grupo social possa estar submetido).

É importante salientar, ainda, que, no período de isolamento social, as aulas, o trabalho, o entretenimento, as compras, os cursos etc. aconteceram de maneira remota, no entanto nem todos possuem a estrutura necessária para acessar a internet e entrar nesse espaço virtual. Logo, a evasão escolar, que já era um problema antes da pandemia, agora, tornou-se ainda mais preocupante, com o aumento expressivo de alunos que abandonaram as escolas pela não condição de acesso à internet e pelas dificuldades com a "educação a distância".

Além do mais, o mercado de trabalho exige um novo tipo de trabalhador, que deve ser alguém com capacidade de aprendizagem constante, que se adapte a mudanças com certa facilidade e que domine a linguagem das novas tecnologias de comunicação e informação. Por isso, a **inclusão digital e** o uso de novas tecnologias são urgentes e necessários, para que não perpetuem a exclusão e criem um abismo ainda maior entre os que têm e os que não têm acesso às inovações tecnológicas.

Desse modo, o grande aporte que a ética cristã pode dar aos pobres é a reflexão em torno da criação de projetos que incluam, sobretudo os pobres, naquilo que é o básico para propor novas oportunidades, no caso, a inclusão digital, isto é, construir pontes digitais. Sabe-se que a inclusão digital é um elemento fundante para estabelecer oportunidades, adquirir conhecimentos, crescer na vida profissional, para usufruir direitos, para o exercício da cidadania e para a própria sobrevivência.

Assim, compreende-se, claramente, que apenas o acesso às mídias e às tecnologias de informação e comunicação não é suficiente para assegurar aos cidadãos a efetivação de seus direitos e promover o bem-estar, no entanto o não acesso agrava, ainda mais, o quadro de exclusão e desigualdade social.

A inclusão digital é uma forma de construir pontes, de garantir a todas as pessoas o acesso às tecnologias de informação e comunicação (TICs). A ideia é que todas as pessoas, principalmente as de baixa renda, tenham acesso a informações, façam pesquisas, trabalhem, mandem e-mails e facilitem a sua própria vida, fazendo uso das tecnologias.

Para isso, é importante que a "ética cristã" tenha um Projeto Apostólico de Informática (PrAInfo), que incentive e dê o suporte necessário para a utilização da informática. Ao passo que a exclusão digital aprofunda a exclusão social, a inclusão digital constrói pontes e resulta em inclusão social. Nesse sentido, instituições eclesiais podem realizar cursos de informática gratuitos para a população de baixa renda, especialmente para os jovens estudantes e prestes a entrar no mercado de trabalho.

No entanto, não basta darmos a tecnologia; é fundamental, também, proporcionar a formação de uma consciência crítica e ajudar as pessoas a combater os especuladores dos pobres, dos mais vulneráveis, afinal de contas, os sistemas de exploração não consideram as pessoas feridas em sua condição social e digital.

Referências bibliográficas

CATECISMO DA IGREJA CATÓLICA. Petrópolis: Vozes; Loyola, 1999.

COELHO, M. M. Ecologia, Bioética e Biodireito: Conceitos e Interfaces. **Teologia em Questão**. 5, p. 51-71, 2004. Disponível em: <https://tq.dehoniana.com/tq/index.php/tq/article/view/39/44>. Acesso em: 15 abr. 2022.

FRANCISCO, PP. **Carta Encíclica Fratelli Tutti**: Sobre a Fraternidade e a Amizade Social. São Paulo: Paulus, 2020.

GOMES, R. COVID-19: Algunas lecciones de ética de un vírus. **Studia Moralia** 58/1, p. 15-25, 2020.

HARARI, N. In the Battle Against Coronavirus, Humanity Lacks Leadership. **Revista Time**, 15 mar. 2020. Disponível em: <https://time.com/5803225/yuval-noah-harari-coronavirus-humanity-leadership/>. Acesso em: 15 jan. 2022.

LEMOS, A. Hábitos de ricos na pandemia deixam bilionários ainda mais bilionários. **Jornal Folha de São Paulo**, 24 abr. 2021. Disponível em: <https://www1.folha.uol.com.br/mercado/2021/04/habito-de-ricos-na-pandemia-deixa-bilionarios-ainda-mais-bilionarios.shtml>. Acesso em: 20 jun. 2022.

LÉVY, P. **Cibercultura**. São Paulo: Ed. 34, 1999.

SANTO AGOSTINHO. De Trinitate. In: **Coleção Patrística**. São Paulo: Paulus, 1994.

13

Em busca de uma ética inclusiva. Barreiras e pontes a cruzar

M. Cristina S. Furtado[1]

"Quem constrói muros permanece prisioneiro deles.
Os construtores de pontes vão avante."
Papa Francisco[2]

Introdução

Na primeira década do século XXI, ao fazer a minha graduação em Teologia Sistemática, tive o privilégio, junto com os meus colegas, de ter como professoras(es) importantes teólogas(os) cujas reflexões ocorriam dentro de uma teologia progressista, revisionista, que refletia sobre libertação, misericórdia e amor incondicional, tocando nossos corações e levando-nos a desejar ser seguidoras(es) de um Jesus Cristo repleto de um amor incondicional e servidor. Entretanto, alguns temas que, como psicóloga, professora, agente pastoral, mãe e cristã católica, eu percebia serem essenciais para se viver esse amor, de forma concreta, respondendo aos questio-

---

[1] Doutora em Teologia Sistemática Pastoral. Especialista em Educação. Psicóloga (CRP 05/59323). Professora na pós-graduação em Teologia Pastoral da PUC-Minas. Diretora do Centro de Estudos Gênero, Diversidade Sexual e Violência/Rio. Pesquisadora nos grupos de estudos: Teologia e Contemporaneidade (PUC-Minas) e Diversidade sexual – Cidadania e Religião (PUC-Rio).

[2] FRANCISCO, PP. Quem constrói muros permanece prisioneiro deles, Entrevista. Vatican News, 2019.

namentos e às necessidades que surgiam com os desafios do dia a dia contemporâneo, não eram debatidos.

Nessa época, novas configurações de vida, de crenças e de famílias eram propostas, mas não se estudavam esses temas nem havia uma reflexão sobre eles dentro da graduação em teologia, pois eram considerados tabus e não se podia falar sobre eles. Quando eram abordados, trazia-se apenas a visão tradicional, sem a possibilidade de debates. Temas que, no Brasil, não eram tratados em algumas faculdades de teologia, nem na pós-graduação, tampouco nas paróquias, aparentemente na busca por torná-los invisíveis. A justificativa dada era que pertenciam a outras ciências, a outros setores, e quanto aos que faziam parte da teologia moral, as regras eram fornecidas pelo magistério da Igreja, exercido pelo Papa e bispos, e nós deveríamos aderir.

Enquanto isso, assistíamos, pouco a pouco, ao crescimento, de forma explícita e cada vez mais violenta, da intolerância religiosa, do racismo, da xenofobia, do capacitismo, da aporofobia, da misoginia, da trans-homofobia etc., apontando para o desenvolvimento de uma sociedade individualista, violenta, meritocrática, pouco empática, não solidária, na qual o lucro é mais importante que a pessoa humana.

Dentro de alguns movimentos da Igreja Católica, em certos setores das igrejas cristãs tradicionais e em inúmeras igrejas evangélicas, que surgiam em crescimento geométrico, as pessoas falavam sobre o Deus amor, denominavam-se pertencentes às igrejas cristãs ou à Igreja Católica, mas, ao invés do Cristo repleto de amor, que servia, preferencialmente, aos mais necessitados e marginalizados, seguiam a teologia da prosperidade e a teologia dos milagres, do Cristo glorioso e todo-poderoso.

Alguns grupos de teólogas(os) mostravam-se aflitas(os) para dizer algo sobre o que estava acontecendo. Grupos cujos posicionamentos eram vistos com desprezo por certos setores eclesiais, existindo teólogas(os) que receberam punições pelo posicionamento. Dentro da teologia moral, era ainda mais problemático, pois atingia o maior tabu, a sexualidade.

No entanto, em todas as áreas, tivemos teólogas(os) que não se calaram e partiram para a realização de pesquisas, desejosas(os) de realizar mudanças, embora as(os) que se arriscaram a mostrá-las tenham enfrentado grandes dificuldades.

Hoje, diante do panorama atual – quando tomo consciência de que trinta e três milhões de pessoas voltam a estar abaixo da linha da pobreza, e muitos católicos apoiam uma política econômica que coloca o Brasil nessa situação de miséria; quando vejo um número considerável de fiéis e membros do clero da Igreja Católica valorizar armas e violência, caminhando em sentido contrário ao exemplo e à pedagogia de Jesus de Nazaré; quando atendo, fora e dentro da Igreja Católica, a diferentes grupos, como professora, teóloga e psicóloga, e vejo tantas pessoas que lamentam e, chorosas, revelam que se afastaram da Igreja Católica por falta de acolhimento, por se sentirem abandonadas, não atendidas em suas demandas, e outras que dizem ter sido literalmente excluídas por pessoas do clero, ou coordenadoras(es) de pastorais, ou outras(os) que, de alguma maneira, colocaram-se como representantes da Igreja –, sinto grande tristeza, ao ver que os meus temores não eram em vão. Tivemos um retrocesso que nos levou a um conservadorismo político[3] e religioso.

[3] BARROS, M. Da Teologia da Libertação às Teologias da Libertação, p. 20.

Entretanto, ao mesmo tempo, vejo o Papa Francisco preocupado que a Igreja reflita, debata sobre novas políticas econômicas, de modo a olhar, em primeiro lugar, para o bem-estar da pessoa humana e a não destruir o planeta. Considere a necessidade de realizar mudanças, em diversos aspectos, para que se possa atender às demandas da contemporaneidade, a fim de que, com carinho, respeito, e amor incondicional, seja possível acolher e integrar todas as pessoas à Igreja, "seja qual for a situação em que se encontrem".[4]

Diante de tudo isso, eu me pergunto: a teologia não poderia ter colaborado para evitar a situação crítica em que nos encontramos? Por que a teologia do Cristo amor incondicional se calou por tanto tempo? Será que conseguiremos finalmente, com a abertura que deseja o Papa Francisco, reparar e construir pontes, para que o nosso povo e a Igreja venham a compreender que é preciso respeitar e amar "uns aos outros", independentemente de religião, situação financeira, posição política, raça, gênero, diversidade sexual etc.? Poderemos vir a agir, em nossa vida, com base na ética do outro, do amor, da inclusão, de modo que todas as pessoas possam ser acolhidas, integradas, respeitadas como filhas(os) amadas(os) de Deus?

Sobre esses aspectos refletiremos neste capítulo. Como, para se pensar o futuro, a meu ver, é importante conhecer o passado e entender o presente, vamos relembrar.

1 Retrospecto histórico

No início dos anos 60, a realização do Concílio Vaticano II chamou a atenção para a necessidade de a Igreja Católica

[4] AL, n. 297.

acompanhar os novos tempos, o que levou a desenvolver uma espiritualidade voltada para as fontes, partindo das necessidades dos fiéis e do amor de Deus. "Deus é quem dá a todos a vida, a respiração e tudo o mais. E o Salvador quer que todos os seres humanos se salvem."[5] Essa visão serviu de base para a teologia latino-americana que surgiu após esse Concílio, com a virada antropológica, cujo foco passou a ser a pessoa humana. A nova visão antropológica começou a compreender a pessoa humana como o sujeito da própria fé, livre para responder ao chamado de Deus. E o eixo central dessa antropologia passou a ser a experiência humana de Deus por meio de Cristo.

Essas percepções ajudaram a Igreja latino-americana a enxergar o mundo à sua volta e a visualizar a pobreza como fruto da injustiça e a necessidade de a Igreja caminhar com o pobre, o excluído, o oprimido, na luta pela sua libertação, o que deu origem à teologia da libertação (TdL), uma teologia que buscava um atendimento preferencial às pessoas pobres e marginalizadas da sociedade. Com a TdL, a práxis volta a ser o ponto de partida para a reflexão e surge a preocupação com o indivíduo, inserido na pastoral do conjunto, bem como um verdadeiro esforço de dialogar com o mundo em seu contexto atual, o que possibilitou o surgimento de ministérios leigos e do respeito e da relação com as ciências.[6]

Com as inúmeras mudanças políticas que aconteceram no Brasil, na América Latina e no mundo, a TdL sofreu muitas críticas por parte dos governos e da própria Igreja. O interesse de acabar com ela desviou o olhar teológico para outros polos, e acabou deixando-se de lado uma teo-

[5] LG, n. 16.

[6] SCHICKENDANTZ, C., La recepción del Vaticano II en América Latina y el Caribe, Introducción.

logia que destacava Jesus de Nazaré, o Cristo servidor, que olhava para a singularidade das pessoas, suas necessidades e suas dores. Do filho de Deus que, por amor a nós, tornou-se ser humano, viveu, morreu na cruz e ressuscitou, tornando-se glorioso, passou-se a dar destaque a outra teologia que enfatizava o Cristo todo-poderoso, em uma Igreja gloriosa.

É importante lembrar que, já na metade do século XX, o crescimento do hedonismo e do relativismo era percebido na sociedade, surgindo uma grande preocupação da Igreja em apontar normas morais que deveriam ser obedecidas pelos fiéis, para evitar que desviassem do caminho apontado pela religião. Filósofos, sociólogos, teólogos preocupavam-se com o rumo da sociedade, e, inclusive, os Papas João Paulo II e Bento XVI denunciaram que as mudanças na sociedade eram fruto do relativismo crescente, oriundo de conhecimentos científicos desconectados da religião, que traziam outra visão de mundo.[7] João Paulo II, na *Veritatis Splendor*, deixou clara a importância, para ele, das normas morais universais:

> As normas morais universais são o fundamento inabalável e a sólida garantia de uma justa e pacífica convivência humana, e, portanto, de uma verdadeira democracia, que pode nascer e crescer apenas sobre a igualdade de todos os seus membros, irmanados nos direitos e deveres. Diante das normas morais que proíbem o mal intrínseco, não existem privilégios, nem exceções para ninguém.[8]

[7] FURTADO, M. C. S., Teologias da Libertação inclusiva, p. 147.

[8] VS, n. 96.

Em muitas outras ocasiões e através de diversos documentos, ele voltou a esse tema. O mesmo aconteceu com o Papa Bento XVI, que também acreditava que o relativismo moral não era suficiente para garantir a tolerância e o respeito entre os povos.[9] A grande questão era a constatação de que não existiam mais as verdades absolutas, que conduziram a sociedade e os fiéis cristãos por tanto tempo.

A Antropologia Teológica procurou dar uma resposta a essa mudança da sociedade. O teólogo Karl Rahner, sacerdote jesuíta, perito teológico do Concílio Vaticano II, ponderou que éramos cristãos adultos e possuíamos a capacidade de discernimento, podendo tomar nossas próprias decisões. Segundo Rahner, embora não haja possibilidade de abarcar a totalidade da experiência transcendental pela própria reflexão, é possível a pessoa se abrir a transcendência para se encontrar com Deus e sua absoluta bondade.[10] A liberdade pode ser categórica, através da escolha de ações particulares, ou transcendental, ligada à escolha fundamental de estar com Deus. A escolha fundamental é a que comandará a vida e a salvação. Embora a liberdade transcendental esteja intrinsecamente ligada à categórica, a essência da identidade humana se define pela liberdade transcendental em relação a Deus e ao próximo. Erros e acertos farão parte, mas a busca de Deus pela escolha fundamental deverá nortear a vida.[11] Ninguém se salva pelo próprio esforço ou mérito, pureza ou perfeição, e sim pelo desejo de estar no caminho para Deus.

---

[9] BENTO XVI, PP., Mensagem do Papa Bento XVI ao Cardeal Kasper.

[10] RAHNER, K., Curso fundamental da fé, p. 53.

[11] RAHNER, K., Curso fundamental da fé, p. 53.

De acordo com a Constituição Pastoral *Gaudium et Spes*, no fundo da consciência de cada pessoa, há uma lei. Ela está sempre a chamar ao amor de bem e à fuga do mal, e soa, quando necessário, na intimidade do coração. Essa lei é escrita pelo próprio Deus, e o ser humano deve obedecer-lhe e por ela será julgado.[12] "Essa consciência é o centro mais secreto e o santuário do homem, no qual se encontra a sós com Deus, cuja voz faz-se ouvir na intimidade do seu ser.[13] Graças à consciência, revela-se de modo admirável a lei que se realiza no amor de Deus e do próximo."[14]

Isso significa que nenhuma palavra externa pode substituir o juízo e a reflexão da nossa própria consciência. De acordo com o Pe. Corrêa Lima, embora, no mundo católico, seja comum dizer que o Papa é o "Vigário de Cristo" na terra, o seu legítimo representante, antes dele e de qualquer outro, existe na própria consciência.[15] Esse discernimento ajudou os fiéis a perceberem que são responsáveis por suas ações e, com base no amor de Cristo, possuem condições de tomar as próprias decisões.

Entretanto, na década de 70, os movimentos sociais começaram a crescer no Brasil, e aconteceram as primeiras manifestações feministas. Segundo Alves & Pitanguy, havia a preocupação do movimento em "repensar e recriar a identidade de sexo sob uma ótica em que o indivíduo, fosse ele homem ou mulher, não tivesse que se adaptar a modelos hierarquizados".[16]

[12] GS, n. 9.

[13] GS, n. 10.

[14] GS, n. 11.

[15] LIMA, L. C., O cristão adulto e a sexualidade, p. 61.

[16] ALVES, B. M.; PITANGUY, J., O que é feminismo, p. 9.

Além disso, questionavam-se as relações de poder, a opressão e a exploração de grupos de pessoas sobre outras, colocando-se radicalmente contra o poder patriarcal.[17]

Em relação ao grupo hoje denominado LGBTQIAP+, foi um movimento que surgiu após uma forte reação à violência policial contra um grupo de gays, no final dos anos 60, nos Estados Unidos, e, a partir daí, organizou-se e espalhou-se pelo mundo. Suas reivindicações eram voltadas para o reconhecimento de que não existia patologia na homossexualidade, o que levou os cientistas a voltarem os olhares para o grupo, com outra perspectiva.[18] A pressão feita pelo movimento levou, em diversos países, médicos e pesquisadores a reverem seus estudos sobre a homossexualidade enquanto "patologia", e o resultado das novas pesquisas reconhecia que não havia nada que pudesse enquadrar a homossexualidade nos critérios utilizados na categorização de doenças mentais. Ao mesmo tempo, o movimento clamava que as pessoas LGBT fossem respeitadas e tivessem legalmente os seus direitos reconhecidos.[19]

A partir do crescimento desses dois movimentos, os documentos e discursos do Magistério da Igreja Católica contrários às reivindicações desses grupos tornaram-se constantes. Neles, era visível a grande preocupação da Igreja sobre certos princípios considerados básicos, como o casamento entre homem e mulher, a lei natural, a família, a função da mulher na família, a vida intrauterina, a obrigatoriedade de o relacionamento sexual estar sempre aberto à procriação e a insistência na valorização da universalidade, imutabilidade e cognoscibilidade.

[17] TELES, M.A. de A., Breve história do feminismo no Brasil, p. 10.
[18] FURTADO, M. C. S., Teologias da Libertação inclusiva, p. 84
[19] FURTADO, M. C. S., Teologias da Libertação inclusiva, p. 85.

Ao mesmo tempo, após o Concílio Vaticano II, as reivindicações das mulheres católicas por maior participação na Igreja e o desejo de ordenação no ministério sacerdotal emergiram fortemente, surpreendendo o magistério e trazendo muita contrariedade a certos setores da Igreja. O Papa João Paulo II, que era totalmente contrário ao ministério feminino, respondeu negativamente, com o apoio da Congregação de Doutrina da Fé. Diante de novas investidas, João Paulo II, respondeu com um documento sobre a ordenação de mulheres que fechava essa questão: "A Igreja nunca admitiu que as mulheres pudessem receber validamente a Ordenação presbiteral ou episcopal".[20] Posicionamento duro, sem permitir diálogo, duramente criticado, e que chamou grande atenção para a desigualdade e o sexismo existente na Igreja. Como diz Maria Clara Bingemer, dentro da Igreja, o que é mais preocupante é a percepção de que "o patriarcalismo sublinha a superioridade do homem não somente numa perspectiva intelectual ou prática, mas no que chamaríamos de uma perspectiva ontológica".[21]

Durante o pontificado de João Paulo II e de Bento XVI, a tônica da Igreja Católica baseou-se em normas, e não havia possibilidade de qualquer debate sobre o que diziam os documentos. Ao mesmo tempo, foi dado um especial apoio pelo magistério da Igreja a movimentos que surgiam na Igreja, cujo foco estava no alcance dos objetivos e milagres desejados pelo poder de Cristo, através da Igreja gloriosa, à qual se devia obediência, sem hesitar, "com a predominância do

[20] CONGREGAÇÃO PARA A DOUTRINA DA FÉ, Declaração Inter Insigniores.

[21] BINGEMER, M. C. L., La mujer: protagonista de la evangelización. Revista Diakonia, p. 92.

espiritualismo tipo carismático-pentecostal trazido pelos movimentos eclesiásticos promovidos por João Paulo II e o modelo de Catolicismo Tridentino".[22]

Com o tempo, alguns desses setores da Igreja, que cresciam tanto em número como financeiramente, organizaram-se, inclusive na política, no Brasil, unindo-se à bancada evangélica,[23] e se dedicaram, por um lado, a trabalhar para que somente fossem aprovados os projetos de leis que estivessem de acordo com as determinações da Igreja Católica e das igrejas evangélicas. Por outro lado, passaram a atacar os movimentos feministas e LGBTQIAP+, tanto nos púlpitos da Igreja como nas rádios, nos programas de televisão e, mais tarde, nas redes sociais.[24]

Diante das inúmeras novas situações trazidas pela contemporaneidade e das ações das igrejas evangélicas e da Igreja Católica contra essas pessoas; do longo silêncio da teologia quanto às necessidades que surgiam; da falta de respostas acolhedoras e orientação que respeitassem as diferenças; e do pouco interesse em conhecer as descobertas científicas, sobre os temas que diziam respeito às reivindicações das mulheres e das pessoas LGBTQIAP+, muitos jovens e adultos acabaram por se afastar da igreja. Outras pessoas, principalmente as LGBTQIAP+, silenciaram-se para continuar na igreja, ou, apesar de serem, muitas vezes, hostilizadas, desejavam tanto permanecer em sua fé, que formaram grupos que, com ou sem a orientação de alguém do clero, uniram-se a uma (um) agente pastoral com

---

[22] BARROS, M. Da Teologia da Libertação às Teologias da Libertação, p. 20.

[23] FURTADO, M. C. S., A Importância da resistência das Igrejas Inclusivas e grupos LGBT católicos, p. 72.

[24] FURTADO, M. C. S., A Importância da resistência das Igrejas Inclusivas e grupos LGBT católicos, p. 73- 74.

conhecimento dos temas ligados às demandas do grupo e passaram a se reunir, mensalmente, nas catacumbas atuais,[25] para ler os Evangelhos, debater, realizar celebrações, na busca por fortalecer a fé no Deus todo-poderoso no Amor. Esse é o caso, por exemplo, de muitos dos vinte e três grupos LGBT católicos que existem em diferentes cidades e regiões do Brasil.[26] Eu faço parte, e dou apoio a três grupos LGBT católicos.

Só a partir da eleição do Papa Francisco, em 19 de março de 2013, a Igreja, por interferência e insistência do novo Papa, começou a mostrar interesse em refletir e debater certas questões antes proibidas, como as que dizem respeito à possibilidade de as mulheres assumirem ministérios, o reconhecimento da existência de diferentes tipos de famílias e das minorias sociais, o respeito e o acolhimento às pessoas LGBTQIAP+ etc. Ao mesmo tempo, o Papa Francisco passou a falar da necessidade de se ter uma Igreja que pudesse ser "como um hospital de campanha após a batalha, cuidando das feridas de seus fiéis e saindo para encontrar os que foram machucados, excluídos ou que se afastaram";[27] que "prestasse atenção e debruçasse sobre as novas formas de pobreza e fragilidade nas quais somos chamados a reconhecer o Cristo sofredor: os sem-abrigo, os toxicodependentes, os refugiados, os povos indígenas, os idosos cada vez mais sós e abandonados;[28] "uma Igreja em saída em direção dos afastados, dos excluídos [...] em direção das periferias humanas".[29]

---

[25] FURTADO, M. C. S., Papa Francisco e as pessoas LGBTQIA+, p. 695.

[26] FURTADO, M. C. S., A Importância da resistência das Igrejas Inclusivas e grupos LGBT católicos, p. 76-79.

[27] FRANCISCO, PP., Entrevista do Papa Francisco a La Civiltà Cattolica. Elo da fé, Pub. 22 set. 2013.

[28] EG, n. 210.

[29] EG, n. 46.

O Papa Francisco demonstra estar preocupado, principalmente, com o atendimento pastoral e a conscientização dos fiéis sobre certos temas. Como ele disse, a Igreja deve evitar julgamentos[30] e integrar todas as pessoas,[31] de modo que possam sentir a misericórdia e o amor incondicional de Deus.[32] E, finalmente, afirma: "precisamos construir pontes".[33]

Podemos entender que, se ele pede que se construam pontes, é preciso olhar para a outra pessoa, dar-lhe importância e conhecer as suas necessidades, pois só assim poderemos chegar a ela, seja em relação a quem for: os pobres, pessoas de outras religiões, imigrantes, pessoas negras, indígenas, pessoas com deficiência, mulheres e pessoas LGBTQIAP+.

2. Como a teologia pode ser ponte e ajudar a ultrapassar fronteiras?

Se olharmos para o pontificado do Papa Francisco, veremos que os documentos,

atos e palavras do Papa têm dado ênfase às ações pastorais de acolhimento a todas as pessoas, no acompanhamento singular, no cuidado, inclusive, no que diz respeito à moral sexual. No momento, ele, visivelmente, está preocupado em mostrar a importância de não se ter uma doutrina estagnada no passado, afirma que a doutrina precisa acompanhar o tempo e enfatiza a necessidade imediata de se ter um direcionamento pastoral voltado à ética do respeito, do amor, da misericórdia e da inclusão. Segundo o Papa:

---

[30] FURTADO, M. C. S., Papa Francisco e as pessoas LGBTQIA+, p. 694.

[31] AL, n. 297.

[32] AL, n. 311.

[33] FRANCISCO, PP., Quem constrói muros permanece prisioneiro deles. Entrevista. Vatican News.

> O ministério pastoral da Igreja não pode ser obcecado com a transmissão de uma série incoerente de doutrinas a serem impostas insistentemente [...] Temos de encontrar um novo equilíbrio, caso contrário até mesmo o edifício moral de Igreja deve cair como um castelo de cartas, perdendo a frescura e a fragrância do Evangelho.[34]

A teologia moral tradicional, defendida pelos conservadores e críticos do Papa Francisco, continua a defender as normas magisteriais, percebendo-as como absolutas. Sua antropologia se baseia na lei natural, enfatizando a universalidade, a imutabilidade e a cognoscibilidade. Dessa forma, pela universalidade, todas as pessoas estão sujeitas a ela, sem exceção. Ela exprime a dignidade da pessoa e determina a base dos seus deveres e direitos fundamentais.[35] Baseia-se em normas que proíbem determinados atos sexuais, o sexo antes do casamento, o controle artificial de natalidade, a masturbação, atos entre pessoas do mesmo sexo e o sexo que não seja para procriação. Fala sobre a importância do amor, mas, ao analisar os atos, generaliza, desconsiderando o envolvimento do afeto, no relacionamento entre duas pessoas.

As(os) teólogas(os) revisionistas questionam essas normas e procuram pensá-las dentro da antropologia sexual, na qual o mais importante não são os atos que a pessoa realiza, mas como ela se define em relação a Deus, a ela mesma e aos outros. De acordo com os teólogos Salzman & Lawler,[36] o ser humano é finito, capaz de inconsistências, mas suas escolhas categóricas não refletem necessariamente sua postura fundamental.

---

[34] FRANCISCO, PP., Entrevista do Papa Francisco a La Civiltà Cattolica, Elo da fé, Pub. 22 set. 2013.

[35] CIC, n. 1956.

[36] SALZMAN, T.A. & LAWLER, M. G., A pessoa sexual, p. 140-150.

Segundo os teólogos Trasferetti e Zacharias, "para humanizar a sexualidade, precisamos integrá-la ao nosso projeto de realização pessoal, e nas diversas razões de viver o amar e ser amado que unifica a todos nós". Para eles, e, podemos dizer, para um grande número de teólogas(os) revisionistas, "o amor deve ser assumido como o sentido de todo o projeto de vida, e, até mesmo, como projeto de vida, por excelência. E isso não é prerrogativa exclusiva das pessoas heterossexuais".[37]

O filósofo Emmanuel Lévinas, em seu projeto de humanização, afirma que a outra pessoa deve ser o critério da nossa vida. Ela representa a quatríade bíblica: o pobre, o órfão, a viúva e o estrangeiro, modelos concretos de alteridade mostrados no Antigo Testamento (Ex 22,22; Dt 10; Dt 14,29 etc.) que são aliados da transcendência de Deus, que toma a sua causa, zela por eles e exige que lhes seja feita justiça. Para Lévinas, a quatríade representa todas as pessoas que, por algum motivo, são diferentes e se desvelam a nós, com os seus rostos e olhares, frente a frente, e, por serem diferentes, sofrem e buscam misericórdia.[38]

Segundo esse filósofo, na formação da subjetividade, "o ser" fica centrado em si mesmo, e só através da "ética da alteridade", uma ética que surge ao conseguirmos perceber a outra pessoa como única, diferente de nós, com uma vida e necessidades próprias, somos capazes de nos abrir a ela e de caminhar como um "Subjectum", direcionado a levar a outra pessoa a obter paz e harmonia, e com ela, nós mesmos e a humanidade.[39]

---

[37] TRASFERETTI, J. A.; ZACHARIAS, R., Homossexualidade e ética cristã, p. 23.

[38] LÉVINAS, 2008, p. 116.

[39] LÉVINAS, 2002, p. 106.

Na mesma linha de Lévinas, Garcia Rubio nos diz que, na visão bíblico-cristã do ser humano, referimo-nos sempre ao processo de humanização que liberta do fechamento na própria subjetividade, para a vivência da alteridade. Para ele, uma afetividade madura leva à abertura da subjetividade e possibilita à pessoa vivenciar um amor que passa pela(o) irmã(o), como vemos em Jesus. Rubio afirma que Jesus não colocou regras morais ou rituais; para ele, o importante é "amar concretamente".[40]

Então, quando somos chamados a ser pontes e a ajudar a atravessar as fronteiras, acredito que a moral teológica precisa olhar para a outra pessoa e enxergá-la como alguém amado por Deus, como ela é, possuidora de necessidades próprias. Para desenvolver-se uma teologia moral, pautada em uma pessoalidade autêntica, é necessário estar ciente de que cada pessoa é diferente uma da outra, possui uma trajetória histórica, tem a sua própria compreensão do mundo e de Deus, participa de uma cultura e estrutura social que podem ser diferentes, possui conceitos, linguagem e forma de viver ligados ao contexto em que vive. Segundo Salzman & Lawler, para um bom entendimento desse contexto, é importante que as(os) moralistas venham a se aprofundar teologicamente, a praticar o diálogo inter-religioso, a caminhar com a ciência e os estudos interdisciplinares.[41]

3. A ética da inclusão e a integração de todas as pessoas

A teologia da libertação, embora distanciada dos meios oficiais da Igreja, influenciou e desenvolveu diferentes teolo-

[40] RUBIO, A. G., O encontro com Jesus Cristo Vivo, p. 93.

[41] SALZMAN, T. A. & LAWLER, M. G., A pessoa sexual, p. 140-150.

gias libertadoras, que seguem o Evangelho e caminham junto com as ciências biológicas, humanas e sociais e com as ciências da religião.

A espiritualidade da libertação envolve todas as pessoas necessitadas no encontro fontal de Jesus com o Pai, como libertador da pessoa e da criação. Mostra-nos um Deus compassivo e de entranhas maternas cujas reflexões

> partem das vidas concretas das/os discriminadas/os e descartáveis da atualidade, onde encontramos as pessoas sem-terra, sem-teto, o/a indígena, a mulher marginalizada, a que sofre violência doméstica, a/o negra/o, a infância abandonada, as pessoas com dificuldades especiais e as pessoas LGBTQIA+.[42]

Vidas e histórias diferentes que saíram do concreto e deram lugar a diferentes teologias libertadoras, tais como a teologia feminista, a teologia feminista negra, a teologia indígena, a teologia ecofeminista, a teologia de gênero, a teologia queer, a teologia lésbica, a teologia LGBTQIAP+ inclusiva etc. Como diz Ronilso Pacheco,

> uma teologia pós e de-colonial, uma teologia ecumênica e inter-religiosa, uma teologia que quebre as linhas antitoque (as linhas imaginárias de hostilidade que impedem o contato, o diálogo, a aproximação e fomentam o isolamento autocentrado e autossuficiente), que matam o diálogo e a construção de caminhadas comuns.[43]

---

[42] FURTADO, M. C. S., A inclusão de todas/os/es, p. 128.

[43] PACHECO p. 39. PACHECO, 2019, p.39.

Como vimos anteriormente, Lévinas, em sua reflexão filosófica, mostrou que, no caminho da formação da subjetividade, o ser fica centrado em si mesmo, e só através da ética da alteridade somos capazes de nos abrir ao outro.[44] A ética é o único meio de nos levar a um "humanismo baseado no outro". Trata-se de "um projeto que visa resgatar a transcendência da libertação do homem pelo homem".[45] Para isso, precisamos ir além do próprio ser. Olhar para o rosto de quem é diferente e vê-lo como realmente é. Chocar-se com a diferença e descobrir que o outro não se pode transformar em igual.

A Antropologia Teológica indicou que, através do seguimento de Jesus Cristo, como lembra José M. Castillo, nós podemos vivenciar a ética de Cristo, que prioriza o amor, a dignidade e a felicidade da pessoa humana, conforme nos mostra o sermão da Montanha (Mt 5-7).

Para a teóloga Cassia Tavares, a ética de Jesus é o caminho para a transformação da pessoa humana. Ela traz uma mensagem libertadora, revelando, em profundidade, o Amor de Deus por todas as pessoas humanas.

> A ética de Jesus é a ética do mandamento do Amor e das Bem-Aventuranças. Todo ser humano é convidado a assumir em sua vida a dinâmica do amor que transforma, que liberta e que ensina a viver melhor encontrando novo sentido em sua existência.[46]

---

[44] LÉVINAS, E., De Deus que vem a ideia, p. 106.

[45] MELO, N.V. de, A ética da alteridade em Emmanuel Lévinas, p. 278

[46] TAVARES, C. Q., Ética Cristã, p. 87.

É esse amor que nos impulsiona ao outro e nos guia, mesmo quando não temos mais o absolutismo ou as regras rígidas do passado, levando-nos a valer-nos da liberdade de nossa consciência e a viver através de uma ética na qual há lugar para todas as pessoas, no que são iguais e diferentes. Na qual é possível ter um inter-relacionamento harmonioso, feliz, amoroso, com a participação de todas as pessoas.

Trata-se de uma ética baseada no amor incondicional de Deus, que segue a pedagogia de Jesus, na qual a fé está pautada no compromisso fundamental com a verdade, com a vida e com a justiça (Jo 1,9-14). Uma pedagogia que sempre contou com gestos simples de afeto, compaixão e amor, que pode ser denominada de "pedagogia da inclusão".[47] O seguimento dessa pedagogia leva-nos a viver a ética da inclusão.

Uma ética que surge de um amor oriundo de um Deus que está conosco em todos os momentos. Sorri e ama cada pessoa. Quando esta é maltratada, excluída, ele a consola e a fortifica, para que possa seguir em frente e se libertar da opressão. Como está em Mateus: "Em verdade vos digo que quando o fizestes a um destes meus pequeninos irmãos, a mim o fizestes" (Mt 25,40).

Não se trata de uma ética na qual se deseja transformar a outra pessoa em si mesmo, impondo a ela os padrões sociais, mas que cada pessoa possa participar de forma construtiva e ser respeitada como é. Possa agir como cidadã(o) ou membro da igreja, para ser ouvida(o) e procurar modificar o que acredita ser importante. Afinal, "Deus está conosco, quando estamos sós ou na multidão, e conosco ele chora, ri e luta por justiça, e leva-nos à vivência de uma ética que inclui, ativa-

[47] MAZZAROLO, I., Jesus e a Física quântica, p. 24-35.

mente, todas as pessoas, com os mesmos direitos, deveres, vivendo, mais do que a igualdade, a equidade".[48]

Para a teóloga Maria Inês Millen, a ética teológica precisa nos levar a integrar e a cuidar. É preciso partir da vida concreta das pessoas para fazer o anúncio da boa-nova que consola e encoraja, sendo convite para uma vida em Cristo e no Espírito. É preciso

> uma moral que dinamiza e indica caminhos possíveis de salvação e de libertação para todos e, de modo especial, para os doentes, os abatidos, os cansados e feridos, sem cair no moralismo legalista, que muitas vezes somente pune, castiga e leva as pessoas ao desânimo improdutivo.[49]

Para o Papa Francisco, o amor de Deus é incondicional, e não temos que fazer nada para merecer esse amor.[50] Durante a sua catequese, ele já ressaltou que "um amor como o de Deus: vem antes de tudo e é incondicionado. Deus não ama por alguma razão, mas porque Ele mesmo é amor e o amor tende, por natureza, a se difundir, a se doar".[51] Em 2019, na Missa do Galo, ele voltou a falar sobre o amor incondicional de Deus:

> Deus se fez criança para se deixar ser abraçado por nós e é algo incondicional. Enquanto, aqui na terra, tudo parece responder à lógica de dar para receber, Deus chegou de graça. Seu amor não é negociável: nunca fizemos nada para merecê-lo e nunca poderemos recompensá-lo.[52]

[48] FURTADO, 2022, p. 313.

[49] MILLEN, M. I. de C., Valores fundamentais da sexualidade humana, p. 16.

[50] FURTADO, 2021, p. 683.

[51] FRANCISCO, 14 jun. 2017.

[52] FRANCISCO, 25 dez. 2019.

Diante desse amor incondicional de Deus, para o Papa Francisco, precisamos de uma Igreja para todas as pessoas, sem exceção.

> O Sínodo que estamos celebrando nos chama a ser uma Igreja que se ergue em pé, não dobrada sobre si mesma, capaz de olhar mais além, de sair de suas próprias prisões para ir ao encontro do mundo com a coragem de abrir as portas [...] Uma Igreja sem correntes nem muros, onde cada qual se possa sentir acolhido e acompanhado, onde se cultive a arte da escuta, do diálogo, e da participação, sob a única autoridade do Espírito Santo.[53]

Conclusão

No dia 29 de junho de 2022, na missa de São Pedro e São Paulo, o Papa Francisco citou o Cardeal Martini, para enfatizar que o Evangelho não pode ser neutro, e o Pe. Henri DeLubac, para lembrar a necessidade de não se ter um "cristianismo clerical, formalista, cristianismo mortiço, endurecido",[54] ou seja, não podemos ter um cristianismo moribundo. E, ao final, perguntou, para que isso não aconteça, o que São Pedro e São Paulo podem sugerir à comunidade cristã de hoje, que se encontra empenhada no processo sinodal em curso. Citando Pedro, no Ato dos Apóstolos, o Papa Francisco repetiu o que disse o anjo: "Ergue-te depressa" (12,7).

---

[53] FRANCISCO, PP., Benedizione dei Palli e Celebrazione Eucaristica nella Solennità dei Santi Apostoli Pietro e Paolo.

[54] FRANCISCO, PP., Benedizione dei Palli e Celebrazione Eucaristica nella Solennità dei Santi Apostoli Pietro e Paolo.

E continuou: "Apesar das inúmeras resistências que tentam impedir a nossa marcha, é necessário que a Igreja não mais se atrase diante dos desafios presentes". Não é possível deixar as coisas como estão, ao contrário, "é necessário acender o fogo do Reino de Deus lá onde, ao contrário, reinam os mecanismos humanos do poder, do mal, da violência, da corrupção, da injustiça, e da marginalização".[55]

A meu ver, estamos diante de uma sociedade que se mostra desorientada, acredita em qualquer tipo de promessa, de milagre, sendo capaz de seguir padres e pastores e falar muito em Jesus Cristo, sem, realmente, segui-lo com profundidade.

Como nos pede o Papa Francisco, é preciso agir. Não podemos retornar ao passado para modificar o que já foi feito, ou consertar o que não tem conserto. A Igreja, mais do que nunca, precisa ir ao encontro do povo e levar a boa-nova, resgatando o Jesus de amor incondicional, que olha por cada pessoa individualmente e ama, indiscriminadamente, a todas as pessoas. Aprender com as muitas teologias libertadoras que trazem a ética inclusiva e a paixão de anunciar o Evangelho, o desejo de chegar a todos, e a todos acolher.

Da mesma forma, a teologia moral pode e precisa desempenhar o seu papel, apontando para a prioridade do amor nos relacionamentos humanos. Na necessidade de dar uma resposta a Deus no uso da nossa consciência, e através do desejo de estar com Ele, precisamos abrir-nos ao amor incondicional. Com isso, estabeleceremos gestos de cuidado para toda a criação e para as pessoas humanas, "acolhendo-as, incluindo e integrando todas as pessoas, independente de reli-

[55] FRANCISCO, PP., Benedizione dei Palli e Celebrazione Eucaristica nella Solennità dei Santi Apostoli Pietro e Paolo.

gião, situação financeira, pensamento político, raça, gênero e diversidade sexual".[56]

O Papa pede, ainda, que não esqueçamos a palavra "todos", e insiste: "Ide pelas encruzilhadas e trazei todos, cegos, surdos, coxos, doentes, justos, pecadores: todos, todos! Esta palavra do Senhor deve ressoar… ressoar na mente e no coração: todos!".

Na Igreja que sonha o Papa Francisco, ninguém fica de fora, é o amor que impulsiona. "Na Igreja há lugar para todos. E muitas vezes tornamo-nos uma Igreja de portas abertas, mas para despedir as pessoas, para condenar as pessoas. [...] Ide pelas encruzilhadas. Todos, todos! Mas são pecadores! Todos."[57]

Referências bibliográficas

ALVES, Branca Moreira; PITANGUY, Jaqueline. **O que é feminismo**. São Paulo: Abril Cultural: Brasiliense, 1985.

BARROS, Marcelo. Da Teologia da Libertação às Teologias da Libertação, p. 13-34. In: GUIMARÃES, Edward; SBARDELOTTI, Emerson; BARROS, Marcelo. **50 anos de Teologias da Libertação.** Memória, Revisão, Perspectivas e Desafios. Vol. 2, 2022.

BENTO XVI. **Mensagem do papa Bento XVI ao cardeal Walter Kasper.** II Conferência Internacional sobre Paz e Tolerância, realizada em Istambul (Turquia), em 4 nov. 2005. Disponível em: <https://www.vatican.va/content/benedict-xvi/pt/letters/ 2005/documents/hf_ben-xvi_let_20051104_kasper-istanbul.html>. Acesso em: 28 jun. 2022.

[56] FURTADO, 2022b, p. 309.

[57] FRANCISCO, PP., Quem constrói muros permanece prisioneiro deles.

BINGEMER, Maria Clara. La mujer: protagonista de la evangelización. **Revista Diakonia**, n. 125, p. 91-103, março de 2008.

CATECISMO DA IGREJA CATÓLICA. São Paulo: Vozes; Loyola, 1999.

COMPÊNDIO DO CONCÍLIO VATICANO II. **Constituição Dogmática *Lumen Gentium***. São Paulo: Paulus, 2001.

CONGREGAÇÃO PARA A DOUTRINA DA FÉ (CDF). **Declaração Inter Insigniores sobre a questão da admissão das mulheres ao sacerdócio ministerial.** Vaticano, 15 out. 1976. Disponível em: <https://www.vatican.va/roman_curia/ congregations/cfaith/documents/rc_con_cfaith_doc_19761015_inter-insigniores _po.html>. Acesso em: nov. 2020.

FRANCISCO. Entrevista do Papa Francisco a La Civiltà Cattolica na íntegra. **Elo da fé**. Pub. 22 set 2013. Disponível em: <https://elodafe.com.br/entrevista-do-papa-francisco-a-la--civilta-cattolica-na-integra/>. Acesso em: 26 jun. 2022.

FRANCISCO, PP. **Exortação Apostólica Evangelii Gaudium**: sobre o anúncio do evangelho no mundo atual. São Paulo: Paulinas, 2013.

FRANCISCO, PP. **Exortação Apostólica Amoris Laetitia**: sobre o amor na família. São Paulo: Loyola, 2016.

FRANCISCO, PP. Quem constrói muros permanece prisioneiro deles. Os construtores de pontes vão avante. Entrevista. **Vatican News**. Disponível em: <https://www.vatican news.va/pt/papa/news/2019-03/quem-constroi-muros-permanece-prisioneiro-papmar. html> Acesso em: 29 jun. 2022.

FRANCISCO, PP. **Benedizione dei Palli e Celebrazione Eucaristica nella Solennità dei Santi Apostoli Pietro e Paolo,** 29.06.2022. Disponível em: <https://press.vatican.va/ content/salastampa/it/bollettino/pubblico/2022/06/29/0500/01021.html#po>. Acesso em: 29 jun. 2022.

FURTADO, Maria Cristina S. A importância da resistência das Igrejas inclusivas e grupos LGBT católicos, p. 69-88. In: **Experiências de diversidade afetivo-sexual e de gênero:** perspectivas de diálogo (Org. Fabrício Veliq). Rio de Janeiro: Ed. Metanóia, 2021a.

FURTADO, Maria Cristina S. Papa Francisco e as pessoas LGBTQI+: mudanças e perspectiva, p. 675-702. In: **Dossiê Pontificado de Francisco: mudanças e perspectivas**. Belo Horizonte, v. 19, n. 59, maio/ago., 2021b.

FURTADO, Maria Cristina S. Teologias da libertação inclusiva LGBTQIA+: suas causas e lutas, p. 117-133. In: GUIMARÃES, Edward; SBARDELOTTI, Emerson; BARROS, Marcelo (Org.). **50 anos de Teologias da libertação.** Memória, Revisão, Perspectivas e desafios, Vol. 2, 2022a.

FURTADO, Maria Cristina S. **A inclusão de todas/os/es**. Uma leitura teológica da violência de gênero: mulheres e LGBTQIA+. De Girard e Lévinas à ética da inclusão, São Paulo: Recriar, 2022b.

JOÃO PAULO II. **Carta Encíclica Veritatis Splendor**. SOBRE ALGUMAS QUESTÕES FUNDAMENTAIS DO ENSINAMENTO MORAL DA IGREJA, EM 6 AGO. 1993. DISPONÍVEL EM: <HTTPS://WWW.VATICAN.VA/CONTENT/JOHN-PAUL-II/PT/ENCYCLICALS/DOCUMENTS/HF_JP-II_ENC_060 81993_VERITATIS-

-SPLENDOR.HTML>. ACESSO EM: 06 JUN. 2022.

LÉVINAS, Emmanuel. **De Deus que vem à ideia**. Petrópolis: Vozes, 2002.

LÉVINAS, Emmanuel. **Totalidade e Infinito**. Lisboa: Edições 70, Portugal, 2008.

LIMA, Luis Corrêa. O cristão adulto e a sexualidade. In: ALMEIDA, E. F. de; RIBEIRO, L.; ARROCHELLAS, M. H. (Orgs.). **Desejo e mistério**: olhares diversos sobre a sexualidade. São Paulo: Reflexão Editora, 2013.

MADE FOR MINDS. Na Missa do Galo, papa destaca “amor incondicional de Deus”. **DW,** 25 dez. 2019. Disponível em: <https://www.dw.com/pt-br/na-missa-do-galo-papa-destaca-amor-incondicional-de-deus/a-51 791985>. Acesso em: 26 nov. 2020.

MAZZAROLO, Isidoro. **Jesus e a F**ísica quântica. Rio de Janeiro: Ed. PUC-Rio, 2011.

MELO, Nélio Vieira de. **A ética da alteridade em Emmanuel Lévinas**. Porto Alegre: EDI PUCRS, 2003.

MILLEN, Maria Inês de Castro. Valores fundamentais da sexualidade humana. **Vida Pastoral**, ano 51, n. 275, p. 12-18, novembro-dezembro, 2010.

PACHECO, Ronilso. **Teologia Negra**. O sopro antirracista do Espírito. Brasília: Ed. Novos Diálogos, 2019.

PARÓQUIA São Francisco do Paula. **O amor de Deus é incondicional, lembra papa na catequese**. Disponível em: <https://paroquiasaofranciscodepaula.blogspot.com/2017/06/o-amor-de-deus-e-incondicional-lembra.html>. Pub. 14 jun. 2017. Acesso em: 24 nov. 2020.

RAHNER, Karl. **Curso Fundamental da Fé.** São Paulo: Paulus, 1989.

RUBIO, Alfonso Garcia. **O encontro com Jesus Cristo Vivo**. São Paulo: Paulinas, 1999.

SALZMAN, Todd A.; LAWLER, Michael G. **A pessoa sexual**: Por uma antropologia católica renovada. São Leopoldo: Ed. Unisinos, 2012.

SCHICKENDANTZ, C. **La recepción del Vaticano II en América Latina y el Caribe**: Una mirada de conjunto sobre algunos puntos relevantes. Enciclopédia Digital Theologica Americana. Belo Horizonte. Disponível em: <http://theologicalatino americana.com/?p=1784>. Acesso em: 20 fev. 2020.

TAVARES, Cassia Quelho. Ética Cristã. Iniciação Teológica. Rio de Janeiro: Dep. Teologia PUC-Rio, 2012.

TELES, Maria Amélia de Almeida. **Breve história do feminismo no Brasil**. São Paulo: Brasiliense, 1993.

TRASFERETTI, José A.; ZACHARIAS, Ronaldo. Homossexualidade e ética cristã. **Vida Pastoral**, ano 51, n. 275, nov./dez. 2010.

14

Por uma Tética

Noah Milanez[1]

Introdução

A priori, é necessário explicitar que o lugar em que nos circunscrevemos é de um privilégio inimaginável, pois, para aqueles que desconhecem, a maioria da população Trans encontra-se sem oportunidades, pois apenas o corpo é o seu objeto de trabalho. Sendo assim, experienciam a vida por meio do trabalho sexual. O nosso papel, aqui, é tentar cartografar uma etnografia sobre as "experivivências" dos seres humanos que se compreendem na identidade Trans.

Já conseguiu pensar na hipótese de querer ir ao banheiro e não poder? Talvez querer comprar uma roupa e não conseguir? Ou até mesmo querer apenas sair para tomar um ar fresco e, de certo modo, não "ser possível"? Já pensou que a pessoa Trans corre sérios riscos de não voltar para casa e, ainda por cima, viva? Pois bem, são certas situações como essas que a população Trans experimenta cotidianamente. Daí a

[1] Graduação em Licenciatura Plena em Filosofia pela Universidade Federal de Ouro Preto (UFOP).

importância de refletir e discutir acerca da solidão existencial que essas pessoas vivenciam e carregam ao longo da vida.

Para os seres que se compreendem nas "transgeneridades", a vida pautada em uma religião também é, de certo modo, negada. A pergunta para você, caro leitor, é se, em sua prática religiosa, você já observou alguma pessoa Trans nos locais de culto ou de eventos religiosos que frequenta. Ressaltando que não vale considerar o espaço que já nos foi destinado, aquele de "desviado dos preceitos de Deus". Afinal, se a pessoa não se encontra na heterossexualidade, passível de uma determinada reprodução normativa, ela é simplesmente vista como alguém "desviado" do corpo designado por Deus. A frase reproduzida é sempre a mesma: "Deus te fez assim!". Para que mudar?

É necessário criar pontes e empenharmo-nos para contribuir com uma formação transformadora do pensamento moral e, consequentemente, da ética teológica. Nesse sentido, poder somar com um pensamento altruísta, oferecer um pensamento igualitário que reivindique e valorize a existência de outrem, é fundamental para uma existência humanitária no nosso planeta. Por essa razão, assumimos essa contribuição com a Igreja, a fim de ajudar a aproximar as pessoas Trans da convivência, da comunidade religiosa.

1. Desenvolvimento do tema

Concebemos a noção de moral e sua essência como qualidade social, portanto, para nós, a vida moral revela-se na sociedade, por meio da responsabilidade perante as necessidades de todos e cumprindo determinada função social. Ainda que o comportamento moral dos indivíduos, no que tange aos grupos sociais humanos, provenha de ações deliberadas, esses indivíduos e grupos também dispõem de um caráter coletivo, livre e consciente. Dessa feita, seja em grupo, seja individualmente, existe a vontade de assumir a tal da responsabilidade perante o outro. É importante conscientizarmo-nos de que uma mudança radical na estrutura social incitaria uma TRANSformação da moral. Afirmamos isso considerando que o comportamento individual também se expressa socialmente. Portanto, a moral possui esse caráter social enquanto regulador do comportamento individual, cujos resultados e consequências afetam o todo da sociedade.

Segundo a ANTRA (Associação Nacional de Travestis e Transexuais), no ano de 2021, houve cento e quarenta assassinatos por transfobia no Brasil. Além disso, somos considerados o país que mais mata transexuais no mundo e, ao mesmo tempo, o país que mais consome conteúdos pornográficos com pessoas Trans. Uma pergunta se faz emergir: com qual frequência vê-se, em específico, mulheres Trans e travestis andando pelas ruas à luz do dia? Aqui, os homens Trans, que se "hormonizam", podem ganhar certos privilégios, por possuírem determinadas "passibilidades", tais como: ganhar a forma passável, passar-se pelo gênero para o qual se transiciona.

Sobre a solidão, uns dos primeiros a abandonar e expulsar as pessoas Trans de suas casas são os próprios familiares, parentes e cônjuges. Em seguida, elas são dispensadas de seus serviços e empregos, tornando-se cada vez mais complicado receber uma proposta de recontratação. É exatamente essa situação que, muitas vezes, as leva ao trabalho sexual. Inúmeras são as formas de violência e de solidão que as pessoas

Trans sofrem por meio de como os seus corpos são afetados. Nesse sentido, costumamos pensar em como a religião é pautada teoricamente na base do amor ao próximo, sendo que, na prática, o que se observa é o extremo oposto. Então, por isso, questionamo-nos: o que seria o amor? Como se pode pregar acerca do amor e não praticá-lo? Seria mesmo esse o agir de Deus? Ou mesmo o agir de Jesus, no caso do cristianismo? Jesus sempre foi, até que nos digam o contrário, aquele que praticava o amor, na *gratuidade* e sem olhar a quem.

No âmbito religioso, adiantamos que pouco se absorve das experiências religiosas e, com pesar, da religião pautada pelo cristianismo. Perguntamo-nos: é comum um corpo TRANS, hoje, estar habituado a frequentar a Igreja? E, se sim, sentir-se-ia confortável? Durante nossa "experivivência" com esses corpos e grupos, conhecemos certas pessoas que acreditam e vivem a fé dentro do cristianismo. Entretanto, ouvimos, desde o início da vida, que o Deus cristão, em sua tradição bíblica, reprova o "comportamento" homossexual e que, por isso, seremos levados para o inferno. Por essa razão, as pessoas Trans não praticam tal religião, não frequentam as Igrejas, e, quando o fazem, não demoram muito a sair dessa prática, permanecendo, com isso, apenas a reflexão de como elas não se sentem bem dentro desse postulado.

Dentro da perspectiva espírita de Allan Kardec, o complicado é o seu lado científico, que dificulta o pertencimento à religião, pois requer certo "letramento". Ressalta-se o fato de que muitas pessoas Trans possuem pouca escolaridade, devido à transfobia sofrida durante os anos escolares. Isso não é uma regra, trata-se apenas de uma descrição factual de como os corpos Trans são reprimidos dentro do âmbito escolar, fazendo-se nascer também a pergunta: corpos Trans são encontrados frequentando as escolas? E as universidades? Caso frequentem, é importante saber se estão transicionando após enfrentarem boa parte da vida como CISgêneros.[2]

Por outro lado, no que diz respeito à perspectiva evangélica, ousamos dizer que é impossível sermos aceitos dentro de tal contexto religioso, já que, muitas das vezes, somos exorcizados, quando não enxotados e humilhados, nos cultos, e é só o que temos a dizer.

Se existe uma religião na qual se vê um maior número de praticantes, tanto da população Trans quanto de travestis, são as religiões afro-brasileiras e africanas; a saber, muitos manifestam e desenvolvem sua mediunidade como qualquer outro indivíduo que também frequente o mesmo conga-terreiro. São tidos simplesmente como corpos compostos de energias, de axé, e que devem dispor-se à "obrigação" de manifestar os conhecimentos trazidos pela força das entidades. Existem, também, terreiros que não praticam tal igualdade, negando a manifestação de sua identidade, exigindo que os praticantes permaneçam com o mesmo gênero e sexo biológico. Apesar disso, são nesses locais que observamos o maior respeito para com os corpos Trans.

Conclusão

Atualmente, a sociedade é marcada pela diversidade, pela existência plural dos diferentes corpos presentes, distintas identidades, tanto de gênero quanto de sexualidade. Afinal,

[2] Pessoas que se compreendem a partir do sexo biológico designado no nascimento.

todos nós somos humanos, com os mesmos desejos, de algum modo, e com a mesma fisiologia. Por que, então, um ser pode tomar para si a verdade absoluta de como ser humanamente humano? Por que alguns se acham no direito de assassinar um corpo Trans, ou mesmo de impedi-lo de ter uma vertente religiosa, seja ela qual for? Em suma, um indivíduo toma para si um juízo moral que destina a outrem como se fosse uma verdade absoluta, mas que, ao fim e ao cabo, é apenas uma opinião individual que ele tenta universalizar, desconsiderando e invalidando completamente a vida do outro.

Os corpos Trans também buscam por um amparo religioso e, muitas das vezes, dentro da perspectiva cristã. Contudo, se eles se afastam da prática cristã, é pelo simples fato de terem sido repelidos por um determinado corpo "endemoniado" que os sustenta. Reescrever a Bíblia talvez não seja possível, mas apontar que Jesus, como filho de Deus, não praticou tamanho ódio, desprezo e segregação entre os seres que viveram as dificuldades da época já ajuda demais a vida das pessoas Trans. Essa nova postura da Igreja exigiria dar-se conta de que essa visão de mundo não passa de uma certa ideologia negativa sobre os corpos LGBTQI+.[3]

Seria possível desmistificar um discurso que foi concebido, por milhares de anos, acerca desses corpos Trans? Seria possível ouvir durante uma homilia, ou durante uma pregação num culto, que devemos amar as pessoas Trans, que elas são filhas de Deus e que podem e devem ser amadas e respeitadas? Seria possível desmistificar a velha fala de que "é melhor ser traficante, drogado e/ou prostituir-se", em vez de

[3] LGBTQI+: Gays, Lésbicas, Bissexuais, Travestis-Transexuais-Transgêneros, Queers, Intersexo e + identidades possíveis.

compreender a pessoa como um corpo Trans? É claro que isso exigiria uma mudança pessoal, interna, por meio de um pensamento pautado pela ética do cuidado, que oferece uma ética responsável para mim, mas também para o outro.

Dentro da perspectiva pessoal, na solidão, encontramo-nos com Deus. Percebemos tamanha força amorosa ao permitir que nossa existência seja como simplesmente é, pela coragem de dizer "sim" a si próprio e de existir como corpo Trans, por poder praticar a fé e sentir-se acolhido por uma entidade. Na religião afro, foi-nos permitido perceber a companhia de um divino que nunca julga, e sim acolhe e ama sem olhar a quem.

É importante que nos eduquemos dentro de uma tradição religiosa, ética e moral pautada sob um novo olhar, por meio de uma nova perspectiva. Faz-se necessário mudar o grande discurso secular, que já está enraizado no inconsciente coletivo, de que o corpo Trans não pertence a nenhuma religião. Em certo sentido, concordamos que não podemos definir a perfeição do outro; nós, como humanos, sequer definiremos os princípios pelos quais o outro deve viver, nem descreveremos os atos particulares com os quais o outro deve realizar-se. Mas, na ausência dessa ética que toma o cuidado por base, devemos agir para promover esse ideal. Como demonstramos no início, ao mudar a consciência individual, é possível transformar o pensamento social e coletivo.

Portanto, tudo dependerá da vontade de ser um ser humano voltado para o cuidado com o outro. Talvez assim seja possível repensar a ética como Tética, pois, dessa forma, não conceberíamos mais o corpo Trans como um humano dentro da ética que conhecemos. Destarte, a Tética, com o "T" de

Trans, diz respeito ao ir além. O Trans, de "transgeneridades", significa poder incluir novos sujeitos, novos seres, que são vistos desde a equidade, a partir da igualdade humana, numa tentativa afetiva de revigorar os limites da ética, dispondo-se a compreender as dificuldades e as demandas da cultura, e de criar novas possibilidades de existência, um senso público no qual as pessoas Trans não são temidas, invisibilizadas, apagadas, descartadas e mortas. Como podemos possibilitar que surja no ser humano a vontade de mudar? Como as pessoas Trans podem ajudar a humanidade a se humanizar? Eis a questão!

15

Pontes que cruzam nossa vida

Cruzar fronteiras: uma urgência para a ética teológica

Valmí Bohn[1]

"Há muros que só a paciência derruba.
E há pontes que só o carinho constrói."
Cora Coralina

1. Introdução

Quando falamos em pontes construídas, destruídas, reparadas, consertadas, cruzadas, nos vêm *à* memória inúmeras imagens de vivências do passado, do presente, imaginações de futuro, projetos de pontes físicas que podem nos ajudar a cruzar estradas, espaços, fronteiras, mas também pontes do coração, relações afetivas, compromissos, amizades, apelos, testemunhos de vida na família, na comunidade, na sociedade. Somos convidadas e convidados a abrir nossos olhos e nosso coração para acolher e viver de modo concreto as "pontes" diversas e diversificadas que fazem parte da minha, da sua e da nossa história.

[1] É religiosa da Congregação das Irmãs da Divina Providência, graduada em Pedagogia Infantil pela Universidade de Santa Cruz do Sul (UNISC). Possui pós-graduação em Formação para a Vida Religiosa pela Escola Superior de Teologia e Espiritualidade Franciscana (ESTEF). Coordenadora nacional da Rede Um Grito pela Vida. Reside em São Luís (MA). E-mail: bohnvalmi@gmail.com.

Somos animadas(os) pelo espírito da sinodalidade, que é uma ponte construída pelo serviço apostólico, de forma dinâmica e participativa, nas comunidades e nos mais amplos espaços de missão, em parceria com o povo, a Igreja, as organizações civis e diferentes denominações e expressões religiosas existentes em nosso país. É necessário participar do presente com paixão e realismo e abraçar o futuro com esperança profética, de forma coletiva, tecendo redes de vida e libertação comprometida, e no empenho para fazer a diferença em meio ao mundo tão conturbado de contravalores.

A partir das periferias, de pontes atravessadas e fronteiras existenciais, sociais e culturais, algumas pessoas, grupos ou comunidades, junto com integrantes da Vida Religiosa Consagrada, têm descoberto, nas últimas décadas, a missão no trabalho conjunto, em parcerias e em rede, num compromisso de travessia, um meio privilegiado para viver sua missão profética, respondendo aos apelos do Deus da vida, presente nos gritos dos sujeitos emergentes, nos cenários de velhas e novas pobrezas que surgem a cada dia neste tempo moderno e informatizado.

A intenção deste texto não é fazer uma abordagem teórica sobre como olhar e cruzar as pontes que necessitamos atravessar na vida, mas nos ajudar a abrir os olhos e ver além do que enxergamos. Abrir-nos para tecer algumas considerações importantes aprendidas sobre o tema e compartilhar alguns pressupostos, aprendizados e convicções desenvolvidos na prática da missão e do trabalho em redes, no enfrentamento *à* discriminação, ao tráfico de pessoas, *à* rejeição do outro na sua cultura ou *gênero, como ser humano chamado por Deus, levando-nos a almejar que a conscientização e a construção de elos*, nas correntes da ponte, possam ser fios de vida e libertação. Fios que deem novos significados ao ser humano e *à* missão *à* qual é chamado, ampliando, assim, as possibilidades e opções, vislumbrando novos horizontes de vida digna.

Parto de algumas considerações sobre as diversas pontes sociais que nos acompanham diariamente e de onde surgem os fios-estacas que encontramos na vida e que nos interpelam e provocam a unir forças e atuar em redes de solidariedade e profecia; farei uma breve fundamentação sobre as pontes destruídas, consertadas, reparadas, construídas e cruzadas, e sua força de profecia coletiva para a vida do ser humano que tem valores baseados no Evangelho, que respeita e valoriza a outra pessoa da forma como ela é. Por fim, compartilho algo sobre a missão de pontes construídas, entre elas a Rede Um Grito pela Vida, no intuito de continuar conscientizando-nos e sensibilizando-nos para atravessarmos a ponte do nosso ser, para percebermos e acolhermos o ser do outro, servindo de luz e coragem para outros atravessarem e se arriscarem na aventura da construção de pontes fraternas que enxergam além do que veem, e dando respostas aos desafios missionários de nosso tempo.

1.1. As pontes sub-humanas da sociedade contemporânea

> A realidade é vista melhor a partir da periferia do que do centro (...) Quando eu falo de periferia, falo de limites (...) *à medida que vamos saindo do centro, vamos descobrindo mais coisas. E quando olhamos o centro desde essas novas coisas que descobrimos, desde as novas posições, desde essa periferia, vemos que a realidade é diferente.* Uma coisa

é ver a realidade a partir do centro e outra coisa é vê-la do último lugar ao qual chegamos.[2]

Habitamos num mundo de alegrias e esperanças, de angústias, sofrimentos e clamores que marcam o nosso tempo e afetam nossa vida, a vida do planeta e da humanidade, sobretudo das populações empobrecidas, discriminadas, descartadas, mas que devem ser e são, para muitos de nós, interpelações de Deus.

Vivemos sob pontes destruídas, num mundo sub-humano onde deveríamos nos perguntar todos os dias: como cruzar as pontes que cruzam nosso caminho? Que pontes devem ser reconhecidas, reparadas, cruzadas, construídas? O que fazemos com a "ponte" pessoa humana, num mundo onde reinam o ódio, o feminicídio, a xenofobia, a aporofobia, o racismo, a discriminação, o desrespeito total pelo outro, que é julgado por ser pobre, negro, indígena, LGBTQIA+, por ser mulher, e tantas outras formas de fobias criadas ou instigadas por alguns fanáticos que sentem "ter o rei na barriga" e que decidem "quem presta e quem não presta"? Como fazer caminhos para passar do desrespeito ao outro para o reconhecimento do outro? Como dar visibilidade à pessoa que é silenciada pela repressão e pela desconsideração eloquente do outro? Como dar voz aos que se encontram emudecidos pelas circunstâncias ou calados de propósito? Qual o papel da teologia moral diante dessa urgência que grita aos nossos ouvidos todos os dias? Que meios usar para cruzar tantas fronteiras?

---

[2] LANGER, André. Disponível em: <http://www.ihu.unisinos.br/noticias/540674-vemos-a-realidade-melhor-da-periferia-do-que-do-centro--entrevista-com-o-papa-francisco>.

São múltiplas e complexas as situações e mediações que compõem o tecido social de uma sociedade que se diz moderna e contemporânea, como esta em que vivemos. Uma sociedade que julga e discrimina o outro pela aparência, pelo ter, pelo poder, pelo que produz. É uma tarefa difícil olhar a sociedade de forma crítica e evangélica sem julgamentos. Requer um estar atentas(os) à realidade que está presente num submundo que muitos não querem ver. É preciso considerar o que está embaixo da ponte, onde famílias inteiras vivem em situações degradantes, passando fome, sobrevivendo de esmolas ou restos que outros já não querem. Como sujeitos de nossa história, devemos ter um olhar de perspicácia, de humanidade, considerar a realidade política de nosso país, observar os fatos, o tempo, as conquistas humanas. Olhamos essas pessoas como seres humanos, com o olhar de um Deus que acolhe, sem moralismos, ou vemos essas pessoas somente como mercadorias, com olhar de "use, abuse e jogue fora"?

> É a luta política que vai definir a importância, para a sociedade, do domínio relativo da dimensão moral ou da dimensão pragmática. A percepção da dimensão moral é cognitiva. O seu domínio na vida corriqueira das pessoas, no entanto, é o resultado de lutas políticas. Em uma sociedade em que restringiram o mundo da troca de mercadorias a certas esferas da vida social, isso ocorre a custo de muito sangue e luta, quase sempre das classes populares.[3]

As relações sociais envolvem um processo de tessitura, de produção e reprodução social da vida nas suas diversas ex-

[3] SOUZA, J. J. F. de, A classe média no espelho, p. 57-58.

pressões humanas, materiais e simbólicas. O ser humano, se dá para chamar assim todos os que vivem no submundo debaixo das pontes – que, na realidade, não são pontes, mas lixões, locais onde são colocados dejetos, materiais descartáveis, lixo –, não consegue ter outro olhar a não ser aquele voltado ao que está à sua frente. Seus sonhos são jogados onde não podem ser realizados, as ações, que deveriam ser relações, já não existem e se tornam espaços vazios, de isolamento, sem perspectivas. Esses espaços se tornam, ou se configuram, um desastre para a sobrevivência, lugar de luta diária para se alimentar, no qual a sociabilidade humana se transforma em drama. Para reverter um olhar para uma reconstrução, seria necessário envolver o social, o político, o econômico, o cultural, o ecológico, o religioso, questões de gênero, etnia e gerações, tudo isso para esse submundo se tornar espaço de esperança. Além de tudo isso, ainda existe o desemprego e a discriminação. Ninguém quer dar emprego para alguém que mora debaixo da ponte. Como fazer? Que perspectivas encontramos em nossa sociedade para essas situações?

Para essas pessoas terem alguma possibilidade de melhora, de reconhecimento, de valorização, é preciso que se conectem com o lado humano de outra pessoa – alguém, algum grupo, alguma entidade, o próprio governo – que possa oferecer projetos, perspectivas; que possa ter um olhar acolhedor; que lhes traga alguma possibilidade de voltar a sonhar em ter uma vida mais digna. Porém, na realidade, acontece o contrário. O governo, que deveria encontrar soluções junto com esse povo, os expulsa, colocando pedras de cimento para ninguém ocupar esse espaço, que é público. É uma forma de "mascarar e maquiar" a imagem de uma sociedade sem pobreza e sem discriminação. Dessa forma, diz-nos a Carta Encíclica *Fratelli Tutti*:

> Persistem hoje, no mundo, inúmeras formas de injustiça, alimentadas por visões antropológicas reduzidas e por um modelo econômico fundado no lucro, que não hesita em explorar, descartar e até matar o homem. Enquanto uma parte da humanidade vive na opulência, outra parte vê a própria dignidade não reconhecida, desprezada ou espezinhada, e os seus direitos fundamentais ignorados ou violados.[4]

Diante dessa realidade, devemos ter olhares atentos para um mundo em mudança, que vai adentrando cada vez mais nessa trama societária, que se depara com pequenos e grandes cenários sociais, econômicos, políticos, perpassados por fios de dor e sofrimento por toda parte e que mais atingem os "descartados" e desprezados da sociedade. O ser humano é "alimentado" todos os dias por notícias de discriminação e todos os tipos de fobias imagináveis. Está sendo alimentada, no ser humano, uma economia de exclusão e de desigualdade social cada vez maior, que mata, que violenta, que estupra, na qual alguns dizem o que pode e o que não pode ser feito. Vemos, nesse submundo, a violência e o sofrimento estampados no rosto, no olhar, nas ações de defesa e de sobrevivência. Ouvimos os gritos e gemidos do ser humano ferido no que lhe é mais sagrado – sua dignidade, pois não tem direito às condições mínimas de vida, um direito cons-

[4] FT, n. 22.

titucional que lhe é negado descaradamente. Tudo isso deve provocar e interpelar em nós uma sensibilidade para além do que vemos. Deveria impulsionar-nos a ações e atitudes concretas de luta pela justiça e pelo direito de moradia e subsistência dignas.

Em vez disso, nosso olhar, nossa mente e nosso coração são "bombardeados" todos os dias por notícias falsas de que essas pessoas estão nessa situação porque querem. Vivemos numa época de progresso tecnológico gigantesco, mas não somos capazes de ver no outro um ser humano que tem direito a uma vida digna. Com a tecnologia frenética, o ser humano se isola cada vez mais, investindo somente em seu progresso, mesmo que, para isso, precise passar por cima de quem se coloca em seu caminho. As rachaduras e cicatrizes da desigualdade e do desequilíbrio humano vão gerando distâncias cada vez maiores entre quem tem poder e quem precisa submeter-se para sobreviver. Nesse submundo, vivemos uma crise civilizacional, que vai destruindo e deteriorando o pouco de humano que existe em nós.

Cresce, a cada dia, a concentração do ter e do poder nas mãos de uns poucos, e os altos índices de pobreza e miséria continuam a interpelar nossas consciências. A ponte dos valores e do bem-querer entre as pessoas está sendo destruída cada vez mais. Os pobres são considerados supérfluos e descartáveis. A natureza, as pessoas, as relações humanas, familiares, sociais são transformadas em mercadorias, vendidas, compradas e exploradas pelas redes comerciais, midiáticas e dos traficantes de drogas, armas e pessoas.

1.2. As pontes humanas consertadas e reparadas que nos ligam na sociedade

É urgente olhar a ponte de outro ângulo e intensificar nosso olhar de solidariedade, colaboração e profecia, capaz de responder aos sinais dos tempos, indo na contramão e contrapondo-nos a essas redes mortíferas que são regidas pela ânsia do lucro e do poder, usando meios e formas de enriquecimento ilícito, e que criam e sustentam sempre mais os regimes de exclusão, guerras e escravidão.

Estamos vivendo uma época de urgências. Urgência em olhar de outra forma as pontes que estão à nossa frente. Temos em nossa mente ideias fixas e pouco refletidas. Tudo nos leva a adquirir as coisas de forma fácil e rápida, conforme nos diz Jessé Souza:

> Tudo o que existe são "coisas", que podem ser compradas e tocadas com as mãos. O mundo simbólico, em todas as suas dimensões, permanece irrefletido, e apenas os desejos e as justificativas da existência cotidiana ocupam espaço possível do pensamento. Somos, neste caso, como as formigas disciplinadas e consumidoras, que não fazem qualquer uso da capacidade reflexiva e crítica que caracteriza a dignidade especificamente humana.[5]

Ao erguer nosso olhar para a realidade e visualizar o outro, teremos condições de enxergar coisas novas, diferentes, de abrir-nos para ouvir, acolher, discutir, dialogar, discernir e optar por outras possibilidades. Podemos ver o caminho já feito, pontes e falhas consertadas, os erros reparados. Diante

[5] SOUZA, J. J. F. de, A classe média no espelho, p. 39-40.

da realidade atual, é preciso vislumbrar novas oportunidades para e com as pessoas mais pobres e vulneráveis. É preciso levá-las a acreditar que é possível a mudança, dialogar para que percebam e vislumbrem novos ângulos, novas esperanças. É um caminho longo, mas possível. Conforme Adela Cortina, "o nosso cérebro tem plasticidade e é influenciado socialmente".[6] Percebemos que as tradições culturais constituem e fortalecem as experiências humanas em sua diversidade de etnias, credos, línguas e todas as formas de expressão; diversidade que nos enriquece, se a acolhemos com respeito. Porém, em nossa sociedade, "reina" a indiferença diante da pobreza, e criamos a aporofobia, a discriminação, a xenofobia, a não aceitação de tudo que vem do outro, e ainda procuramos incutir no outro o mesmo que pensamos e sentimos.

A ponte que nos liga à sociedade é a necessidade de educar nossa consciência, gerindo em nós possibilidades de mudança, resgatando valores cristãos, morais, sociais, teológicos que foram se perdendo ao longo do caminho, ou que as águas turvas de uma sociedade desigual e discriminatória foram levando para longe de nossa consciência, do nosso pensar, da nossa prática. Precisamos ter a coragem de olhar a ponte de frente, levantar novas estacas, fixar elementos, cordas, elos, de modo que fiquem firmes para fazer a ligação entre as estacas da vida, da valorização, do crescimento, do respeito pelo outro e sua diversidade cultural.

Existem seres, em nossa atual sociedade, que se dizem humanos, mas não têm um mínimo de consideração, de valorização, de respeito pela outra pessoa, especialmente em relação àqueles e àquelas que têm menos condições econômicas,

[6] CORTINA, A., Aporofobia, a aversão ao pobre, p. 94

que são de outra cor, que têm outra opção de gênero, que pensam diferente, que questionam as "estacas" que exploram os mais pobres, que precisam viver nas ruas, lutar e revirar latas de lixo para ter o que comer, implorar por um lugar, um banco, uma marquise para ter onde reclinar a cabeça e dormir. Esses seres se dizem humanos, mas não têm coração, não se colocam no lugar dos pobres, dos vulneráveis, dos pequenos que não conseguem uma oportunidade de trabalho, de colocar em prática aquilo de experiência que trazem da vida, de algum estudo profissionalizante realizado, pois todo emprego exige experiência de um determinado tempo. Mas como ter experiência de trabalho, se ninguém oferece uma oportunidade? Que sociedade é essa que enxota, que explora, discrimina os mais pobres? Enquanto as pessoas não tiverem coragem para questionar e exigir seus direitos por lei, para terem as condições mínimas para uma vida digna exigida na Constituição Federal, nossas pontes continuarão com estacas quebradas, buracos, enferrujamentos, quebras e tudo que destrói e rebaixa a pessoa do outro.

A ponte só será ponte se tiver uma base que liga uma margem a outra, uma família a outra, um estado a outro, um país a outro. Essa base podemos chamar de respeito, dignidade, valores cristãos, amor pelo ser humano. Por isso, é necessário construir oportunidades de trabalho, ter coragem de arriscar com novos projetos, dar chance àquelas(es) que querem trabalhar. Isso fica muito claro quando uma família aceita/adota outro integrante, que às vezes não tem nenhuma ligação de sangue ou familiaridade, ou quando uma comunidade, um estado, recebe pessoas que migram de outro lugar ou de outro país. É preciso uma abertura recíproca de aceitação do outro, de sua cultura, de seus costumes. Para isso, são necessárias a adaptação e a colaboração de ambas as partes. Sobre isso, diz-nos o Papa Francisco:

> Entretanto, quando se acolhe com todo o coração a pessoa diferente, permite-se-lhe continuar a ser ela mesma, ao mesmo tempo que se lhe dá a possibilidade de um novo desenvolvimento. As várias culturas, cuja riqueza foi se criando ao longo dos séculos, devem ser salvaguardadas para que o mundo não fique mais pobre. Isso, porém, sem deixar de estimulá-las para que permitam surgir de si mesmas algo de novo no encontro com outras realidades (...). Para isso, precisamos comunicar, descobrir as riquezas de cada um, valorizar aquilo que nos une e olhar as diferenças como possibilidades de crescimento no respeito de todos. Torna-se necessário um diálogo paciente e confiante, para que as pessoas, as famílias e as comunidades possam transmitir os valores da própria cultura e acolher o bem proveniente das experiências alheias.[7]

Tendo essa adaptação, é possível vislumbrar o crescimento, a adaptação, a fraternidade, o bem-querer entre as pessoas. São as pontes sendo consertadas, reparando um pouco dos estragos feitos pelos erros da sociedade. Com coração vibrante, é necessário ver e acolher as pequenas conquistas de todos os dias, valorizar os pequenos grupos da sociedade civil que conseguem suas conquistas, famílias que conseguem se restabelecer e conquistar um lugar de moradia, comunidades que, com suas lutas diárias, conseguem um bem maior para seu bairro, líderes religiosos ou não que valorizam os pequenos e pobres, ajudando-os em sua organização de luta por políticas públicas justas e que são implementadas em seus espaços.

---

[7] FT, n. 134.

1.3. Um caminho vislumbrado após a ponte construída - Trabalho em redes

Ao percebermos as iniciativas de grupos, ONGs, famílias, comunidades que, com olhar novo, atento e perspicaz, conseguem enxergar muito do que há além da ponte, além do que se vê fisicamente, olhando e percebendo novas perspectivas, acende-se em nós a luz da esperança. Um novo horizonte vai se desenrolando. A certeza de que a ponte está sólida e firme faz com que a pessoa caminhe para um momento novo, mas não vai só: leva consigo os que são companheiras(os) de caminhada, as pessoas nas quais ela acredita, sendo elas pobres ou com melhores condições, mas que a ajudam, podendo contar com elas para passar a ponte e olhar além, vislumbrando um horizonte.

Em nosso meio, existem inúmeras formas de construção da vida, de olhares além das estacas da ponte, de pessoas, grupos e redes que se movem, se unem e se munem de coragem e ousadia, se organizam e trabalham para enfrentar as falcatruas, os desmontes dos órgãos públicos, o desrespeito por uma sociedade de pessoas que buscam defender os mais fracos, os pobres, os desprezados, os considerados "descartáveis". Entre esses grupos de luta, podemos citar organizações da sociedade civil e religiosa, grupos de pastorais sociais, grupos de mulheres, quilombolas, organizações de associações LGBTQIA+, diversas organizações de diferentes Igrejas, Fazenda Esperança, Rede Um Grito pela Vida, da Conferência dos Religiosos do Brasil, e tantos outros grupos de boa vontade que defendem as pessoas pobres, mais vulneráveis, moradores de rua, mulheres, jovens, crianças e homens que vivem em grande vulnerabilidade e que são vítimas de diversas explorações, entre elas o tráfico humano para a exploração sexual, o trabalho escravo, a escravidão doméstica, a adoção ilegal, a remoção e venda de órgãos, a mendicância, o casamento servil, as atividades ilícitas e outras.

Infelizmente, existem grupos e pessoas que usam a ponte para o mal, para o aliciamento, para levar seres humanos para outros lugares, estados, países, para serem explorados. É uma rede criminosa tecida pela vulnerabilidade, pela pobreza, pelas desigualdades de classe, etnias, gênero e gerações. Esse tipo de crime sequestra os sonhos e esperanças de pessoas concretas, em especial dos jovens. São crianças, jovens ou adultos, mulheres e homens que têm sua existência violada e são envolvidos no triste drama do roubo da liberdade, planejado pelos traficantes.

O tráfico de pessoas cresceu imensamente no séc. XXI e é considerado e denominado como a "escravidão moderna", uma das mais graves violações da vida e dos direitos humanos de nossa época. Não é somente um problema brasileiro, mas um fenômeno mundial, vivenciado por milhões de pessoas, de diferentes lugares do mundo, que têm sequestrado seu bem mais precioso, que é sua liberdade e dignidade. Essas pessoas ficam submetidas a trabalhos forçados para gerar lucros aos grupos de aliciadores, exploradores e traficantes de pessoas. Para eles, as vítimas são somente uma mercadoria que está sendo negociada; eles as usam como se fossem um objeto descartável, sem se importar com o fato de que são seres humanos. Para os aliciadores, o que importa é o quanto de dinheiro essa vítima vai fazê-los lucrar.

Cada um de nós é convidado a sentir o apelo e a deixar pulsar a vida com o coração do outro, dos vitimados, dos oprimidos, dos explorados; a abrir a mente e o coração e estar disposto a aprender, a envolver-se com a realidade sofrida dos pequenos e vulneráveis e de todos os escravizados de nossa história. A partir dos apelos da realidade do tráfico humano mundial, a UISG (União Internacional das Superioras-Gerais), em reunião em 2001, desafiou a Vida Religiosa mundial quanto a essa grave realidade. Em 2006, algumas religiosas do Brasil se organizaram, estudaram, refletiram e, através da Conferência dos Religiosos do Brasil (CRB), criaram, em 2007, a Rede Um Grito pela Vida, que busca compreender a complexidade da sociedade globalizada e suas estruturas de opressão e exploração que condicionam a vida dos empobrecidos e mais vulneráveis, transformando-os em produtos de consumo e mercadorias. Ao atravessar a ponte e vislumbrar novos horizontes, a Rede Um Grito pela Vida se fundamenta na mística inspirada no projeto de Jesus, nos carismas fundacionais das diversas congregações, na indignação profética e na compaixão samaritana, na defesa dos direitos humanos e na certeza de que um mundo melhor é possível. Seu papel é estar em constante construção, como uma ponte ou uma teia; com seu profetismo, abraça a missão e o projeto de Jesus na defesa dos mais pobres e busca dar visibilidade às realidades de injustiça e exploração dos corpos humanos, em especial das mulheres e crianças. Em seu trabalho, sempre tem presente a origem da desigualdade socioeconômica e de gênero e busca fazer a desconstrução do poder hierárquico, tentando novas alternativas nas quais o "poder" se torne circular, em relações de compromisso, responsabilidade, reciprocidade e compartilhamento em redes e parcerias de trabalho, indo na contramão da sociedade, no constante compromisso de defender a vida dos mais fracos e vulneráveis.

Um dos grandes desafios é nos posicionarmos para compreender a complexidade do fenômeno das violências e das modalidades do tráfico em nossa sociedade, suas causas, seus mecanismos de articulação e seus atores. Já temos um caminho feito de 15 anos de ações, atividades e intervenções sociais de conscientização e sensibilização da sociedade em relação a esse crime, e não podemos parar, porque acreditamos que a prevenção pode diminuí-lo significativamente. É necessário, cada vez mais, aprimorar-se, apropriar-se de conhecimentos multiespecializados e conhecer a dinâmica e as formas como esse crime acontece. Outro grande desafio é criar estratégias para alcançar resultados, investir na busca coletiva e compartilhar a missão entre a Vida Consagrada e todas as pessoas de boa vontade, animando-as a se sentirem integradas a essa missão. É necessário consolidar e potencializar as parcerias com instituições religiosas e governamentais. É necessária uma ajuda recíproca entre a Vida Religiosa, para podermos ajudar as pessoas em maior vulnerabilidade diante do fenômeno do tráfico humano, que, muitas vezes, tem como consequência o feminicídio ou o suicídio.

> Devemos unir as forças para libertar as vítimas e para encerrar este crime sempre mais agressivo, que ameaça, além das pessoas singulares, os valores fundamentais da sociedade, e também a segurança e a justiça internacional, além da economia, do tecido familiar e o próprio viver social. (...) Juntos podemos e devemos empenhar-nos para que se-

> jam libertados e se possa pôr fim a este horrível comércio. Fala-se de milhões de vítimas, do trabalho forçado, trabalho escravo, do tráfico de pessoas para a mão de obra e aproveitamento sexual. Tudo isso não pode continuar: constitui uma grave violação dos direitos humanos das vítimas e uma ofensa à sua dignidade.[8]

Estamos diante de uma sociedade dilacerada, andando sem rumo, fragmentada, fragilizada, líquida, individualista, com muito desemprego e um grande aumento da miserabilidade; uma sociedade que não respeita um desenvolvimento integral e sustentável, tornando a pessoa mais suscetível a cair na malha da exploração e do tráfico humano. Nesse crime, o aliciador e o traficante não se importam com a vida e a história do outro. Seu único interesse é o lucro: tirar vantagem e lucrar sobre o outro ser humano. Andrade nos dizia que:

> O tráfico de pessoas é semelhante a uma teia/rede, composta por uma infinidade de fios que se cruzam e se entrelaçam. Em cada um deles está uma pessoa, que tem uma história, um lugar de onde partiu e que agora vive marcada por uma trama muito maior do que tudo o que tenha sonhado ou desejado.[9]

O enfrentamento dessa realidade se impõe ao Estado e à sociedade como um urgente imperativo ético-político, e à Igreja e à Vida Religiosa Consagrada, como um clamor profético, um grito que clama aos céus, uma convocação a uma resposta necessária e urgente. A rede e outras formas de orga-

[8] FRANCISCO, PP., Tráfico humano de seres humanos é uma vergonha.

[9] ANDRADE, C.W., No Enfrentamento ao Tráfico de Pessoas, tecer outra rede.

nização são como caminhos capazes de transformar o que não dá mais, ou seja, adverte-nos de que diante da complexidade e das urgências da realidade, dos inúmeros clamores e dramas da criação e da humanidade, é necessário ter atitudes de conjunto, pelas quais somos capazes de alcançar uma eficácia significativa que fará a diferença na missão profética de despertar o mundo para Deus e para a justiça do Reino.

> Despertem o mundo! Sejam testemunhas de uma forma diferente de fazer as coisas, de agir, de viver! É possível viver neste mundo de forma diferente (...) A radicalidade evangélica não é apenas para os religiosos: ela é exigida de todos. Porém, os religiosos seguem ao Senhor de forma especial, seguem-no profeticamente. É este testemunho que espero de vocês. Os religiosos e as religiosas deveriam ser pessoas capazes de despertar o mundo.[10]

Nessa perspectiva, na conjuntura atual, é importante compreendermos que atuar em redes e parcerias é um imperativo, uma necessidade para todo e qualquer grupo social que pretenda interagir e intervir na realidade, pois a sociedade só caminha com organizações que se unem para somar forças e conquistar seus horizontes. Hoje, é necessário sonhar novamente com uma sociedade capaz de pensar, estar e agir em rede.

Conclusão

Para a construção de uma ponte firme, com base sólida, é preciso ter presentes quatro pilares: acolher/escutar, amar,

---

[10] FRANCISCO, PP., Carta apostólica do Papa Francisco às pessoas consagradas para proclamação do Ano da Vida Consagrada.

assistir e acompanhar. É uma missão exigente e desafiadora, ante a complexidade dos contextos e a amplitude dos clamores que nos interpelam. A resposta a essas situações só será possível se, de forma compartilhada e articulada, fizermos frente a esses dramas humanos e socioculturais. Conforme Adela Cortina, é necessário "não apenas proteger a sociedade, mas, sobretudo, empoderar as pessoas".[11]

O tema da organização e do trabalho em redes e parcerias tem sido uma realidade e um desafio constante para os atores sociais das múltiplas e diversificadas instituições comunitárias, sociais, econômicas, políticas e religiosas. A ação em rede introduz novos valores, habilidades e processos de circulação de informações e conhecimentos, de articulação, de participação e cooperação, necessários para todos os grupos que pretendem atuar no enfrentamento a causas sociais complexas de forma ampla e qualificada.

No desenrolar do processo de descoberta das realidades de cada ponto de vista, em relação às diferentes pontes em nosso caminho, a rede constitui vínculos, relações e ações entre indivíduos e organizações, na busca de novas articulações entre os atores sociais, para a construção coletiva de soluções ante demandas comuns. São estruturas participativas que, através de parcerias e alianças, vêm se mostrando sempre mais efetivas no enfrentamento das diferentes situações de exclusão e violação de direitos das pessoas em situações de vulnerabilidades. Nessa perspectiva de participação, podemos contar com as redes de economia solidária, redes de defesa dos direitos humanos, redes de serviço aos migrantes, redes de enfrentamento à violência

[11] CORTINA, A., Aporofobia, a aversão ao pobre, p. 158

contra mulheres e à exploração sexual de crianças e adolescentes, redes de enfrentamento ao tráfico de pessoas e muitas outras.

A articulação em parcerias e redes, através dos diversos fóruns, comitês, conselhos tutelares e de direitos, conferências e outras ações específicas, mesclando ações da sociedade civil organizada, órgãos de governo e empresas privadas, constituem uma proposta alternativa e democrática de realização do trabalho coletivo e de circulação do fluxo de informações, elementos essenciais para o processo cotidiano de transformação social. É de suma importância, sem dúvida, qualificar esses canais de interação e torná-los mais efetivos com uma participação qualificada, proativa e eticamente responsável.

Mesmo em meio à grande pobreza da sociedade, ao lixo que encontramos debaixo da ponte, ao darmos passos de conscientização, sensibilização e empoderamento das pessoas, podemos ver e enxergar novos horizontes e nos deparamos com esperanças e desafios que nos impulsionam a seguir fazendo história. Podemos perceber que os desafios e esperanças se misturam como num mosaico de diferentes culturas, de peças e cores variadas, que evidenciam horizontes, provocações e sinalizações para o presente e o futuro de seres humanos com a missão de nunca desistir daquilo que acreditam ser essencial para todos: uma vida digna sonhada por Deus para cada ser humano.

Nesta trajetória de aprendizado e ousadia, devemos ser militantes que, com fé, cidadania, ternura e ação, caminham na missão de fazer a diferença na luta por um mundo mais igualitário e justo para todos. Que os espaços de fronteira, ao atravessar a ponte, sejam pontos-chaves para reavivar e dar oportunidade a todos os que buscam em nós um sinal de vitalidade pessoal. Que nosso compromisso na construção de novas pontes seja de fé comprometida com os mais pobres, explorados e ameaçados de nossa sociedade. Que sejamos discípulos(as) missionários(as) na exclusão das violações de direitos das pessoas em situações de vulnerabilidade.

Referências bibliográficas

ANDRADE, Cesar William. **No enfrentamento ao tráfico de pessoas, tecer outra rede**. Disponível em: <http://redeumgritopelavida.blogspot.com.br/p/reflexoes.html>. Acesso em: 19 de jul. 2022.

CORTINA, Adela. **Aporofobia, a aversão ao pobre**: um desafio para a democracia. São Paulo: Editora Contracorrente, 2020.

DICASTÉRIO SERVIÇO DO DESENVOLVIMENTO HUMANO. **Orientações pastorais sobre o tráfico de pessoas**. Doc. 62. Brasília: Edições CNBB, 2020.

FRANCISCO, PP. **Carta Encíclica Fratelli Tutti**: Sobre a Fraternidade e a Amizade Social. São Paulo: Paulus, 2020.

FRANCISCO, PP. **Tráfico humano de seres humanos é uma vergonha**. Disponível em: <http://www.snpcultura.org/trafico_seres_humanos_e_vergonha.html>. Acesso em: 19 de jul. 2022.

FRANCISCO, PP. **Carta apostólica do Papa Francisco às pessoas consagradas para proclamação do Ano da Vida Consagrada**. Disponível em: <https://www.vatican.va/content/francesco/pt/apost_letters/documents/papa-francesco_lettera-ap_20141121_lettera-consacrati.html>. Acesso em: 19 de jul. 2022.

LANGER, André. Disponível em: <http://www.ihu.unisinos.br/noticias/540674-vemos-a-realidade-melhor-da-periferia-do-que-do-centro-entrevista-com-o-papa-francisco>. Acesso em: 27 jul. 22.

SOUZA, Jessé José Freire de. **A classe média no espelho**: sua história, seus sonhos e ilusões, sua realidade. Rio de Janeiro: Editora Sextante, 2018.

16

Travessia de fronteiras: limiares da palavra

Da visibilidade eloquente ao silêncio repressivo

Rita de Cassia Mendes Alvares[1]

"Só existe um diálogo verdadeiro: o do silêncio e da voz."
João Guimarães Rosa

Introdução

Inicialmente, gostaria de agradecer o convite para participar da publicação do livro "Cruzar fronteiras: uma urgência para a ética teológica", que propicia o compartilhamento de um espaço de escrita e interlocução, em um momento tão complexo como o que vivemos desde o início de março de 2020 no Brasil. A pandemia deixou milhares de mortos e, tragicamente, consolidou o já sombrio cenário nacional caracterizado por muitas situações de violência e silenciamentos impostos pelo modo de lidar com a vida, expondo a necropolítica, que determina que certos corpos "podem" morrer em detrimento de outros.

Frente a esse contexto, cada um de nós precisa, a seu modo, tomar posição, ocupar espaço da palavra, dar voz a

[1] Psicanalista e psicóloga, Doutora em Psicologia IP/USP. Mestre em Psicologia Social e Institucional, UFRGS. Integrante do grupo de pesquisa Pessoa Humana, Antropologia, Ética e Sexualidade – PHAES (PUC-SP).

ideias e posicionamentos. E, não menos importante, romper silenciamentos impostos pela atual conjuntura social, que se espraiam pelas redes digitais e tentam impor e silenciar o que difere da imagem especular.[2]

Iremos apontar o quanto a visibilidade de uma situação de violência, como a morte por asfixia de Genivaldo dos Santos, produz testemunho, indignação, horror e também paralisia, sensação de impotência face a tudo que ocorreu. O silenciamento se produz pelo excesso. Só em um momento posterior, talvez, será eventualmente retomado de outro modo. A destrutividade humana silencia. Mas as suas consequências podem ganhar visibilidade. Para além da paralisia e até mesmo da indignação, deslocamentos são suscetíveis de acontecer.

Iremos, em um segundo momento, incorporar ao debate a intervenção artística "Som do silêncio", de Alfredo Jaar. Através de uma construção narrativa, exposta pela primeira vez em 2006, este artista chileno, anos depois, ressitua uma fotografia que retrata uma situação limite envolvendo uma criança pobre, tirada nos anos 90, e seus possíveis efeitos. Procura tensionar, com o dispositivo proposto, o lugar das imagens. Tanto o lugar daquele que tira a fotografia quanto o do espectador da obra, também convocado a implicar-se em relação ao conteúdo e à imagem vista, tensionando, desse modo, dentro e fora da cena retratada.

Finalmente, em desdobramento da problematização do lugar do sujeito sugerida pela intervenção artística de Jaar,

[2] HAN, B-C., no livro Sociedade do Cansaço, refere que o afastamento do que é diferente, dialoga com movimento de defesa da alteridade e sustentação da relação especular. O mesmo autor, HAN, B-C., em entrevista, recente, aponta para o recorrente movimento de comparação existente nas redes digitais, que acaba por fazer todos iguais, massificados e capturados por uma imagem especular, num anonimato, sem presença de terceiro e sem possibilidade para a dúvida.

iremos discutir a possibilidade de uma abertura de espaço para a palavra. Espaço suscetível de ser situado na travessia de fronteiras, como aquela que pode ocorrer no trabalho de escuta do psicanalista, na aposta em um espaço para livre associação de palavras, onde a presença do silêncio pode abrir possibilidade para deslocamento subjetivo.

1. Do silenciamento que asfixia a vida

No dia 25 de maio de 2022, Genivaldo dos Santos morreu asfixiado após ter sido abordado pela Polícia Rodoviária Federal em Sergipe, à beira da rodovia BR 101, que liga o Brasil de Norte a Sul. Foi parado na rodovia porque trafegava de moto sem o uso de capacete – atitude frequente, diga-se de passagem, do atual presidente do nosso país. Podemos considerar que, antes mesmo da abordagem, o silenciamento já se encontrava inscrito no corpo negro, pobre e marcado pela doença mental de Genivaldo. Conforme relato da família, ele tomava medicamentos controlados e apresentava quadro de esquizofrenia, tinha cartela de remédios em seus bolsos, que costumava carregar.

Em vídeo vinculado à situação ocorrida, é possível visualizar policiais que usavam capacetes e não são identificados. As imagens mostram os representantes do Estado, que deveriam proteger os cidadãos, abordando e agredindo. A cena registrada mostra os últimos sopros de vida de Genivaldo.

A vítima é, inicialmente, abordada, em pé. Depois, espancada no chão e, finalmente, jogada em uma viatura. O ato de violência sofrido por ele tornou-se ainda mais atroz com a cena de uma "câmara de gás" improvisada no porta-malas da viatura.

O abuso de poder e da capacidade de domínio sobre terceiros, marcado pelo ódio, e o uso do ato de força que silencia o outro podem ser da ordem do silenciamento de uma posição de fala e também chegar ao extermínio de uma vida, engendrando outros rastros de silenciamento e indignação, para os que vivenciaram e para os que assistem à cena.

Os agentes do Estado deveriam agir respeitando a lei, mas se tornam a própria lei no seu fazer. As informações sobre os policiais envolvidos mencionam que eles foram afastados dos seus cargos, mas não chegaram, até então, a ser presos. Declararam-se inocentes, alegaram que houve "reiterada desobediência" e "resistência" por parte de Genivaldo.

Como é sabido, as imagens rapidamente circulam pelas redes digitais, denunciam, apresentam testemunho do horror, mais um entre tantos que se têm vivido nos últimos tempos no Brasil. Tal circulação propicia indignação suscetível de mobilizar denúncias, porém também estagnação e silenciamento, em função do ato bárbaro. E, ainda, provoca, temor frente à força violenta encarnada por servidores do Estado, que também são representantes da lei, e frente à sua capacidade de extermínio do outro, conforme a posição na qual ele se encontra.

Nas situações de violência, nas quais a destrutividade humana se apresenta, percebemos que as relações de poder estão muito presentes, revelando posicionamentos abusivos face a terceiros em condição desfavorecida. Lembramos que Freud,[3] na correspondência com Einstein, concorda com o cientista quanto ao impulso destrutivo inerente ao humano,

[3] FREUD, S., Por que a guerra? p. 191-208.

retoma e recoloca conceitualmente suas formulações sobre pulsão de vida e pulsão de morte, Eros e Tanatos.

A violência surge justamente onde a palavra deixa de encontrar espaço para ser pronunciada, ali onde há o silenciamento, anulação do outro e desqualificação do seu valor.[4] O ato violento aponta, assim, para um limiar de diálogo rompido e fracassado dos pactos sociais.

Esse silenciamento do outro que se produz no ato de violência aponta, entretanto, para um depois, o da visibilidade dos efeitos desse ato de destruição, que produz horror e suscita choque e indignação. A existência de tal visibilidade implica a cada um de nós, como cidadãos e humanos. As imagens estão presentes e produzem efeitos.

2. Das implicações do som do silêncio

Dando sequência a nossa reflexão sobre silenciamento, trazemos para o diálogo a obra intitulada *"O som do silêncio"*, de 2006, do chileno Alfredo Jaar, apresentada no Sesc Pompeia, em São Paulo, no segundo semestre de 2021, como parte integrante da exposição *"Lamento das imagens"*, concebida pelo referido artista. O dispositivo proposto pela obra contava com filme de 8 minutos, exposto em um espaço fechado, no qual o visitante entrava e via uma tela preta. Em silêncio, o espectador era convidado a ler frases que contavam a história do fotógrafo sul-africano Kevin Carter,[5] autor de muitos registros fotográficos que denunciam situações de violência testemunhadas por ele. Era contada a história de uma

[4] SOUSA, E. A. de, O silêncio da violência, p. 144-150.

[5] LEAL, B., O abutre e a menina: a história de uma foto histórica.

fotografia tirada em 1993 no sul do Sudão, que ficou famosa pela grande repercussão que deu ao conflito e também por ter sido alvo de muitos questionamentos éticos relativos ao uso das imagens. As últimas palavras que aparecem na tela informam que, em abril 1994, Kevin Carter ganhou o prêmio Pulitzer e, em julho do mesmo ano, suicidou-se. Imediatamente após a aparição da última palavra escrita na tela, surge a imagem da menina e do abutre no campo de refugiados do sul do Sudão. Abruptamente, a imagem é cortada pelo som e pelo clarão branco de um *flash*.[6]

Essa fotografia foi tirada no contexto de uma guerra civil vivida no Sudão, que era, naquele momento, um país dividido: do lado sul, tribos cristãs com bandeira de um grupo rebelde, e, do outro lado, o governo de Cartum, dominado por nortistas islâmicos desde a independência do país, em 1956. O conflito entre os dois grupos havia se intensificado nos anos 1980, mais especificamente depois que o governo adotou a lei islâmica, Sharia, que determinava proibição de bebidas alcoólicas e punições por enforcamento ou mutilação, entre outras medidas violentas. Acredita-se que o conflito tenha tirado a vida de milhões de pessoas, além de ter provocado uma fome alarmante, responsável por uma das maiores crises humanitárias do século XX.

No início dos anos 1990, a ONU começou a realizar diversas campanhas para sensibilizar a opinião pública internacional, com o objetivo de arrecadar fundos de ajuda para a população sudanesa. Sem sucesso, decidiu ser mais agressiva e resolveu convidar dois fotógrafos, que já eram conhecidos, para registrarem a fome no Sudão. E foi assim que Kevin Car-

[6] JAAR, A., Exposição Lamento das Imagens.

ter e um colega desceram no sul do Sudão em março de 1993. Assim que o avião pousou, muitos sudaneses em inanição se atropelaram em busca de alimentos distribuídos pela ONU. Carter ficou a céu aberto, e foi quando viu a cena da criança desnutrida, voltada para a terra, e o abutre atrás.

A publicação da foto teve grande repercussão internacional, pois os grupos em guerra no Sudão raramente permitiam a entrada de estrangeiros, e inclusive a ONU encontrava dificuldade para distribuir alimentos. Mas, desta vez, em pouco tempo, a imagem estava correndo o mundo, replicada em grandes jornais e redes de televisão. Com isso, Carter ganhou visibilidade, a fome no Sudão tornou-se conhecida mundialmente, e a ONU conseguiu finalmente arrecadar as doações para o país.

Entretanto, nesse contexto, houve muitos questionamentos sobre a postura ética de Carter, questionamentos sobre o lugar e a posição daquele que recorta as imagens. E, parece-nos, a ajuda que Carter podia oferecer era conseguir, apesar de tudo, efetuar esse registro-testemunho. A questão, aqui, talvez seja o uso que pode vir a ser feito dessa imagem, para além do próprio fotógrafo.

Jaar, em sua obra, recoloca a questão ética, mais uma vez, convocando a todos que visitaram "*O som do silêncio*" a complexificarem o lugar das imagens e a posição daquele que as recorta com seu olhar.

A intervenção convoca aquele que, aparentemente, estava passivo, assistindo, a problematizar a apreensão das imagens e, particularmente, dessa imagem e do seu recorte de um contexto de violência e profunda miséria humana, que coloca um dilema ético importante e suscita efeitos para a sociedade e para o fotógrafo, especificamente.

O corte repentino da cena tende a produzir efeito de estranhamento no espectador, que é convidado, de algum modo, a implicar-se na cena, quase como se fosse ele a efetuar o registro, movimento que ocorre a partir da construção narrativa proposta por Jaar com o dispositivo artístico de intervenção, que costura o dentro e o fora da cena, propiciando ao espectador uma compreensão do próprio interior da cena em questão.

Ocorre deslocamento do espectador, que, sem estar preparado, num primeiro momento, não entende muito bem o que ocorreu na narrativa que estava em sequência e é abruptamente interrompida, uma intervenção que rompe a posição na qual esse sujeito se encontrava e questiona o seu lugar, à semelhança do que ocorre quando a pessoa se encontra na condição de ser estrangeiro.

Como lembra Derrida, o estrangeiro "é alguém que não fala como os outros".[7] Pela posição que ocupa, aponta algum tipo de estranhamento, não familiaridade, obscuridade e diferença, produzindo dúvida e incerteza sobre o que busca. Por essa posição, que lhe é própria, questiona aquele que está em condição de oferecer a hospitalidade, sente-se interrogado sobre a sua própria estrangeiridade, a partir da questão que o estrangeiro dirige sobre o lugar.

A presença do estrangeiro abre espaço, nessa acepção, para a interrogação, para a inquietação, para o irreconciliável, para o enigmático, dentre outros elementos, e exige, de algum modo, uma abertura para a noite, que é, segundo o filósofo checo Jan Patocka, "a abertura para o

[7] DERRIDA, J. In: DUFOURMANTELLE, A., Anne Dufourmantelle convida Jacques Derrida a falar da Hospitalidade, p. 7.

que abala"[8] e nos pede para atravessar a perda de sentido. A experiência dessa travessia remete a um confronto com a possibilidade da finitude e marca a vida, perfurada pela presença da morte, lembrando-nos de que, em última instância, o homem não se pertence.

Ao comentar o pensamento de Patocka, Dufourmantelle[9] sublinha que não devemos separar o obscuro da claridade, mas, contrariamente, voltar o nosso olhar para o umbral dessa obscuridade – decifrar a claridade em sua pertença comum com a noite. Desse modo, acreditamos, oferecemos espaço para as interrogações que a presença do estrangeiro suscita, já que o estrangeiro, como observa Derrida, é "aquele que, ao colocar a primeira questão, me questiona".[10] Os aspectos que envolvem o pedido de hospitalidade remetem a uma interrogação que o estrangeiro porta, simplesmente pela sua presença, sobre qual é o lugar do sujeito.

Jaar, em sua intervenção, tensiona a estrangeiridade de cada um dos espectadores da narrativa por ele construída, que coloca em cena esse limiar humano da incerteza, da obscuridade, do quase dizer algo que não se ousa tentar pronunciar. E, com isso, questiona a própria hospitalidade, o abrir-se ao outro e deixar-se atravessar por ele, olhar para as imagens e escutar o lamento, que é do outro, mas também é nosso.

As interrogações sobre o lugar podem comparecer lá onde dentro e fora podem se cruzar, onde escuro e claro po-

[8] DUFOURMANTELLE, A., Anne Dufourmantelle convida Jacques Derrida a falar da Hospitalidade, p. 36.

[9] DUFOURMANTELLE, A., Anne Dufourmantelle convida Jacques Derrida a falar da Hospitalidade, p. 38.

[10] DERRIDA, J. In: DUFOURMANTELLE, A., Anne Dufourmantelle convida Jacques Derrida a falar da Hospitalidade, p. 5.

dem coabitar, onde há espaço para o abalo, para a travessia de fronteiras, onde o silêncio e a voz podem estar presentes.

3. Travessia de fronteiras: silêncio e palavra

A palavra precisa encontrar espaço para ser pronunciada. Parte integrante da linguagem, coloca-se na relação com outros sujeitos. A palavra busca, simbolicamente, representar algo, que pode fazer parte do pensamento, mas ainda não foi formulado oralmente. Ou pode apresentar aquilo que escapa ao controle do pensamento, justamente lá onde não penso é onde estou, salienta Lacan, tensionando o código cartesiano.

De qualquer modo, o movimento da fala ocorre na relação com um outro. Existe, com frequência, uma suposição em relação ao que o outro espera que seja dito, é nesse ponto que o ser falante se situa. Vale lembrar que, no contexto da linguagem, algo sempre escapa. Essa impossibilidade de dizer tudo retorna como um enigma que produz estranhamento para quem fala, e que se encontra presente nas formações do inconsciente – ou seja, sonhos, chistes, atos falhos, entre outras manifestações.

Esses tropeços de linguagem apontam para a presença do que escapa, são marca constitutiva da estrangeiridade. Lembremos a afirmação de Freud (1917): o "Eu (...) não é nem mesmo senhor de sua própria casa, mas tem de satisfazer-se com parcas notícias do que se passa inconscientemente na sua psique".[11] Apontam para a presença de algo que fala em nós e não pode ser apreendido.

---

[11] FREUD, S., A fixação no trauma, o inconsciente, p. 381.

Tais impossibilidades de apreensão levam à rememoração do atendimento à moradora de uma ocupação, boliviana, engajada há vários anos em um movimento de luta por moradia, e já próxima a alcançar, aqui em nosso país, o sonho da casa própria.

Depois de um tempo de atendimento, retornou para a Bolívia. Só então, após ter conseguido romper com um contexto no qual vivia por muitos anos, após ter saído do movimento no qual lutou por muito tempo, só após ter retornado a sua terra natal com as filhas e deixado o marido, falou das situações de violência doméstica às quais esteve submetida.

Existiu um silenciamento a respeito de tais situações, que só conseguiram encontrar espaço para serem nomeadas em um outro tempo, através desse movimento de deslocamento, posterior ao rompimento com a violência cotidiana e, subsequentemente, com vários outros laços. Tornou-se necessário, para ela, compartilhar sua dor com outras mulheres, que lhe deram ajuda na sua travessia.

Pode, então, começar a colocar em palavras a situação opressiva, em um momento em que já se encontrava em outra posição. No retorno, depois de tanto tempo em outro país, era, também, um pouco estrangeira em seu próprio país. Atravessou a fronteira, com todos os desafios e incertezas que continuavam a se colocar, sem garantias de como seriam os próximos tempos.

Expressar através de palavras, quando possível, vivências de violência remete a uma travessia singular de cada caso. Encontra-se, aqui, envolvido um tempo não cronológico, que possibilite organização psíquica. É preciso que haja silêncio e voz, presença e ausência, para que se estabeleça espaço para a palavra.

Tais processos implicam uma travessia de fronteiras. Vale lembrar com Sousa (2014) que "sempre que cruzamos a fronteira de um território e nos deparamos com uma outra língua que balbuciamos é como se recuperássemos o infantil que sempre nos habita". Podemos entender, nessa acepção, que é esse estranhamento de algo que não está do outro lado da fronteira, mas em nós mesmos, que nos remete à alteridade que nos constitui.

Conclusão

Parece necessário, ao cabo, ressaltar a necessidade da sustentação da existência de espaços para a palavra, para a travessia de fronteiras, onde a alteridade possa estar presente, oferecendo uma certa barreira aos impulsos destrutivos.

Muitos aspectos interferem na sustentação desses espaços, e são importantes as intervenções artísticas como a mencionada exposição de Alfredo Jaar, para que possamos, de vários modos, tentar produzir implicação com as imagens que estão colocadas, para todos e para cada um de nós.

Precisamos de memoriais para lembrar-nos dos mortos de Covid-19, dos mortos pela violência do Estado. Lutas coletivas se fazem necessárias. Mas, nesse processo, paciência e abertura ao outro são fundamentais para que a fala possa se colocar no tempo possível para cada sujeito.

Espera-se que as manifestações de ódio possam ser esvaziadas, ainda que não por inteiro, pois precisamos de um trabalho conjunto para lidar com a política do ódio. Tais esvaziamentos são condição do possível advento de uma reconquista do gosto pelas palavras que encantam corpos suscetíveis de indignação e mudança.

Nesse fazer, sem caminhos muito definidos, afirma Schüler: "É preciso inventar percursos, assim como fazem os artistas ao lidarem com o inesperado, pois aquele que inventa derruba ídolos que nos escravizam, em meio a uma liberdade que ativa o conflito, a dor e o viver".[12]

Ao seu modo, também o trabalho de escuta do psicanalista aponta para possibilidade de abertura, de rompimento de juízos de valor, idealizações, aprisionamentos, e constitui uma aposta na implicação com o desejo, na invenção a partir da posição desejante. Uma aposta em água que nasce sempre nova, no olho d'água.

Referências bibliográficas

DERRIDA, J. In: DUFOURMANTELLE, A. **Anne Dufourmantelle convida Jacques Derrida a falar da hospitalidade**. São Paulo: Escuta, 2003.

DUFOURMANTELLE, A. **Anne Dufourmantelle convida Jacques Derrida a falar da hospitalidade**. São Paulo: Escuta, 2003.

FREUD, S. A fixação no trauma, o inconsciente. In: **Conferências introdutórias à psicanálise**. V. 13. Trad. Sergio Tellaroli sob a revisão de Paulo Cezar de Souza. São Paulo: Companhia das Letras, 2014, p. 364-381.

FREUD, S. Por que a guerra? Trad. sob a direção de Jayme Salomão. In: **Obras Psicológicas Completas de Sigmund Freud**. V. 22. Rio de Janeiro: Imago, 1976, p. 237-259.

[12] SCHÜLER, D. Utopias em construção, p. 15-16.

HAN, Byung-Chul entrevistado por FANJUL, Sergio C. "O celular é um instrumento de dominação. Age como um rosário". **Jornal El País**, 9 out. 2021. Disponível em: <https://brasil.elpais.com/cultura/2021-10-09/byung-chul-han-o-celular-e-um-instrumento-de-dominacao-age-como-um-rosario.html>. Acesso em: 22 de jul. 2022.

HAN, Byung-Chul. **Sociedade do Cansaço**. Petrópolis: Vozes, 2017.

JAAR, Alfredo. Exposição Lamento das Imagens. Disponível em: <https://issuu.com/sescsp/docs/alfredo_jaar_-_lamento_das_imagens>. Acesso em: 22 jul. 2022.

LEAL, B. **O abutre e a menina**: a história de uma foto histórica. Café História, fevereiro 2012. Disponível em: <https://www.cafehistoria.com.br/o-abutre-e-a-menina-a-historia-de-uma-foto-historica/>. Acesso em: 22 de jul. 2022.

SCHÜLER, D. Utopias em construção. In: SOUSA, E. L. A. **Furos no futuro**: psicanálise e utopia. Porto Alegre: Arte & Ecos, 2022, p. 13-18.

SOUSA, E. Agulhas para desativar bombas. **Correio da APPOA**, n. 241, dezembro 2014. Disponível em: <http://www.appoa.com.br/correio/edicao/241/agulhas_para_desativar_bombas/59>. Acesso em: 22 de jul. 2022.

SOUSA, E. A. de. O silêncio da violência. Brasil, psicanálise, ficção e memória. **Revista da Associação Psicanalítica de Porto Alegre**, n. 19, 2000, p. 144-150.

17

SBTM - 45 ANOS

Construindo pontes e abrindo fronteiras

Dom Ricardo Hoepers[1]

Introdução

Em dezembro de 1977, entre os dias 14 e 16, acontecia o I Encontro Nacional dos Professores de Teologia Moral. Estamos celebrando os 45 anos dessa data tão importante que foi a gênese da Sociedade Brasileira de Teologia Moral (SBTM). Rememorar esse evento é saber contextualizar sua atualidade no momento atual que vivemos. Em pleno processo sinodal que motiva a participação, a comunhão e a missão, a organização da Teologia Moral no Brasil é uma experiência concreta e permanente de um itinerário dialogal que sempre soube ouvir nos seus espaços de estudos e debates. A SBTM sempre exerceu o seu papel de provocar a formação de uma consciência integral e, em cada época, soube tocar no tecido dos dilemas humanos e ser ponte para discernir os sinais de Deus nos complexos contextos morais que a interpelavam.

Estamos participando de um momento histórico, motivados pelo Papa Francisco, em que o mundo inteiro se debruça

[1] Bispo da Diocese do Rio Grande (RS). Doutor em Teologia Moral pela Accademia Alfonsiana. Diretor do Instituto Superior de Formação Humanística da UCPel.

para escutar o outro, o diferente, o excluído, o marginalizado, o invisibilizado, o vulnerabilizado, e exercitar, como Igreja, uma fraternidade real, concreta, que se volta com responsabilidade para o futuro, com sabor do Evangelho, reconhecendo os erros do passado e se dispondo a ser hospital de campanha em tempos de desumanização.

1. O início

O Sínodo sobre "Igreja Sinodal: comunhão, participação e missão", que estamos vivenciando, nos convida a escutar o presente e o passado sem medo de nos ferirmos com nossos erros, mas aprendendo e amadurecendo com as experiências vividas. A SBTM nunca teve a pretensão de ditar uma normativa uniforme do ensino moral, nem mesmo definir uma linha única de reflexão teológica moral no Brasil. Sempre primou pelo diálogo e pela pluralidade.

O marco inicial da SBTM ocorreu em São Paulo, por ser lugar de fácil acesso, na época, para todos os que vinham das cidades mais distantes. Por isso, o apoio da CNBB, através do Instituto Nacional de Pastoral (INP), foi fundamental para que o evento acontecesse. Pela primeira vez, em nível nacional, professores da área de Teologia Moral se encontravam para um primeiro contato, sem saberem ao certo qual processo se desencadearia desse evento.

> Promovido pelo Instituto Nacional de Pastoral da CNBB, e sob a coordenação de seus colaboradores na área de Teologia Moral, deu-se o I Encontro Nacional de Professores de Teologia Moral. A sede do Encontro foi o Seminário

> Regional da Arquidiocese de São Paulo, em São Paulo. O Encontro foi aberto às 8h45 do dia 14 de dezembro de 1977, quarta-feira, encerrando-se às 18h do dia 16, sexta-feira da mesma semana. Os trabalhos ocuparam uma média de 6 horas, entre exposições, trocas de experiências e debates. O INP cobriu as despesas da promoção do Encontro bem como subvencionou os três dias de hospedagem dos encontristas; por conta destes correram as despesas de viagem e gastos pessoais.[2]

Outras menções ao I ENPTM: "O presente estudo foi aprovado no I Encontro de Teólogos Moralistas Brasileiros, que teve lugar nos dias 14, 15 e 16 de dezembro passado, em São Paulo";[3] "Com o patrocínio do Instituto Nacional de Pastoral, foi realizado o II Encontro Nacional de Professores de Teologia Moral, em continuidade ao que se realizou em São Paulo em fins de 1977".[4] Assim, desde 1977, vem acontecendo no Brasil, a cada ano, um Encontro Nacional de Professores de Teologia Moral.[5] Fabri afirma: "Particularmente pude contribuir com a fundação de um grupo de professores de Teologia Moral, em 1977. Através de encontros nacionais e congressos, foi se consolidando e, alguns anos depois, se converteu na Sociedade Brasileira de Teologia Moral".[6] Ademais, Fabri também descreve: "Os seminários e institutos de formação teológica são um conjunto de instituições que tem

[2] CNBB, Instituto Nacional de Pastoral – I. Encontro Nacional de Professores de Teologia Moral, p. 673.

[3] MOSER, A., O problema demográfico e as esperanças de um mundo novo, p. 9.

[4] PILONETTO, A. G., Encontro Nacional de Professores de Teologia Moral, p. 108.

[5] ANJOS, M. F. dos, Articulação da Teologia Moral na América Latina, p. 13-14.

[6] ANJOS, M. F. dos, Teología, muchos rostros y un corazón, p. 216-217.

incentivado seus professores e professoras no aperfeiçoamento de suas disciplinas. Deles nasceu, em 1977, o Encontro Nacional de Professores de Teologia Moral".[7] Por fim, segundo Zacharias, desde 1977, os Encontros Nacionais de Teólogos Moralistas têm sido realizados no Brasil a cada ano. Esses encontros proporcionam oportunidades para discutir, estudar e trocar experiências, especialmente as que se referem ao ensino acadêmico.[8]

Dentro do contexto daquele momento histórico, o I ENPTM representou uma resposta diante da situação da Teologia Moral, que, segundo B. Leers, estava adoecendo em matéria de ensino. Ele elenca uma série de sintomas dessa crise: professores sobrecarregados, limitação de material, com uso exclusivo de apostilas, deficiência didática, a carência da perspectiva histórica, esquizofrenia entre teoria e práxis,[9] e muitos outros problemas que foram trazendo à tona a necessidade de uma urgente renovação no ensino da Teologia Moral no Brasil. Para superar essa situação, era necessário que houvesse um trabalho em conjunto, e parece que aquele era o momento propício para essa construção: havia apoio da hierarquia e as motivações internas e externas necessárias para essa empreitada. A resposta a esse convite mostrou-se, inicialmente, positiva, com a presença de 15 professores, representantes de diferentes instituições de ensino. Esse mapeamento é importante, pois determina um rosto inicial da Teologia Moral no Brasil.

[7] ANJOS, M. F. dos, A Ética Teológica no Brasil, p. 501.

[8] ZACHARIAS, R., Sonhando com uma nova Teologia Moral para o Brasil, 2010.

[9] LEERS, B., Segundo Encontro Nacional dos Professores de Teologia Moral, p. 558-559.

> Seguiu-se a apresentação pessoal de cada um dos participantes, em total de 15: Antonio Moser (RJ), Antonio Pinto da Silva (SP), Assunção da Silva (AM), Bernardino Leers (MG), Hubert Lepargneur (SP), Jaime Snoek (MG), João Abel (BA), José Dinko Mrawak (RJ), José Maria Frutuoso Braga (SP), Luiz Gonzaga Piccoli (SP), Márcio Fabri dos Anjos (SP), Nicola Masi (PA), Orlando Brandes (SC), Ubenay Lacerda Fleury (GO), Dom Valfredo Tepe (BA).[10]

O I ENPTM desenvolveu-se com uma série de atividades, desde conferências sobre temas de relevância naquele momento até debates, troca de experiências em relação à metodologia e momentos de confraternização entre os participantes. Foram três dias intensos, nos quais, pela primeira vez, professores da área de Teologia Moral tiveram a possibilidade de condividir seus conhecimentos e suas dificuldades, e, de fato, "o clima humano dos três dias foi muito amigo e descontraído, com grande respeito mútuo dentro da divergência de ideias, com muita sinceridade, abertura e liberdade de expressão".[11]

2. O primeiro desafio

O I ENPTM queria responder a uma maior aproximação dos teólogos morais com os bispos, para assessorá-los em relação aos temas emergentes da Igreja do Brasil. Em muitas situações, os bispos do Brasil estavam sendo pressionados em responder com uma melhor fundamentação teo-

[10] CNBB, Instituto Nacional de Pastoral – I. Encontro Nacional de Professores de Teologia Moral, p. 673.

[11] CNBB, Instituto Nacional de Pastoral – I. Encontro Nacional de Professores de Teologia Moral, p. 674.

lógica. Outra questão era o déficit do ensino universitário, que deveria ser enfrentado com uma possível reavaliação dos conteúdos programáticos e das metodologias utilizadas, pois os Encontros entre os professores proporcionariam um *aggiornamento* nessa área. Enfim, entendia-se que a Teologia Moral no Brasil seria mais bem compreendida à medida que mais teólogos morais participassem, trazendo à tona a variedade e a riqueza das experiências do "povo brasileiro", nas suas diferentes regiões, contemplando, assim, a diversidade que é própria do Brasil.

O Concílio Vaticano II foi um marco fundamental para o impulso na construção de uma identidade latino-americana da Teologia Moral. No Brasil, a SBTM buscou os caminhos para consolidar esse "processo", nunca fechado e predefinido, mas multifacetado e miscigenado: eis uma possível abordagem do rosto da Teologia Moral no Brasil.

3. O desenvolvimento

Desde 1977 até os nossos dias, a cada ano, a SBTM realizou encontros, conferências e debates com temáticas da Teologia Moral, criando um caminho próprio. Olhando para o passado, encontramos claramente um "rastro de originalidade" e, olhando para o presente, vemos uma grande lucidez que permanece na perseverança dos que acreditam numa Igreja Sinodal, isto é, sempre aberta ao diálogo.

De 1977 a 1987, houve a organização e a mobilização dos professores de Teologia Moral, bem como a ampliação do grupo, culminando, em 1984, na mudança do nome

ENPTM (Encontro Nacional dos Professores de Teologia Moral).[12]

Percebe-se, claramente, nessa fase, um rápido crescimento e expansão da SBTM, que deixa de ser um mero encontro entre professores de moral para uma troca de ideias e de colaboração fraterna, para tornar-se uma associação organizadora de debates para toda a América Latina. Elabora um projeto de ação mais amplo quando passa de Encontros Nacionais de Professores de Teologia Moral (ENPTM) para Sociedade Brasileira de Teologia Moral (SBTM), em 1984. Com um estatuto, determina objetivos, conquista sócios, divulga suas propostas em nível nacional e organiza o seu primeiro Congresso Latino-americano de Teologia Moral (CLATM), em 1987, com a participação de moralistas de destaque nacional e internacional.

A SBTM consegue, ao final dessa primeira fase, conquistar credibilidade, e de 12 participantes no primeiro encontro, chega-se a 70 no I CLATM, configurando-se como uma sociedade de cunho não só nacional, mas da América Latina. Já havia, nesse período, um Instituto de Formação em Teologia Moral, chamado *Alfonsianum*, bem como a produção de uma coleção de Teologia Moral na América Latina, pela editora Santuário.

Enfim, essa fase se caracterizaria como um salto de qualidade realizado pela Teologia Moral no Brasil. Uma primeira resposta à renovação exigida pelo Concílio Vaticano II. É o salto realizado da plataforma da Moral Tradicional e Clássica, que foi escalada degrau por degrau na formação dos teólogos

[12] Assim foram denominados os encontros até 1984, quando, então, constituiu-se a Sociedade Brasileira de Teologia Moral (SBTM).

moralistas no Brasil, que, ao chegarem ao trampolim do Vaticano II e do Documento de *Medellín*, foram impulsionados a saltar, pois as águas da América Latina e do Brasil precisavam ser mais bem exploradas.

De 1988 a 1998, a SBTM estabeleceu-se em tempos de grandes mudanças sociais e culturais na vida do povo brasileiro, e, num processo contínuo de reflexão e atualização, exploraram-se mais profundamente os temas pertinentes à realidade do contexto latino-americano. Houve uma predominância na área da Teologia Moral Especial, com temas como cultura, direito, Igreja e sociedade na América Latina, ética e os excluídos, ética e as cidades. Os teólogos da moral buscaram aprofundar os temas relacionados à América Latina, realizando, durante essa década, mais três Congressos (CLATM – 1990, 1993, 1996), estabelecendo, assim, um fortalecimento da identidade da reflexão da Teologia Moral Latino-americana, culminando no IV CLATM sobre Direito e no lançamento do último volume da Coleção de Teologia Moral na América Latina, somando, assim, doze publicações.

De 1999 a 2011, os encontros foram tomando uma dimensão cada vez mais ampla, com temas complexos e de difícil abordagem: moral sexual, biotecnologias, relativismos e fundamentalismos, globalização, tempos de incerteza e sociedade plural. A SBTM volta-se mais para fora dos seus muros, ampliando, em cada Encontro, a força de sua reflexão, na tentativa de diminuir a distância entre teoria e prática. Essa metodologia da SBTM, em que se apresentam contraposições e confrontos, resulta em um processo de abertura e diálogo, no qual se conhecem diferentes pontos de vista e seus valores e limites sem pretensão de extrair verdades fixas e estáveis, isto é, se reconhecem valores relativos válidos sem desprezar o horizonte metafísico e universal.

Nessa perspectiva, a SBTM focalizou a Moral, não como um setor da vida humana, não como um complexo sistema de dedução das normas eternas e sua exata adequação no agir humano, não como uma estrutura perfeita e inquestionável de verdades a serem assimiladas. A SBTM propõe, ao contrário, um caminho mais acessível e compreensível à realidade humana, ao seu contexto, às suas referências, aos seus fins e intenções. Enfim, a força de impulso para se fazer Teologia Moral no Brasil, partindo do confronto entre teoria e prática, parte de um pressuposto que permite um diálogo com o mundo e com as outras ciências: "A ação moral é ação humana, é ação reta, justificável no tribunal da razão prática: apenas isto, totalmente isto".[13]

De 2012 a 2022, a SBTM continuou a confrontar-se com temas complexos que exigem um diálogo na pluralidade do conhecimento. Temas como bioética clínica, juventudes, transformações sociais, fundamentos da teologia moral, princípio ético da misericórdia, fundamentalismos, direitos humanos à luz da Doutrina Social da Igreja, a ética entre poder e autoridade, incompreensões e resistência a Amoris Laetitia e os temas de fronteiras: xenofobia, racismo, LGBTQIA+fobia, aporofobia.

Nesta última década, a SBTM dá mais um passo para aprofundar questões polêmicas, buscando contextualizar as

[13] LEPARGNEUR, H., O descompasso da teoria com a prática: uma indagação das raízes da moral, p. 66.

éticas de predomínio e o impacto sobre a realidade brasileira e motivando o engajamento para uma responsabilidade moral a partir da consciência e identidade cristã. Nos últimos anos, os debates se deram em torno das provocações dadas pelo Papa Francisco. Seu Magistério tem sido uma constante interpelação a todos os cristãos para que construam pontes e para que se abram as portas das comunidades, como um hospital de campanha que acolhe a todos, sem discriminação. Suas últimas viagens têm provocado, em todo o mundo, uma reflexão sobre nossa responsabilidade de garantir um convívio social fraterno e corresponsável, no qual todos se preocupam com todos, sem exceção, sem exclusão, sem invisibilizar ninguém.

Nesta última década, a SBTM vem focando, com muito vigor, a questão dos Direitos Humanos e a centralidade sobre a pessoa, como pede o Papa. Mesmo diante das crises sociais e sanitárias que vêm assolando nosso país, a Teologia Moral se sente sempre no dever de colaborar para a formação de consciência. Para destacar ainda mais esse panorama de instabilidade, a pandemia trouxe à tona a fragilidade de nosso sistema de saúde, e, mesmo em tempo de crise sanitária, não faltaram as tentativas de explorar, descartar e corromper os processos licitatórios para a alocação de recursos. O Papa vai na raiz da questão: uma visão antropológica reducionista e um modelo econômico fundado no lucro são as causas da globalização da indiferença, que, de maneira perversa, vai agredindo sistematicamente a dignidade humana, como gotas de veneno, matando aos poucos as inúmeras conquistas que os processos democráticos conseguiram garantir ao longo desses últimos 70 anos, desde a proclamação dos Direitos Humanos.

O modelo econômico vigente impõe um jogo permanente de sobrevivência, no qual o espírito de ódio e de desprezo prevalece sobre os Direitos Humanos, e os mais vulneráveis são os que mais sofrem, com uma sobrecarga de sofrimentos físicos, psíquicos, morais e sociais. Esse cenário representa uma degeneração inaceitável e paradoxal do sentido moral e social. Com isso, a preservação, a tutela e a promoção dos valores humanos correm o risco de ser menosprezadas e esquecidas.

4. O desafio atual

De acordo com a experiência pastoral vivida no Brasil, a SBTM considera que a resposta humana aos problemas de fronteira é complexa, e os ditames da consciência refletem muito do contexto no qual ela está inserida, isto é, depende do ideal individual e coletivo que deu suporte para uma leitura de si mesma e do ethos ao qual pertence e da interpretação acerca da fé recebida e constituída como referencial de linguagem.

Dessa forma, orientar a caminhada, nestes 45 anos e daqui para a frente, significa investir na formação da consciência para poder discernir tudo aquilo que constitui o pecado social, que fere os direitos fundamentais da pessoa e, consequentemente, sua dignidade, pois uma realidade que viola sistematicamente esses direitos está em pecado e precisa de conversão e mudanças de estrutura.[14]

Junges afirma que o discernimento está ligado a uma busca de eficácia no agir que ilumina a consciência na descoberta

[14] REJÓN, F. M., Direitos Humanos e Teologia Moral: reflexão a partir da realidade Latino-americana, p. 103.

da ação mais adequada ao valor moral em uma determinada situação concreta.[15] Desse modo, à Teologia Moral Latino-americana impõe-se um discernimento permanente, como imperativo ético. Assim como o Papa Francisco pede à Igreja que ouça o que o Espírito Santo tem a dizer para a Igreja do Terceiro Milênio, assim também a SBTM sempre estará ouvindo a voz da realidade, lendo o contexto e buscando as referências da identidade cristã para responder aos dilemas morais da atualidade.

O Concílio Vaticano II colaborou muito para essa consciência de uma Igreja servidora da humanidade, capaz de chegar às raízes mais profundas da conduta humana. E, quando o Papa Francisco insiste em uma Igreja em saída, pobre, hospital de campanha, enlameada, criativa, misericordiosa, a SBTM deve colaborar para esse discernimento e para essa consciência de que a Teologia Moral tem essa preocupação diante dos valores emergentes, atenta a uma dimensão de provisoriedade, de um caminho não acabado, sem prescindir, porém, da dimensão transcendental que se revela na realidade.

Apesar de a ética civil apresentar paradigmas diferenciados daqueles da Teologia Moral, o diálogo entre Igreja e sociedade é fundamental para a definição de métodos de discernimento e para a formação da consciência. Enquanto a primeira busca um diálogo mútuo para avançar em um denominador comum, a segunda baseia-se mais em razões instrumentais, como a eficiência e a competitividade, para manter e sustentar o sistema vigente.

[15] JUNGES, J. R., A questão do discernimento ético, p. 135.

Os avanços para tal empreitada demonstravam-se cada vez mais desafiantes diante de um quadro social que apresentava mudanças muito rápidas. O desafio à Teologia Moral, na atualidade, é de construir pontes, de buscar uma hierarquia de valores que seja válida e compreensível para a ética social. Além disso, é necessário recuperar o patrimônio cultural que foi sendo apagado pela imposição das regras de mercado com uma visão limitada de cultura, trazendo consequência para a práxis moral. Elencamos alguns pontos de atuação da Teologia Moral hoje:

1 - No âmbito social, a Teologia Moral deverá empenhar-se na promoção da justiça para a diminuição das diferenças sociais.

2 - No âmbito político, diante de uma tendência à atomização individualizante que fortalece nacionalismos egoístas, propõe-se o fortalecimento da defesa dos Direitos Humanos, entendendo aqui que os grupos de orientação cristã podem desenvolver o papel de conscientizar as classes populares de seus direitos.

3 - No âmbito cultural, para combater uma tendência à manutenção do colonialismo sobre o *ethos* social, desfigurando-o de suas raízes, propõe-se a defesa dos valores culturais autóctones e do patrimônio ecológico, visando superar o processo de dominação cultural.

4 - No âmbito eclesial, para superar o medo do secularismo e dos descompassos no diálogo com a modernidade, é necessária uma revalorização do laicato, entendendo que nele estão a força do testemunho cristão no mundo e a dinâmica da práxis teologal da Igreja no pós-Concílio Vaticano II.

5 - No âmbito científico-tecnológico, nota-se que os países da América Latina ainda carecem de investimentos para uma possível competição tecnológica e dependem dos padrões dos países desenvolvidos. A Teologia Moral, na sua práxis teologal, percebe que a cultura popular está atenta e usa de prudência aos possíveis efeitos de uma tecnologia que desumaniza e marginaliza.

6 - No âmbito econômico, continuam as consequências devastadoras das dívidas externas que desestabilizam qualquer país e a corrupção que corrói o sistema e impede o desenvolvimento econômico e social. Para essa realidade, a Teologia Moral deve colaborar na conscientização da população sobre a importância do processo democrático e sobre a responsabilidade dos cidadãos na escolha de seus representantes, cujo critério principal é a ética na política.

7 - No âmbito demográfico, deve-se estar atento aos bolsões de pobreza nas periferias pelo grande deslocamento das áreas rurais para os centros urbanos, trazendo como consequência a marginalidade. Essa realidade, presente em todos os países latino-americanos, deve ser aprofundada e debatida com profundidade, pois nela se encontra a chave para uma série de problemas morais que surgem em torno dessa mobilidade, mudando não só o estilo de vida das pessoas, mas também sua hierarquia de valores e comprometendo seu discernimento moral.

8 - No âmbito das fronteiras, cada vez mais exigente é a mobilidade humana que acontece seja pelas exigências do mer-

cado, seja pelas guerras e conflitos em vários países, forçando migrações e escravizando seus cidadãos.

9 - No âmbito da bioética, são cada vez mais comuns a injustiça na alocação de recursos para a saúde e a falta de um gerenciamento equitativo para o acesso a medicamentos e terapias básicas voltadas à saúde integral.

10 - No âmbito da saúde psíquica, há um descompasso significativo na vida emocional e afetiva, levando a humanidade a índices preocupantes de suicídio, depressão e dependência medicamentosa dos psicotrópicos.

11 - Na experiência da pandemia, vê-se com clareza a urgente necessidade de maior atenção aos cuidados básicos de saúde e de um investimento na formação de profissionais para que respondam com eficácia e eficiência em momentos pandêmicos. Mas também é preciso melhor capacitação para o gerenciamento das crises sanitárias, especialmente do poder público.

12 - No âmbito da comunicação, a Teologia Moral deverá colaborar para o discernimento e o espírito crítico diante de uma sociedade que vive mergulhada nas redes sociais, com as "*fake news*", com notícias desmedidas ou instrumentalizadas por grupos de interesse.

Esses pontos e muitos outros que poderiam ser elencados como desafios da Teologia Moral comprovam o quanto ela está mergulhada na realidade humana, em todos os âmbitos, de modo a entender que "não existem realidades puramente teologais que não sejam os mesmos acontecimentos humanos interpretáveis como práxis teologal".[16]

Conclusão

A mais importante chave de leitura do momento é a sinodalidade. O Papa Francisco foi preparando toda a Igreja para chegar a este momento histórico com a disposição de ouvir o que o Espírito Santo tem a nos dizer. Os Sínodos da Família (2014-2015), da Juventude (2018) e da Amazônia (2019) foram convocados para exercitarmos cada vez mais a escuta e a participação das comunidades nos temas mais nucleares, vitais e imprescindíveis na vida humana. A Igreja nunca se cansa de dialogar, nunca desiste de sua vocação de mãe e mestra que acolhe todos os clamores de seus filhos.

Nessa perspectiva de comunhão, participação e missão, a SBTM tem um olhar voltado para os temas mais candentes que angustiam e interpelam o ser humano nas suas decisões e no seu agir. Por isso, propõe, neste ano, uma urgência teológica: CRUZAR FRONTEIRAS. Onde as pontes foram destruídas, onde as relações estão comprometidas, onde o diálogo desapareceu, onde a prudência emudeceu, aí estará o cristão, que, pela sua formação de consciência, pode realizar a saída da cultura da morte para uma cultura da vida.

A urgência de ir ao encontro do outro e reconhecer o rosto de Cristo no rosto dos mais vulnerabilizados é o motivo pelo qual o Papa Francisco, em suas viagens, mostra que esse outro não é só quem amamos, mas também todos os

[16] DUQUE, A. M., A Teologia Moral no futuro da América Latina, p. 156.

que precisamos amar. Enquanto não tivermos a consciência da *Laudato Si'* (2015) e da *Fratelli tutti* (2020) como práxis de nossas comunidades, será difícil sermos anunciadores da Alegria do Evangelho, cuja exigência fundamental é amar o próximo incondicionalmente.

O referencial teórico para essa abordagem é E. Lévinas (1906-1995), o qual propõe que o homem deve esforçar-se para sair de si mesmo, de sua solidão, quebrando o pensamento de representação e de posse e indo ao encontro do outro, construindo, assim, uma dimensão social de alteridade. O homem contemporâneo é vítima do excesso do ser que o sufocou e o levou para dentro de si mesmo e para o anonimato.

Assim, a comunicação proposta pela Teologia Moral é fruto da relação com um Deus que chama pelo nome e se apresenta em carne e osso, num determinado tempo, e ocupa um espaço na história. Ele não é um líder invisível, mas tem uma proposta clara de seguimento que livra o homem do seu enclausuramento e o abre para a transcendência do Outro.

Enfim, propõe-se, como caminho de equilíbrio, uma Teologia Moral hermenêutica ou uma ética de discernimento de ação que não tem receio de lidar com diversas circunstâncias e condições inesperadas que se apresentam ao agir humano. Mesmo que a vida se apresente ambivalente, complexa e pluridimensional, a Teologia Moral reaprende a acolher de maneira inusitada essa Revelação que continua a acontecer de modo intermitente. Desse modo, o homem vai desvelando os vestígios da passagem de Deus na cultura e na história, decifrando esses vestígios na sua própria temporalidade existencial e ontológica.[17]

Dessa maneira, há uma urgência para a ética teológica que impulsione o homem para essa hermenêutica e discernimento. A busca de uma Teologia Moral que seja coerente com a proposta do Evangelho, que recupere suas origens, que tenha em Cristo seu horizonte de leitura, que seja pensada como caminho aberto, decifrada na cultura e na história, sensível aos apelos e interpelações dos mais vulneráveis, é aquela que investirá na formação da consciência, numa hermenêutica crítica, baseada na liberdade e na responsabilidade.

Referências bibliográficas

ANJOS, M. F. dos. A Ética Teológica no Brasil. In: VIDAL, Marciano. **A nova moral fundamental**: o lar teológico da ética. Aparecida: Santuário, 2007

ANJOS, M. F. dos. Teología, muchos rostros y un corazón. In: TAMAYO, Juan-José; BOSH, Juan (Eds.). **Panorama de la teología latino-americana. Navarra**: Verbo Divino, 2001.

ANJOS, Márcio Fabri dos (Coord.). Articulação da Teologia Moral na América Latina. In: **Coleção Teologia Moral na América Latina**, v. 2. Aparecida: Santuário, 1987.

CNBB. Instituto Nacional de Pastoral. III Encontro Nacional de Professores de Teologia Moral. In: **Comunicado Mensal** – CNBB 330, p. 312-314, 1980.

[17] RIBEIRO JÚNIOR, N., Teologia Moral e história: em busca de soluções em tempos de incertezas, p. 85.

CNBB. Instituto Nacional de Pastoral. I Encontro Nacional de Professores de Teologia Moral. In: **Comunicado Mensal** – CNBB 309, p. 673-676, 1978.

DUQUE, Albert Munera. A Teologia Moral no futuro da América Latina. In: ANJOS, Márcio Fabri dos (Coord.). **Teologia Moral e cultura**. Aparecida: Santuário, 1992.

HOEPERS, Ricardo. **Teologia Moral no Brasil**: um perfil histórico. Aparecida: Santuário, 2015.

JUNGES, J. R. A questão do discernimento ético. In: ANJOS, Márcio Fabri dos (Coord.). Temas latino-americanos de ética. **Coleção Teologia Moral na América Latina**, v. 3. Aparecida: Santuário, 1988.

LEERS, Bernardino. Segundo Encontro Nacional dos professores de Teologia Moral. In: **Atualização**, v. 9, p. 557-560, 1978.

LEPARGNEUR, Hubert. O descompasso da teoria com a prática: uma indagação das raízes da moral. **Cadernos de Teologia e Pastoral**, v. 14. Petrópolis: Vozes, 1979.

MOSER, Antonio. **O problema demográfico e as esperanças de um mundo novo**. Cadernos de Teologia e Pastoral 12. Petrópolis: Vozes, 1978.

PILONETTO, Adelino Gabriel. Encontro Nacional de Professores de Teologia Moral. In: **Teocomunicação**, v. 43, p. 108-110, 1979.

REJÓN, F. M. Direitos Humanos e Teologia Moral: reflexão a partir da realidade Latino-americana. In: ANJOS, Márcio Fabri dos (Coord.). Temas latino-americanos de ética. **Coleção Teologia Moral na América Latina**, v. 3. Aparecida: Santuário, 1988.

RIBEIRO JÚNIOR, N. Teologia Moral e história: em busca de soluções em tempos de incertezas. In: PESSINI, Leo; ZACHARIAS, Ronaldo (Orgs.). **Ser e Educar**. Teologia Moral: tempos de incertezas e urgência educativa. São Paulo: Santuário: Centro Universitário São Camilo, 2011.

ZACHARIAS, Ronaldo. Sonhando com uma nova Teologia Moral para o Brasil. In: KEENAN, J. (Org.). **Ética Teológica Católica no contexto mundial**. Aparecida: Santuário, 2010.

Este livro foi composto com as famílias tipográficas Times New Roman e Source Sans Pro
e impresso em papel off set $63g/m^2$ pela **Gráfica Santuário.**